Lexicologia e semântica lexical

NOÇÕES FUNDAMENTAIS

Consulte nosso catálogo completo e últimos lançamentos em **www.editoracontexto.com.br**.

Alain Polguère

Lexicologia e semântica lexical

NOÇÕES FUNDAMENTAIS

Tradução
Sabrina Pereira de Abreu

Revisão da tradução
Ignacio Antonio Neis

Alain Polguère/Les Presses de l'Université de Montréal
© Lexicologie et sémantique lexicale. Notions fondamentales.
© Les Presses de l'Université de Montréal, 2016

Direitos de publicação no Brasil adquiridos pela
Editora Contexto (Editora Pinsky Ltda.)

Montagem de capa e diagramação
Gustavo S. Vilas Boas

Tradução
Sabrina Pereira de Abreu

Revisão da tradução
Ignacio Antonio Neis

Preparação de textos
Daniela Marini Iwamoto

Revisão
Lilian Aquino

Dados Internacionais de Catalogação na Publicação (CIP)

Polguère, Alain
Lexicologia e semântica lexical : noções fundamentais /
Alain Polguère ; tradução de Sabrina Pereira de Abreu. –
São Paulo : Contexto, 2018.

Bibliografia
ISBN 978-85-520-0070-9
Título original: Lexicologie et sémantique lexicale:
Notions fondamentales

1. Lexicologia 2. Linguística 3. Semântica I. Título
II. Abreu, Sabrina Pereira de

18-1028   CDD 410

Andreia de Almeida CRB-8/7889

Índices para catálogo sistemático:
1. Linguagem e línguas : Lexicologia

2018

EDITORA CONTEXTO
Diretor editorial: *Jaime Pinsky*

Rua Dr. José Elias, 520 – Alto da Lapa
05083-030 – São Paulo – SP
PABX: (11) 3832 5838
contexto@editoracontexto.com.br
www.editoracontexto.com.br

Para Helen e Marc.

Nota prévia

A obra *Lexicologie et sémantique lexicale: notions fondamentales*, de autoria de Alain Polguère, foi publicada, até o momento, em três edições (2003, 2008 e 2016), por Les Presses de l'Université de Montréal. A presente publicação constitui a tradução da terceira edição, de 2016. A obra é uma excelente leitura para aqueles que desejam iniciar-se no âmbito dos estudos lexicais; traz explicações claras sobre vários aspectos envolvidos nas análises linguísticas feitas na perspectiva da Lexicologia e da Semântica Lexical.

A tradução do livro para a língua portuguesa fez parte das atividades que desenvolvi durante a realização de estágio sênior no laboratório de Analyse et Traitement Informatique de la Langue Française (Atilf), na Université de Lorraine, no período de agosto de 2015 a julho de 2016. A realização desse estágio foi subsidiada pela Coordenação de Aperfeiçoamento de Pessoal de Nível Superior (Capes), à qual agradeço por propiciar aos estudiosos brasileiros o acesso a esta obra.

A respeito da tradução, gostaria de chamar a atenção para dois pontos:

1. a prática tradutória foi do tipo livre; ou seja, a preocupação maior, durante o processo tradutório, foi a de expressar com a máxima clareza possível o pensamento e as ideias do autor; e
2. ao consultar esta tradução, o leitor será convidado a ler notas da tradutora (**N. T.**); essas notas contêm explicações adicionais sobre exemplos que foram adaptados ao português ou comentários suplementares a explicações formuladas pelo autor.

Agradeço a Alain Polguère por ter dirimido as dúvidas que surgiram durante o trabalho de tradução, bem como por ter discutido comigo as idiossincrasias do francês e do português, a fim de que eu pudesse verter o texto o mais fielmente possível. Registro aqui um agradecimento especial ao colega Ignacio Antonio Neis, que assumiu a revisão da presente tradução e a adaptação da bibliografia às normas da ABNT, e a Jaques Beck, que o auxiliou nessa última tarefa. Também expresso meu reconhecimento ao Departamento de Letras Clássicas e Vernáculas, do Instituto de Letras da UFRGS, em especial ao meu colega Sergio Menuzzi, que me substituiu nas atividades docentes durante a realização do estágio sênior. Por fim, manifesto uma vez mais minha dívida de gratidão à Capes pelo suporte financeiro concedido com vistas à realização do estágio sênior, o qual, entre outras atividades, me ensejou traduzir este livro.

Sabrina Pereira de Abreu

Sumário

Prefácio

Este livro é uma introdução ao estudo do léxico e da Semântica Lexical. Compõe-se de dez capítulos, que deveriam ser estudados na ordem numérica. De fato, cada capítulo introduz um conjunto de noções de base, das quais a maior parte é diretamente explorada na sequência do texto.

> Entendemos por *noção* uma associação entre um *conceito* – isto é, uma unidade do pensamento – e um *termo* – isto é, uma unidade lexical pertinente a pelo menos um campo de conhecimento (científico, técnico etc.).

A noção é, portanto, um conceito lexicalizado, e toda disciplina científica – a Linguística não é exceção – se constrói em torno da elaboração de noções logicamente organizadas em sistema. A aquisição de uma disciplina passa pela aquisição de seu sistema nocional: os conceitos com os quais ela permite raciocinar com uma relativa precisão e a terminologia que corporifica esses conceitos. O rigor na assimilação e na utilização da associação conceito ↔ termo é a condição primeira para a construção de um saber científico, razão pela qual a noção é nossa matéria-prima, após a língua, é claro, que é nosso objeto de estudo.

Duas ferramentas permitem ao leitor navegar na rede nocional do livro:

1. imediatamente após a introdução de cada capítulo, encontra-se uma lista das noções examinadas (de acordo com sua ordem de abordagem no texto);
2. no fim do livro, há um índice alfabético muito detalhado (ver "Índice de noções").

Os nomes das noções importantes figuram em ***tipografia especial*** quando são introduzidas pela primeira vez ou quando são objeto de observações particulares.[1]

Certas partes do texto que devem ser lidas com especial atenção (definições, observações importantes etc.) aparecem impressas sobre fundo cinza.

Cada capítulo termina com uma lista de leituras complementares, que permitem consolidar as noções introduzidas, e com exercícios práticos, que se baseiam nessas noções. Encontram-se no fim do livro ("Correção dos exercícios") correções para a maior parte dos exercícios. Note-se que os exercícios não têm como objetivo único testar a boa compreensão do respectivo capítulo. São também frequentemente utilizados para desenvolver a apresentação de certas noções relevantes. Inúmeras respostas propostas para os exercícios podem, portanto, ser consideradas parte integrante da apresentação das noções. Pareceu-nos que esta maneira de proceder permite não sobrecarregar a exposição, no corpo do livro, e, ao mesmo tempo, realçar a importância dos exercícios e de sua correção.

POR QUE ESCREVER ESTE LIVRO?

Existe um número considerável de textos introdutórios à Lexicologia e à Semântica. Alguns deles podem ser mais completos do que este livro, seja porque propõem uma perspectiva diferente sobre a questão, seja porque não abrangem exatamente o mesmo campo de estudo (dando mais importância à morfologia, à semântica da frase, à evolução da linguagem etc.).[2] Entretanto, apesar do número bastante expressivo de obras que abordam, no todo ou em parte, a Lexicologia e a Semântica Lexical, nenhuma delas propõe, em um nível elementar e relativamente independente de determinada teoria linguística, um verdadeiro sistema nocional em Lexicologia. Entendemos por este termo uma rede de noções coerente e logicamente organizada que permita compreender melhor a natureza do léxico. Tal rede de noções deve, afinal de contas, servir ao leitor como ferramenta para trabalhar com e sobre o léxico: ensinar a língua, descrevê-la nos dicionários, estudá-la de acordo com uma perspectiva teórica... e amá-la ainda mais, se possível. Foi este o objetivo ambicioso a que nos propusemos ao escrever este livro.

Para tentar atingir esta meta, foi preciso enxugar ao máximo. Não se encontrará, portanto, aqui, com destaque, uma apresentação aprofundada da Morfologia. Em contrapartida, as noções morfológicas que são introduzidas desempenham um papel capital no sistema nocional geral. Evitamos também fazer deste livro uma apresentação de diversas abordagens teóricas deste campo de estudos, preferindo oferecer ao leitor uma exposição parcial, subjetiva, mas coerente, a partir da qual ele possa, mais tarde, iniciar-se no estudo de abordagens teóricas específicas.

Procedendo desta maneira, estamos bem conscientes de correr um certo risco. Como se presume que cada noção deva receber uma definição única, precisa e funcional, os eventuais erros lógicos (de fato, eles sempre existem) aparecerão claramente ao leitor atento. Mas isso é um risco grave somente para quem se julga infalível; por outro lado, é um benefício para quem não quer jamais parar de aprender, até mesmo e sobretudo ao ensinar. Esperamos, pois, receber de leitores comentários que nos propiciem melhorar o que hoje estamos propondo.

Uma observação se impõe, enfim, a propósito da língua de referência utilizada nos exemplos em francês. Pareceu-nos fundamental que estes fossem perfeitamente compreensíveis para qualquer locutor do francês, fosse ele quebequense, francês da França, belga, suíço etc. Evitamos, portanto, dar exemplos que não pertençam ao "núcleo duro" do francês compartilhado por todos os francófonos. É evidente que, como o livro foi amadurecido e escrito em Montreal, era normal que ele incluísse alguns empréstimos (comentados) do francês quebequense.[*]

A PROPÓSITO DESTA TERCEIRA EDIÇÃO

O presente volume corresponde à terceira edição de obra homônima publicada em 2003.

Inúmeras modificações foram feitas na edição original durante a preparação da edição seguinte, publicada em 2008, modificações essas que levam especialmente em conta a experiência que nos foi propiciada com a utilização do livro em nossos cursos de Linguística:

---

[*] N.T.: Na tradução deste livro, a maioria dos exemplos foram vertidos para o português, à exceção de alguns que não encontram correlato nessa língua. Nesses casos, optou-se por manter o exemplo na língua original e acrescentar-lhe tradução aproximada entre colchetes.

- aperfeiçoamento das definições de noções;
- ajuste da terminologia e acréscimo de noções relevantes;
- atualização da bibliografia;
- revisão dos exercícios e das respectivas correções, com o acréscimo de novos exercícios;
- inserção, quando apropriado, de exemplos tomados de outras línguas que não o francês;
- correção dos erros tipográficos e factuais.

Esta terceira edição, além de incluir o mesmo tipo de alterações, leva particularmente em conta a evolução gradual dos modelos de referência do léxico, da modelização textual dos dicionários à modelização multidimensional das redes lexicais. Essa evolução já estava em curso quando da publicação da segunda edição, mas sem que tivéssemos a certeza de que ela se fosse concretizar em um futuro muito próximo. Estamos convencidos de que a transição está agora bem delineada, e o tema da rede lexical da língua está onipresente em segundo plano nesta nova versão do livro.

Outra mudança importante nesta edição concerne à apresentação da fraseologia, que foi inteiramente reestruturada e complementada. Devemos admitir, já sem vergonha na cara, ter descoberto com estupefação que não havíamos elaborado de maneira explícita a noção de fraseologia dentro do sistema nocional das versões anteriores. Essa omissão parece-nos inexplicável, uma vez que a fraseologia está no cerne de noções fundamentais introduzidas na obra (signo linguístico, locução, colocação etc.) e no âmago da Lexicologia que praticamos.

AGRADECIMENTOS

Fazemos questão de agradecer do fundo do coração aos colegas e amigos que nos ajudaram na redação desta obra. Em primeiríssimo lugar, a Igor Mel'čuk e a Ophélie Tremblay, que leram e comentaram fartamente várias versões preliminares do manuscrito da edição de 2003. Também nos beneficiamos, para a primeira edição, das observações de Margarita Alonso Ramos, Lidija Iordanskaja, François Lareau, Suzanne Mantha e Jasmina Milićević. Esses leitores impiedosos polvilharam os manuscritos com comentários e pictogramas (especialmente os incontáveis ☠), ajudando-nos com isso a nos aproximar desta ou daquela verdade, a respeito da qual é preciso acreditar com todas as forças que ela existe.

Quando da preparação da segunda edição, levamos em conta numerosos comentários que nos foram encaminhados por colegas e estudantes, especialmente pelos estudantes de nosso curso de introdução à Lexicologia ministrado na Universidade de Montreal. Modificações de monta foram feitas graças aos comentários de Sylvain Kahane e de Ophélie Tremblay. Além deles, Sara Anne Leblanc e Igor Mel'čuk realizaram uma releitura profunda da primeira edição, sugerindo-nos um número incalculável de melhorias; não é exagero dizer que a segunda edição foi elaborada em primeiro lugar com base em suas observações. Nossa dívida para com eles é imensa, assim como nossa gratidão.

A terceira edição[3] muito lucrou com os resultados do trabalho sobre lexicografia das redes lexicais que pudemos desenvolver no laboratório Atilf CNRS de Nancy. Agradecemos particularmente a toda a equipe lexicográfica do projeto Relief (2010-2014): Delphine Beauseroy, Jean-Luc Benoit, Candice Delaite, Anaïs Ferté, Sébastien Haton, Élodie Jactel, Aurore Koehl, Veronika Lux-Pogodalla, Christelle Ménétrier-Lepreux, Sandrine Ollinger, Marie-Sophie Pausé, Sandrine Pescarini e Dorota Sikora. A exploração desta nova lexicografia e os avanços assim obtidos no domínio da modelização multidimensional do léxico teriam sido inviáveis sem o trabalho efetuado por Nabil Gader, que implementou aquele que é, quanto saibamos, o primeiro editor lexicográfico para a tecedura de redes lexicais.[4]

Preparamos esta terceira edição ao mesmo tempo em que era realizada sua tradução para a língua portuguesa por Sabrina Pereira de Abreu (Universidade Federal do Rio Grande do Sul). As trocas que tivemos com nossa colega nesta ocasião foram de grande valia para a redação de nosso próprio manuscrito, pelo que fazemos questão de expressar-lhe todo o nosso reconhecimento.

Para terminar, agradecemos aos leitores da editora Presses de l'Université de Montréal pela análise meticulosa do manuscrito e pelas numerosas melhorias que eles nos permitiram efetuar. Mais globalmente, é à editora Presses de l'Université de Montréal em seu conjunto que desejamos agradecer por seu apoio sempre presente desde o início da concepção da presente obra até a preparação das suas sucessivas edições.

NOTAS

[1] O que dissemos até o presente visava, pois, em parte, introduzir a noção de *noção*.

[2] Ver, a esse respeito, a seção "Introdução à Lexicologia ou à Semântica" da bibliografia recapitulativa.

[3] Realizamos a preparação tipográfica do manuscrito desta terceira edição da obra por meio do software livre para composição Latex. Os poucos desenhos que utilizamos são provenientes do site *Openclipart* (https://openclipart.org/) de imagens licenciadas por Creative Commons Zero 1.0 Public Domain.

[4] Gader, Nabil; Lux-Pogodalla; Veronika; Polguère, Alain (2012). Hand-Crafting a Lexical Network With a Knowledge-Based Graph Editor. *Proceedings of the Third Workshop on Cognitive Aspects of the Lexicon* (CogALex III). The Coling 2012 Organizing Committee, Mumbai, 2012, pp. 109-25.

Noções preliminares

> *Um dos comensais tirou para si as cartas esparsas,*
> *deixando vazia uma larga parte da mesa; mas não as*
> *reuniu em maço nem as embaralhou; tomou uma*
> *carta e colocou-a diante de si. Todos notamos a*
> *semelhança entre sua fisionomia e a figura da carta,*
> *e pareceu-nos compreender que ele queria dizer "eu"*
> *e que se dispunha a contar a sua história.*
>
> Italo Calvino, *O castelo dos destinos cruzados.*
> (trad. Ivo Barroso)

Este livro visa familiarizar o leitor com as noções básicas necessárias ao estudo do léxico e de sua utilização. As palavras estão no cerne do conhecimento linguístico, pois falar uma língua consiste, antes de mais nada, em combinar palavras no seio de frases tendo em vista comunicar-se. Seria, portanto, legítimo considerar a ***Lexicologia***, disciplina que estuda os fenômenos lexicais, como o ramo mestre da Linguística.

A especificidade da Lexicologia irá precisar-se à medida que avançarmos neste livro. É necessário, no entanto, definir desde já certas noções de base sobre as quais se apoia a Lexicologia, noções essas que se situam todas no campo da disciplina-mãe que é a Linguística. Precisaremos, pois, inicialmente, o que é Linguística como ciência; ou seja, definiremos seu objeto de estudo: a língua.

Noções introduzidas: *Lexicologia*; *Linguística*; *língua* (= *código linguístico*); *Locutor*; *Destinatário*; *fala*; *oralidade*; *escrita*; *linguagem*; *léxico*; *gramática*; *semântica de uma língua e semântica enquanto disciplina*; *sintaxe*; *morfologia*; *fonologia*; *fonética*; *metalinguagem*; *metalíngua*; *estudo diacrônico* vs. *estudo sincrônico*.

LÍNGUA, OBJETO DE ESTUDO DA LINGUÍSTICA

Definição da noção de língua

Adotemos, para começar, uma definição aproximativa da noção de língua:

> A *língua* é a nossa "ferramenta" de comunicação privilegiada. Cada língua constitui um sistema de signos convencionais e de regras de combinação desses signos, que formam um todo complexo e estruturado.

Esta definição de língua coloca em evidência dois pontos importantes. Em primeiro lugar, como pressupõe a expressão *ferramenta privilegiada*, a língua não é a única ferramenta de comunicação.

De fato, para nos expressarmos, para transmitir informação, empregamos inúmeros recursos além da língua. Vejam-se estes quatro exemplos:

1. gestos com a mão – agitar a mão para dizer adeus, colocar o dedo indicador diante da boca para pedir silêncio...;
2. expressões faciais, que são como que gestos feitos com o rosto – mostrar a língua, sorrir, fazer beicinho...;
3. gestos feitos com o conjunto do corpo – voltar as costas a alguém, cruzar os braços e baixar a cabeça para mostrar que se está aborrecido...;
4. gestos que requerem um contato físico com outra pessoa – apertar a mão, dar uma palmadinha no ombro, abraçar...

Ademais, estamos cercados de máquinas ou de objetos que foram construídos, programados e instalados em nosso ambiente cotidiano para nos transmitirem informação e, portanto, para fazerem de nós receptores de alguma forma de comunicação: guichês automáticos, painéis de sinalização, pisca-piscas, semáforos, relógios, campainhas etc.

Podemos também, por brincadeira ou por necessidade, forjar novos sistemas de comunicação, mais ou menos à maneira do fragmento citado como epígrafe deste capítulo.

A segunda característica relevante que a definição acima coloca em evidência é que uma língua é um *sistema* de signos[1] e de regras. Deve-se entender com isso que não se trata de um simples repertório de elementos indecomponíveis e autônomos que servem para comunicar. Os elementos constitutivos de cada língua estão interligados, eles são feitos para interagir e se combinar. É esta organização interna de uma língua que faz dela uma ferramenta de comunicação particularmente potente, capaz de produzir um número infinito de mensagens diferentes.

Se afirmamos que os signos e as regras linguísticas são convencionais, foi para evidenciar que eles funcionam como uma norma, um conjunto de leis que rege a maneira como nos comunicamos. Essas leis não são inatas. Precisamos aprendê-las, assimilá-las progressivamente. O fato de que não seja necessário ter recebido uma formação "escolar" para falar uma língua não deve fazer-nos esquecer que o domínio de uma língua é resultado de uma aprendizagem assídua, longa e difícil.

As duas características da noção de língua mencionadas em nossa definição estão, evidentemente, inter-relacionadas. Em que pese a grande variedade dos modos de comunicação a que recorremos, as línguas continuam sendo, graças a seu grande poder expressivo, nossas ferramentas privilegiadas para permutar informação, organizar nosso pensamento e, na verdade, existir enquanto seres humanos. Para nos convencermos disso, basta lembrar as duas etapas do desenvolvimento de uma criança muito jovem impreterivelmente mencionadas por seus pais:

- o momento em que ela começou a caminhar – modo de deslocamento característico do ser humano;
- o momento em que ela começou a falar (e quais foram suas primeiras palavras) – modo de comunicação característico do ser humano.

Observemos, para finalizar, que as línguas não formam um sistema inerte, indefinidamente congelado no tempo. As línguas se formam, evoluem no tempo e "morrem". Obviamente, elas não têm datas de nascimento e de óbito precisas, e sua evolução é extremamente gradual. Não deixa de ser verdade, porém, que ninguém falava francês há dois mil anos, e que o francês que se fala hoje, em Montreal ou em Paris, não é o mesmo que aquele que ali se falava há trezentos anos, e que é bem possível que ninguém mais fale francês neste mundo daqui a dois mil anos. Graças à sua natureza social e às ligações estreitas que ela mantém com a sociedade humana que a utiliza, cada língua está sujeita a evoluir, a se transformar e, eventualmente, a desaparecer, acompanhando, nesse sentido, a evolução das sociedades que as usam.

Fala, atualização da língua

Enquanto sistema de signos e de regras combinatórias desses signos, pode-se ver a língua como um conjunto de convenções sociais, da mesma forma que um código civil, por exemplo. Trata-se, portanto, de uma entidade "abstrata".

Sem dúvida, nem todos estão acostumados a considerar a língua assim; por isso, convém ilustrar esta afirmação. Veja-se a seguinte frase:

(1) *Tu podes me passar o sal?*

Esta frase compõe-se de palavras portuguesas reunidas de acordo com certas regras gramaticais próprias do português. Ela é construída com base em um subconjunto reduzido do sistema da língua portuguesa, mas ela em si não é uma parte da língua: é apenas um exemplo, entre uma infinidade de outros exemplos possíveis, de atualização da língua portuguesa. Trata-se, por assim dizer, de um produto dessa língua.

Atente-se à expressão bem particular que acabamos de usar para introduzir (1): *Veja-se a seguinte frase*... Esta maneira de proceder, típica de uma obra de Linguística, pensando bem, tem algo um tanto estranho: ela apresenta um enunciado como se ele saísse de lugar nenhum; ela pressupõe que seremos capazes de discutir um enunciado isolando-o totalmente da situação na qual ele pode ter sido produzido. Ora, para que (1) "seja", é preciso considerar pelo menos dois indivíduos. Um primeiro, chamado de *Locutor*, quis comunicar uma mensagem a um segundo, o *Destinatário*.[2] Para tanto, o Locutor utilizou um subconjunto dos signos e das regras da língua, subconjunto que lhe permitiu realizar linguisticamente a mensagem que queria comunicar, sob a forma do enunciado (1).

Sabemos, portanto, que os signos e as regras linguísticas existem pelo fato de se atualizarem em comportamentos particulares e ensejam "eventos linguísticos" nos quais um Locutor comunica uma informação a um Destinatário. A atualização da língua não é a língua em si; é preciso, portanto, dispor de um termo particular para designá-la: trata-se da fala.

> A língua encontra sua atualização na *fala*, isto é, em instâncias de trocas linguageiras entre pelo menos dois indivíduos: o *Locutor* e o *Destinatário*.

A utilização de termos como *fala* e *Locutor* não implica que a Linguística se interessa somente pela língua falada, o *oral*, e ignora a língua escrita, o *escrito*. Esta terminologia reflete simplesmente o fato de que a língua é, por natureza, acima de tudo, oral, sendo o escrito originalmente uma transcrição mais ou menos fiel (de acordo com as línguas e sistemas de escrita) da cadeia linguística falada. Denomina-se *fala* a atualização da língua, porque o oral é a forma primeira de atualização da língua. Mas sabe-se muito bem que não nos expressamos da mesma forma no escrito e no oral, que as escolhas lexicais e gramaticais podem variar consideravelmente segundo o modo de comunicação utilizado, e que, por consequência, a Linguística deve levar em conta tanto a língua falada quanto a língua escrita. Isso passa a ser ainda mais necessário, uma vez que o código escrito adquiriu crescente importância ao longo dos séculos. Primeiro, houve a invenção e a universalização da imprensa, que, de alguma forma, industrializou a difusão dos textos. Depois, bem mais recentemente, mas com consequências igualmente significativas, o surgimento dos computadores, do processamento de textos e da internet, que fez crescer de maneira exponencial a produção e a difusão linguística escrita. Esta nova forma de manipulação física da língua deu origem, além disso, a um fenômeno de hibridação dos códigos. Na verdade, a fronteira entre oral e escrito torna-se quase indiscernível em certos contextos de utilização da língua, como o do e-mail (ver exercício 3, no final do capítulo).

Língua e linguagem

Por que falamos? Por que nos comunicamos através de línguas?

As línguas que dominamos, aprendemo-las e pudemos aprendê-las por várias razões:

1. elas são ferramentas de comunicação que a vida em sociedade nos *impõe* adquirir;
2. elas são sistemas de signos e de regras combinatórias desses signos que nosso cérebro tem a capacidade de memorizar e de manipular;
3. elas se manifestam fisicamente através de sons que a nossa constituição fisiológica nos permite produzir (aparelho fonador) e perceber (aparelho auditivo).

> Denominamos de *linguagem* a faculdade humana de comunicar ideias por meio da língua.

A faculdade da linguagem está, portanto, intimamente relacionada a aspectos sociológicos, psicológicos, fisiológicos e até mesmo físicos da utilização da língua pelos seres humanos.

É preciso lembrar que existem inúmeras línguas, algo em torno de 6 mil (francês, português, inglês, árabe, espanhol, alemão, russo, suaíli, mandarim, japonês etc.); mas nós trataremos da linguagem como uma faculdade geral que os seres humanos possuem: a faculdade de aprender e de utilizar línguas dadas.

Para resumir, a noção de língua – ou seja, o *código linguístico* em si mesmo – nos leva a considerar duas noções:

* a fala – a atualização das línguas em atos de comunicação que implicam um Locutor e um Destinatário;
* a linguagem – a capacidade de aprender e de utilizar as línguas.

Podemos, por conseguinte, ampliar mais ou menos o objeto de estudo da Linguística, conforme a limitemos à língua ou estendamos suas ramificações ao estudo da fala (estudo dos atos de comunicação e da interação entre a língua e os demais meios de comunicação) ou à faculdade da linguagem.

No entanto, embora se possa restringir voluntariamente a tarefa da Linguística ao estudo da língua, e unicamente da língua, é preciso ter em mente que isso não é factível sem que se observe e se analise sua atualização na fala. Desse ponto de vista, podem-se considerar dois procedimentos no estudo linguístico:

1. do particular ao geral, quando se observam fatos específicos de fala para deles inferir regras linguísticas gerais;
2. do geral ao particular, quando se utiliza o conhecimento de regras linguísticas gerais para analisar fatos de fala específicos.

No primeiro caso, trata-se quer de uma Linguística descritiva, que se dedica à modelização de línguas dadas, quer de uma Linguística teórica, que se dedica à atualização de conceitos linguísticos universais (válidos para todas as línguas). No segundo caso, trata-se de uma Linguística "aplicada" – ao ensino, à aprendizagem, ao tratamento de distúrbios de linguagem, à análise de textos etc.

Ao distinguir, como o fizemos, língua, fala e linguagem, empregamos a terminologia proposta pelo linguista suíço Ferdinand de Saussure. Saussure foi, no início do século XX, um dos grandes pioneiros do estabelecimento da Linguística como ciência. Convém observar que a abordagem lexicológica que subjaz a este livro descende em linha direta da visão saussuriana do estudo linguístico.

DE QUE SÃO CONSTITUÍDAS AS LÍNGUAS?

Léxico e gramática

Dissemos anteriormente que as línguas são compostas de signos e de regras que permitem combinar esses signos. Mesmo que seja uma simplificação grosseira, vamos admitir, por enquanto, que os signos que compõem a língua são, em sua esmagadora maioria, as palavras da língua e chamaremos, provisoriamente, de *léxico* de uma dada língua o conjunto das palavras dessa língua.

As regras gerais que permitem combinar as palavras ou, mais globalmente, os signos da língua para formar frases constituem a *gramática* da língua.

Cada língua é, pois, antes de mais nada, constituída por um léxico e por uma gramática. Aprender uma língua consiste em assimilar esses dois conjuntos de conhecimentos e em desenvolver os automatismos que possibilitam utilizá-los espontaneamente.

Níveis de funcionamento das línguas

Reconhecem-se habitualmente pelo menos quatro níveis principais de funcionamento em todas as línguas:

1. a *semântica* concerne aos sentidos e à sua organização no seio das mensagens que se podem formular em uma língua;
2. a *sintaxe* concerne à estrutura das frases;
3. a *morfologia* concerne à estrutura das palavras;
4. a *fonologia* e a *fonética* concernem aos elementos sonoros que são a própria forma dos enunciados.

A cada um desses níveis de funcionamento corresponde um ramo da Linguística, que se dedica mais particularmente ao estudo e à descrição do respectivo nível. Assim, atendo-nos ao primeiro nível de funcionamento, temos que distinguir dois tipos de semânticas.

1. A *semântica de uma dada língua* (semântica do português, do francês, do inglês...) é, *grosso modo*, o conjunto de sentidos exprimíveis nesta língua, bem como o conjunto das regras de expressão e de combinação desses sentidos. Este é um dos níveis de funcionamento, um dos componentes estruturais da língua.
2. A *semântica enquanto disciplina*, ou estudo semântico, é o estudo científico da Semântica (no sentido 1) das línguas.

Aqui, introduziremos, pois, o que constitui o estudo semântico (isto é, a semântica no sentido 2) tomando de empréstimo a maior parte de nossos exemplos à Semântica (no sentido 1) do português, do francês, do inglês etc. Como veremos à medida que avançarmos nos capítulos do livro, o conjunto dos sentidos veiculados por uma dada língua corresponde em grande parte ao conjunto de palavras dessa língua. Existe, portanto, uma relação privilegiada entre o estudo da semântica das línguas e o estudo de seu léxico: a Lexicologia. É por essa razão que este livro apresenta simultaneamente as noções fundamentais desses dois ramos da Linguística.

DIFICULDADE DO ESTUDO LINGUÍSTICO

Qualquer leitor deste livro pode legitimamente pensar que sabe o que são os conhecimentos linguísticos, uma vez que fala, escreve e lê pelo menos uma língua: o português. No entanto, o fato de dominar um corpo de conhecimentos não implica de modo algum que se tenha compreendido conscientemente como esse conjunto de conhecimentos é organizado e como ele funciona. Certas tarefas, tais como o ensino da língua, a tradução, a redação e a correção de documentos, requerem que se seja capaz não só de falar uma ou mais línguas, mas também de pensar sobre elas. É isso que dá à Linguística, como ciência que se dedica ao estudo das línguas, seu interesse maior e sua razão de ser.

O estudo linguístico é uma atividade científica particularmente delicada, pois não há outra maneira de descrever as línguas e de falar sobre elas a não ser recorrendo a uma dada língua. Estamos, assim, expostos a uma perigosa circularidade: servimo-nos de nosso objeto de estudo para falar sobre ele.

> Quando uma língua L_1 serve para descrever um sistema significante diferente dessa língua, isto é, um sistema não linguageiro ou uma outra língua, o objeto estudado e o instrumento de estudo são diferentes, e não há dificuldade nenhuma para se distinguir um do outro. Mas, quando uma língua se descreve a si mesma, a identidade parcial entre o objeto estudado e o instrumento de estudo cria uma situação única. (Rey-Debove, 1997: 1-2)

É necessário, portanto, na Linguística, mais do que em qualquer outra ciência, dotar-se de uma terminologia e de convenções de escrita muito bem definidas e utilizá-las de uma maneira rigorosa que permita assinalar os contextos em que a língua se descreve a si mesma, ou seja, em que ela se torna o que se denomina uma *metalinguagem*.

Em uma dada ciência, a *metalinguagem* é um código, um sistema de representação, que serve para modelizar o objeto de estudo da ciência em questão. A *metalíngua* é, na Linguística, um caso particular de metalinguagem: trata-se da língua que serve de ferramenta para sua própria descrição.

As definições lexicais (ver capítulo "Análise do sentido") são uma ilustração bem conhecida do uso da língua como metalinguagem. Na realidade, uma definição de dicionário (monolíngue) descreve o sentido de uma palavra de uma dada língua por meio de uma expressão pertencente a esta mesma língua.

Voltaremos à terminologia e às convenções de escrita na Linguística no capítulo "Unidade lexical ou lexia" (na seção "Observação sobre o uso da terminologia").

LIMITES DESTE LIVRO

Não pretendemos cobrir aqui de maneira exaustiva os campos da Lexicologia e da Semântica Lexical, por pelo menos duas razões.

Em primeiro lugar, este livro se inscreve no âmbito de uma Linguística que se limita ao estudo da língua, em oposição a uma Linguística da linguagem em geral. Daremos, portanto, destaque ao código linguístico em si, tratando apenas marginalmente dos parâmetros de sua aprendizagem e de sua utilização.

Em segundo lugar, como mencionamos antes, a língua está em constante transformação; ela evolui no tempo. Pode-se, pois, estudá-la de duas maneiras:

- no contexto de sua evolução – *estudo diacrônico*;
- em um dado momento de sua evolução; por exemplo, tal como ela é usada atualmente – *estudo sincrônico*.

Neste livro, situamo-nos no âmbito de um estudo sincrônico da língua. Assim, nossos exemplos serão emprestados do português, do francês, do inglês etc. contemporâneos, e trataremos bem pouco dos problemas ligados à evolução do léxico dessas línguas (surgimento ou desaparecimento de palavras e evolução dos sentidos expressos pelas palavras).

LEITURAS COMPLEMENTARES

As leituras sugeridas no fim de cada capítulo são apresentadas em uma ordem que corresponde à da introdução das respectivas noções no corpo do texto.

> SAUSSURE, Ferdinand de. *Curso de linguística geral*. São Paulo: Cultrix, 2006 [1. ed. 1916].

O *Curso de linguística geral* de F. de Saussure é uma das obras fundadoras da Linguística moderna. Ela é, em certos aspectos, um tanto datada, mas continua sendo um texto de referência incontornável.

> REY-DEBOVE, Josette. À la recherche de la distinction oral/écrit. In: _____. *La linguistique du signe*: une approche sémiotique du langage. Paris: Armand Colin, 1998, pp. 10-9. (U. Linguistique)

Este texto é particularmente interessante para nós, porque apresenta uma reflexão sobre a distinção entre língua oral e língua escrita de um ponto de vista lexicológico. J. Rey-Debove foi destacadamente codiretora da equipe de redação do dicionário *Le Petit Robert*.

> HAGÈGE, Claude. Écriture et oralité. In: _____. *L'homme de paroles*: contribution linguistique aux sciences humaines. Paris: Gallimard, 1985, pp. 89-125. (Folio/Essais, 49)

Este texto vem completar o anterior. O autor examina a relação entre escrita e oralidade em uma perspectiva histórica.

EXERCÍCIOS

Propomos somente três exercícios de "aquecimento" neste primeiro capítulo. O trabalho sobre os dados linguísticos passará a ter mais e mais importância à medida que avançarmos, e a seção "Exercícios" dos capítulos seguintes será, consequentemente, bem mais rica.

▪ EXERCÍCIO 1

Retorne aos exemplos de comunicações não linguísticas apresentadas neste capítulo (seção "Língua, objeto de estudo da Linguística"). Por que não mencionamos em nossa enumeração gestos do tipo reflexo, como o de retirar reflexamente a mão quando se toca em algo muito quente?

▪ EXERCÍCIO 2

Identifique no enunciado *Podes me passar o sal?* os elementos linguísticos que designam explicitamente o Locutor e o Destinatário.

▪ EXERCÍCIO 3

Releia as observações que foram feitas anteriormente sobre a distinção entre língua falada e língua escrita, especialmente a propósito dos fenômenos de hibridização dos códigos. Identifique no e-mail que segue vestígios de "contaminação" da língua escrita pela língua falada. Será realmente possível dizer com certeza que este texto se enquadra num ou noutro código?

> Para: machin@umontreal.ca
> De: truc@pacific.net.sg
> Assunto: Re: Não sou avaro em palavras
>
> > Tudo recebido. Vamos começar.
> > Chego a Paris em 1º de maio, e é uma quarta-feira: Janine deve ter-se enganado.
> >M.
>
> Sim. Deve ser a impaciência em te ver :-)
>
> T.

NOTAS

[1] Seria correto dizer, *grosso modo*, que se trata das palavras da língua. A noção de signo linguístico é, porém, muito complexa, e é por isso que o capítulo "Signo linguístico" lhe é inteiramente dedicado.

[2] Escrevemos **Locutor** e **Destinatário** sempre com iniciais maiúsculas quando se trata de designar os dois participantes teóricos da situação de comunicação linguística. Em contrapartida, grafamos sem maiúscula *locutor de uma língua* – indivíduo que conhece e utiliza essa língua.

Signo linguístico

No capítulo anterior, afirmamos que uma língua é um sistema de signos e de regras (ver, especialmente, a definição de *língua*). A noção de signo desempenha um papel central em nossa abordagem da Lexicologia e da Semântica. Veremos, pois, sem mais delongas, como se caracterizam os signos linguísticos, começando por examinar o que se deve entender por **signo** em seu sentido amplo.

Noções introduzidas: *signo*; *signo intencional* vs. *não intencional*; *Semiótica (Semiologia)*; *semiose*; *ícone*; *analogia*; *símbolo*; *índice*; *contiguidade*; *signo linguístico*; *significado*; *significante*; *onomatopeia*; *signo lexical* vs. *gramatical*; *signo elementar* vs. *complexo*; *combinatória restrita* vs. *livre*; *expressão gramatical* vs. *agramatical*.

SIGNO E SEMIÓTICA

Definição de signo

Propomos que se adote a seguinte definição da noção de signo:

> Um **signo**, em sentido amplo, é uma associação entre uma ideia (o conteúdo do signo) e uma forma – sendo os termos *associação*, *ideia* (ou *conteúdo*) e *forma* tomados em sua acepção mais geral possível.

Por exemplo, uma piscadela é um signo na medida em que ela serve para veicular uma determinada ideia, que poderíamos definir de maneira muito vaga como a manifestação de uma forma de conivência entre aquele que pisca o olho e aquele a quem este sinal se destina. Para nos atermos mais estritamente à nossa definição, diremos que o signo "piscadela" é uma associação entre uma ideia – a expressão da conivência – e uma forma – a alteração complexa do rosto que em português se denomina *piscadela*. Um signo desse tipo pode ser chamado **signo intencional**, pois é utilizado conscientemente por um indivíduo para comunicar algo. Um signo intencional é um signo que tem por função servir para transmitir informação.

A definição anterior autoriza-nos também a chamar *signos* associações ideia↔forma que não são ferramentas de comunicação, mas fenômenos que se manifestam naturalmente. Por exemplo, um certo tipo de onda no mar poderá ser interpretado por um marinheiro experiente como o indício de que um vento violento está prestes a se levantar. Essa associação entre uma forma (tipo particular de onda) e uma ideia (iminência de vento violento) é um **signo não intencional**.

Note-se que, neste último caso, parece mais natural falar de uma associação forma↔ideia do que de uma associação ideia↔forma, na medida em que um tipo de onda não tem por função expressar uma determinada ideia. Somos nós, enquanto observadores, que a interpretamos assim.

> Parece, pois, mais normal que se considerem os signos não intencionais como associações forma↔ideia, e os signos intencionais – que são ferramentas de comunicação – como associações ideia↔forma.

Esta observação deixa evidente que os signos intencionais e os signos não intencionais são de natureza muito distinta; os primeiros são verdadeiras ferramentas de comunicação, ao passo que os segundos se manifestam naturalmente e devem ser interpretados para existirem enquanto signos. A razão pela qual esses dois tipos de entidades são frequentemente associados prende-se ao fato de que, em um nível mais profundo, o do funcionamento de nosso sistema cognitivo, eles se encontram como associações binárias entre ideia e forma.

Não é exagero dizer que nossa existência enquanto seres humanos é quase inteiramente consagrada a produzir, receber e analisar signos, bem como a reagir em consequência. Daí a importância de se definir uma disciplina dedicada ao estudo dos signos.

Ciência dos signos

A **Semiótica** é a ciência que estuda os diferentes sistemas de signos, ao passo que a Linguística é um ramo da Semiótica geral que estuda os sistemas de signos linguísticos que são as línguas. Emprega-se também o termo ***Semiologia*** para designar essa ciência. Algumas pessoas consideram o termo *semiótica* como um anglicismo que deve imperativamente ser substituído por *Semiologia*. Outros afirmam que existe uma nuance entre a Semiótica, disciplina de origem norte-americana que se dedica ao estudo de todos os tipos de sinais, e a Semiologia, de origem europeia, que só reconhece como objeto de estudo os signos intencionais. Outros, enfim, dizem que se trata de duas maneiras aceitáveis de designar exatamente a mesma coisa. Naturalmente propenso a optar pela solução mais econômica – a menos que vejamos claramente a necessidade do contrário –, adotamos de nossa parte a terceira via e utilizaremos aqui o termo *Semiótica*: ele aparece pelo menos tão frequentemente quanto *Semiologia* nos textos de referência em português e em outras línguas. Ele apresenta também a vantagem de ter uma sílaba a menos que seu concorrente. O texto de J.-M. Klinkenberg, proposto como leitura no final do presente capítulo, faz um balanço dessa questão.

Como dissemos, nem todas as abordagens semióticas escolhem os mesmos objetos de estudo. Assim, alguns semioticistas excluem de seu campo de investigação os signos não intencionais. Para os linguistas, entretanto, o problema não se coloca, pois cabe-lhes estudar somente signos intencionais: os signos da língua não se manifestam espontaneamente, mas são emitidos por um Locutor com o intuito de se comunicar.

Quer nos situemos em uma perspectiva da Semiótica geral, quer no interior de uma disciplina que, como a Linguística, se limita ao estudo de signos intencionais, é absolutamente necessário manter uma distinção entre o signo em si e sua manifestação, chamada de *semiose* por Charles Peirce, pai da Semiótica moderna.

> Uma ***semiose*** de signo é o funcionamento desse signo enquanto vetor de informação.

Contrariamente à semiose, que é "algo que acontece", o signo é uma entidade abstrata ou, melhor, inerte: uma simples associação entre conteúdo e forma.[1] Pode-se, então, comparar o signo, tomado em si mesmo, a uma lâmpada elétrica apagada, e a semiose, que faz funcionar o signo, ao funcionamento dessa lâmpada: a lâmpada acesa que ilumina uma sala. A semiose, para se realizar plenamente, deve propiciar uma recepção de informação por aquele que interpreta o signo em funcionamento. Assim, portanto, uma análise completa de um fato semiótico implica que se leve em consideração pelo menos: 1) o próprio signo, 2) o emissor do signo (no caso de signo intencional) e 3) o receptor da informação ou, mais precisamente, o intérprete do signo. A maior parte das abordagens linguísticas posicionam-se (explícita ou implicitamente) em relação à sua concepção do fato semiótico, conforme privilegiem o papel do Locutor – focalização na codificação – ou o do Destinatário da mensagem linguística – focalização na decodificação. De nossa parte, adotamos claramente, na apresentação das noções de Lexicologia e de Semântica, a perspectiva da codificação linguística. Acreditamos, de fato, ser esta a que permite trazer à luz da melhor maneira mecanismos de funcionamento dos léxicos, que são recursos que possibilitam codificar o pensamento. A focalização na tarefa do Locutor permite também isolar o componente propriamente linguageiro da semiose linguística. Com efeito, se é mais fácil ter um conhecimento dito passivo de uma língua do que um conhecimento ativo, isso ocorre porque o primeiro se assenta de maneira muito menos fundamental do que o segundo no domínio das regras linguísticas.[2]

TIPOS DE RELAÇÕES CONTEÚDO-FORMA NOS SIGNOS

Além da distinção entre signos intencionais e não intencionais, podem-se classificar os signos de acordo com o tipo de relação que existe entre seu conteúdo e sua forma. Isso nos permite distinguir três grandes famílias de signos: ícone, símbolo e índice.

Ícone: relação de analogia entre conteúdo e forma

> Um *ícone* é um signo para o qual se pode identificar uma relação de analogia, no sentido mais geral, entre seu conteúdo e sua forma.

Assim, o desenho (1), a seguir, afixado na porta dos toaletes de um restaurante, é icônico na medida em que o conteúdo que ele veicula ali ('toaletes femininos') é evocado em sua forma (desenho de uma silhueta feminina). Por outro lado, a bandeira marítima (2), que significa 'seis', não possui nada em sua forma que possa apresentar qualquer analogia com seu conteúdo e, por isso, não será considerada como sendo um ícone.[3]

(1)

(2)

A escolha do termo *analogia* para caracterizar a relação conteúdo-forma considerada aqui tem sua importância. Poderíamos falar de semelhança, mas esse termo se usa, acima de tudo, para relacionar entidades da mesma natureza, especialmente entidades que se apreendem da mesma maneira: um objeto pode ser semelhante a outro objeto; um som, a outro som; um gosto, a outro gosto etc. Entretanto, no âmbito da caracterização dos signos, levamos em conta o inter-relacionamento entre entidades de natureza fundamentalmente diferente: o conteúdo do signo é uma informação, uma entidade imaterial, ao passo que sua forma é uma entidade perceptível pelos sentidos. O desenho (1) assemelha-se efetivamente mais ou menos a uma silhueta feminina, mas seria muito estranho dizer que ele "se assemelha ao conteúdo" do signo em questão. Por outro lado, o conteúdo do signo e sua forma funcionam de maneira análoga: ambos nos remetem à noção de mulher, de feminino. Eis, pois, por que se fala aqui de relação de analogia, e não de semelhança, entre conteúdo e forma.

Símbolo:
ausência de relação evidente entre conteúdo e forma

> Um *símbolo* é um signo para o qual não se encontra relação lógica evidente entre conteúdo e forma.

A bandeira marítima em (2) é, por isso mesmo, um símbolo típico. Uma palavra da língua como *gato* também é um símbolo, pois não existe nenhuma relação de analogia ou, mais amplamente, nenhuma relação lógica entre seu conteúdo e sua forma. Também se poderia dizer *cat* em inglês, *gato* em espanhol, *koška* em russo, *māo* em mandarim etc., para expressar aproximadamente a mesma coisa.

O signo linguístico é, acima de tudo, simbólico, e essa é uma de suas características essenciais, como veremos adiante.

Índice:
relação de contiguidade entre conteúdo e forma

> Um *índice* é um signo para o qual se pode identificar uma relação de contiguidade entre conteúdo e forma. Ele funciona na qualidade de signo porque sua presença física em nosso meio é interpretada como designando algo que está associado a essa presença física, a essa forma.

O termo *contiguidade* é utilizado, na definição anterior, para remeter a qualquer tipo de "proximidade", no sentido mais amplo. Pode-se, assim, entender por contiguidade física aquela que se manifesta entre a parte e o todo, entre objetos adjacentes, entre uma direção e o que se encontra nessa direção etc. Mas a contiguidade implicada nos índices abrange também a sucessão temporal, a relação de causa e efeito etc.

Assim, os signos a seguir são índices típicos:

(3)   a. Uma marca de batom na borda de um copo, que nos indica que uma mulher provavelmente bebeu nesse copo.

        b. As olheiras no rosto de um professor, que nos indicam que ele passou novamente a noite trabalhando.

        c. As olheiras no rosto de um colega, que nos indicam que ele passou novamente a noite jogando canastra.

Observa-se que, no caso dos signos indiciais anteriores, *que são todos não intencionais*, existe uma relação de causa e efeito entre a presença do signo e o que ele exprime: ao beber neste copo, uma mulher deixa uma marca de batom; trabalhando a noite inteira, nosso colega aparecerá com círculos arroxeados embaixo dos olhos etc.

Podem-se, no entanto, encontrar facilmente exemplos de índices que ilustram outros tipos de relações conteúdo-forma, como a relação parte-todo em (4a) ou a adjacência em (4b).

(4)   a. O braço de uma criança que sobressai ao tronco da árvore atrás da qual ela se escondeu, que revela sua presença a um companheiro de jogo.

        b. A presença de um objeto familiar (óculos, bolsa etc.), que nos indica que seu dono não se encontra longe.

Cumpre lembrar que os signos não intencionais são, por padrão, signos indiciais. Mas, atenção! O inverso não é verdadeiro, e um signo indicial pode muito bem ser intencional. Seguem dois exemplos.

1.   Uma cruz desenhada em um móvel para sinalizar aos encarregados da mudança que este móvel deve ficar na casa é um signo intencional claramente indicial. Ele serve para designar um objeto e deve estar fisicamente presente no objeto em questão para que a sinalização seja efetiva (contiguidade física).

2.   Todos nós vimos pelo menos um filme policial em que um dos personagens forja uma prova usando de um "índice enganoso". Por exemplo, ele deixa voluntariamente na cena do crime um objeto que incriminará

outro personagem.[4] A presença desse objeto, que será interpretada como significando que o segundo personagem está implicado no delito, é claramente um índice. Isso, porém, é encenado conscientemente por alguém para transmitir uma informação (mesmo que essa informação seja falsa).

A distinção entre signo intencional e signo não intencional só abrange, portanto, parcialmente uma oposição entre ícone-símbolo e índice. Existem, aliás, outras maneiras de se classificar os signos que não aquela baseada na natureza da relação entre conteúdo e forma; e outras terminologias vigoram paralelamente àquela que empregamos aqui. O texto de O. Ducrot e J.-M. Schaeffer, bem como o de T. A. Sebeok, sugeridos como leituras no fim deste capítulo, permitem ampliar a perspectiva nesta matéria.

Caráter híbrido dos signos

Deve-se interpretar a classificação dos signos apresentada anteriormente como uma maneira de identificar tendências. Um signo raras vezes é puramente icônico, simbólico ou indicial.

Por exemplo, apertar a mão, para "oficializar" um encontro, é icônico na medida em que existe uma ligação evidente entre o fato de pegar a mão de alguém – de se relacionar fisicamente com ele – e o de concretizar um encontro. Mas esse signo é ao mesmo tempo simbólico, porque é, em parte, arbitrário. As pessoas poderiam igualmente esfregar o nariz ou morder a orelha uma da outra, ou fazer gestos ainda mais surpreendentes.

Nem sequer o signo (1), que indica o toalete feminino, é puramente icônico. Ele também é simbólico, porque é graças a uma convenção que se considera que a silhueta em questão designa a mulher por oposição ao homem. Além disso, ele é, em parte, indicial, na medida em que só adquire sua verdadeira significação ('reservado às mulheres') quando afixado em uma porta de toalete. Evidentemente, essa caracterização do signo (1) como parcialmente indicial é discutível. O que queremos ressaltar aqui é que esse signo, tomado isoladamente, não é senão a representação esquemática de uma pessoa do sexo feminino. Ele deve ser fisicamente associado a um lugar determinado para indicar que esse lugar é reservado às mulheres (e, portanto, interditado aos homens). Este funcionamento aproxima-o da cruz que se desenha em um objeto, como exemplo de índice intencional, conforme mencionado anteriormente.

Ao invés de classificar de maneira rígida os signos como ícones, símbolos ou índices, deve-se ter sempre em mente que o caso mais típico é o de signos híbridos, que apresentam características de pelo menos duas das classes estudadas.

Poderíamos, assim, optar por visualizar a distinção que foi estabelecida em função da relação conteúdo-forma por meio de um triângulo em que cada ângulo representasse um tipo "puro" de signo, e cada outro ponto geométrico na superfície do triângulo indicasse um tipo híbrido. Por exemplo, a diferença de natureza entre (1) e (2) poderia ser visualizada da seguinte maneira:

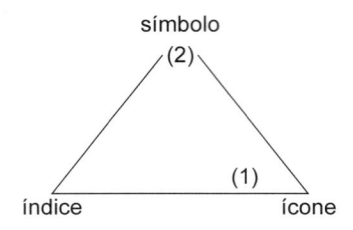

Veremos mais adiante que essa observação sobre a natureza híbrida dos signos se pode aplicar igualmente, até certo ponto, aos signos linguísticos (ver a seção "Caráter arbitrário do signo linguístico").

SIGNO LINGUÍSTICO SEGUNDO FERDINAND DE SAUSSURE

O *signo linguístico*, tal como definido por F. de Saussure, distingue-se dos demais signos pela concomitância de pelo menos cinco propriedades, que examinaremos uma por uma nesta seção.

Associação indissolúvel significado↔significante

O signo linguístico é constituído pela associação indissolúvel – isto é, necessária – entre um conteúdo, denominado **significado** do signo, e uma forma, denominada **significante** do signo. Embora se possa, evidentemente, considerar e analisar em separado os componentes do signo linguístico, é preciso lembrar sempre que eles não têm existência própria: cada um dos dois componentes só existe em função do outro.

O significante do signo linguístico possui, além disso, a particularidade de ser, segundo F. de Saussure, uma "imagem acústica". Este termo pode ser problemático. O que Saussure quer deixar claro é que o significante do signo não é uma sequência de sons, pois os sons só se encontram na fala (a manifestação concreta da língua). O significante é, antes, um padrão sonoro abstrato, estocado na memória do locutor, e que este pode utilizar seja para emitir (concretizar) o signo em questão, seja para identificar um signo do qual ele é o receptor.

É muito importante entender bem que o signo, enquanto elemento da língua, é uma entidade inteiramente psíquica, sediada no cérebro. A mesma expressão linguística jamais será pronunciada duas vezes exatamente da mesma maneira, mas é possível identificar muito bem duas instâncias de utilização de uma dada expressão: em cada caso, a sequência de sons produzida pode ser associada a um mesmo padrão sonoro abstrato, a uma mesma imagem acústica.

> Usaremos as seguintes convenções de escrita para distinguir bem os dois componentes do signo linguístico:
> 1. aspas curvas simples para o significado; por exemplo: 'estupefação';
> 2. itálico para o significante; por exemplo: *estupefação*.

Para ser absolutamente rigoroso, seria preciso utilizar também uma convenção de escrita especial para nomear o signo linguístico em sua totalidade, enquanto entidade pertencente à língua. Vamos contentar-nos, entretanto, em designar o signo linguístico da mesma maneira como se designa seu significante: em itálico; por exemplo: o signo linguístico *estupefação*.

Caráter arbitrário do signo linguístico

O signo linguístico é arbitrário, no sentido de que a associação entre seu significado e seu significante não é logicamente motivada. Isso equivale a definir o signo linguístico como símbolo.

Pode-se observar, no entanto, que certas palavras da língua são em parte icônicas. Trata-se das **onomatopeias**, como, por exemplo, o substantivo *rom-rom* [*De acordo com certos comportamentalistas, o rom-rom do gato tem um papel social*]. Existe uma relação de analogia evidente entre a forma linguística /roNroN/ e o conteúdo que ela expressa. Não obstante, *rom-rom* continua sendo uma palavra do português – como *ronron* o é do francês – parcialmente simbólica. Em inglês, por exemplo, designa-se o ruído de satisfação emitido pelo gato por meio da palavra *purr*, mas é de se duvidar que os gatos dos países de línguas neolatinas produzam sons diferentes daqueles que emitem os gatos dos países anglófonos. O fato de uma palavra, mesmo onomatopeica, ser traduzida ao passar de uma língua para outra é uma prova de seu caráter essencialmente simbólico.

Caráter congelado do signo linguístico

O signo nos é imposto pelo código social que é a língua; ele é, portanto, congelado. É o que Saussure chama de *imutabilidade do signo*. O substantivo *casa* já existia em português há cem anos e provavelmente ainda existirá dentro de cem anos. É graças a essa estabilidade do sistema linguístico que podemos aprender as línguas, utilizá-las durante toda a nossa existência e transmitir informações através do tempo.

Se cada indivíduo tivesse a liberdade de criar novos signos linguísticos, ou de fazer evoluir os signos da língua a sua vontade, não haveria mais possibilidade de funcionamento social para a língua. Uma língua é como um código rodoviário que todo mundo adota e observa para que reine a mais perfeita harmonia entre os seres humanos quando eles se comunicam, assim como ela reina nas estradas quando eles estão ao volante de seus automóveis.

Caráter evolutivo do signo linguístico

Há, como não, uma "tênue" nuance de ironia no que acabamos de dizer, porque sabemos todos muito bem que as regras são constantemente transgredidas, tanto na estrada quanto na comunicação linguageira, e que, além disso, elas estão cada vez mais longe de serem imutáveis.

Os signos de uma língua, assim como as leis ou os regulamentos, estão, por isso, sujeitos a dois tipos fundamentais de variações:

1. variações individuais – porque nem todos aplicam necessariamente da mesma forma essas leis, ou aprenderam necessariamente, sem tirar nem pôr, o mesmo sistema de leis;
2. transformações no tempo – na medida em que as leis e os sistemas de signos linguísticos sofrem alterações ao longo dos anos.

Evidentemente, as transformações do código linguístico se produzem na maioria das vezes sem que os Locutores o desejem conscientemente. Uma palavra da língua geralmente morre pouco a pouco, de morte natural, simplesmente porque um número cada vez menor de pessoas a utilizam. Tudo se passa de maneira gradual, insensível e espontânea, mas o fato é inegável: os signos da língua evoluem, o que está em aparente contradição com a característica anteriormente mencionada. É o que Saussure chama de *mutabilidade do signo*.

Caráter linear do signo linguístico

O significante do signo linguístico é linear, devido à natureza oral da língua e à fisiologia humana. De fato, com nosso sistema fonador, não somos capazes de produzir facilmente a não ser um som a cada vez: a realização de uma mensagem linguística constitui, portanto, uma sequência linear de sons. No plano do signo, os significantes são padrões sonoros lineares. Note-se que a restrição imposta pela linearidade não se aplicaria a um sistema semiótico gestual, uma vez que se pode muito bem, fisiologicamente, produzir e identificar vários sinais gestuais simultaneamente (por exemplo, expressões faciais e gestos manuais).[5]

Conclusão sobre a natureza do signo linguístico

Para concluir, lembremos que acabamos de caracterizar o signo linguístico inspirando-nos diretamente na apresentação que dele fez F. de Saussure. Não pretendemos de modo algum dar a entender que essa caracterização seja completa ou suficiente. Veremos especialmente, logo mais, que cada signo linguístico se caracteriza não somente por seu significado e seu significante, mas também por suas propriedades de combinatória dita restrita, que regem seu emprego na frase.

Pode-se igualmente assinalar aqui uma propriedade relevante da língua, enquanto sistema de signos: o conjunto dos signos de cada língua e o conjunto das regras de combinação desses signos são sincronicamente finitos. É o que torna exequível uma descrição relativamente completa do léxico e da gramática das línguas (dicionários e gramáticas).

TIPOS DE SIGNOS LINGUÍSTICOS

Veremos, na presente seção, que a noção de signo linguístico abarca um conjunto relativamente heterogêneo de entidades. Examinaremos dois grandes eixos de oposição entre signos linguísticos: signo lexical *vs.* signo gramatical e signo elementar *vs.* signo complexo.

Signo lexical e signo gramatical

Serão os signos linguísticos unicamente palavras? Temos frequentemente empregado, nas páginas precedentes, o termo *palavra* ao falar de signos linguísticos. O problema é que este termo é muito ambíguo; por isso, como veremos no próximo capítulo, evitaremos usá-lo, preferindo empregar termos técnicos mais precisos, cada um dos quais designa uma entidade linguística claramente identificada.

Pode-se, por enquanto, tomar a liberdade de dizer que palavras como *beber*, *dormir*, *caminho*, *casa*... são signos linguísticos. Entretanto, se todas as palavras são signos linguísticos, nem todos os signos linguísticos são palavras. É indispensável, então, distinguir pelo menos os **signos lexicais**, como os que acabamos de mencionar, e os **signos gramaticais**, dos quais seguem dois exemplos.

1. O sufixo -*s* do plural dos nomes portugueses:
   - ele tem um significante: este, em português, pode se manifestar na fala através do acréscimo de -*s* (*olhos*) ou, redundantemente, através do fenômeno da ligação; assim, o segmento *os olhos* é pronunciado /ozɔʎos/;
   - ele tem um significado: o sentido de pluralidade.
2. O prefixo português *re-*, que se combina com verbos para expressar o sentido de repetição: *refazer, rediscutir, revisitar...*

Teremos a oportunidade de voltar aos signos linguísticos não lexicais no capítulo "Elementos de Morfologia", que introduz as noções básicas de morfologia cujo conhecimento é indispensável em Lexicologia.

Signo elementar e signo complexo

A distinção entre signo lexical e signo gramatical permite evidenciar uma outra oposição.

1. Os *signos elementares* são signos que não podem ser decompostos em signos mais simples dos quais eles seriam constituídos. Por exemplo, a preposição *com* é um signo linguístico elementar.[6]
2. Os *signos complexos*, ao contrário, são decomponíveis em outros signos. Por exemplo, *amigos* pode ser analisado como a combinação de dois signos: *amigo* + -*s*.

Um signo linguístico complexo não é necessariamente constituído de um signo lexical e de um ou vários signos gramaticais. *Olho de lince*, por exemplo, é formalmente decomponível em três signos lexicais: *olho + de + lince*. Observe-se que pressupomos aqui que *olho de lince* é um signo linguístico. Na verdade, qualquer expressão linguística que corresponda a uma associação indissolúvel significado↔significante – *pomo de discórdia, dar uma cantada, a propósito* [*de*] etc. – é um signo linguístico.

O que pode ser problemático com os signos desse tipo é a natureza lexical das expressões em questão. Este ponto será objeto de exame detalhado no próximo capítulo, ao abordarmos a noção de locução.

COMBINATÓRIA RESTRITA DO SIGNO LINGUÍSTICO

O signo linguístico será conceituado aqui como comportando um componente adicional: sua combinatória restrita.

Atenção! Esse aspecto essencial da caracterização do signo linguístico é muitas vezes ignorado, mas ele constitui uma extensão do signo saussuriano – proposta no âmbito da teoria linguística Sentido-Texto sob o nome de *sintática* do signo linguístico – que nos possibilitará dar conta de maneira "elegante" de inúmeros fenômenos linguísticos.[7]

> A ***combinatória restrita*** de um signo linguístico é o conjunto das restrições próprias a esse signo que limitam sua capacidade de se combinar com outros signos linguísticos e que não podem ser deduzidas nem de seu significado nem de seu significante.

Pelo contrário, a *combinatória livre* de um signo linguístico é sua capacidade de se combinar com outros signos linguísticos, diretamente herdada de seu significado e de seu significante.

Por exemplo, o signo português *sono* é a associação de um significado e de um significante, mas ele se caracteriza também por múltiplas propriedades de combinatória restrita. Vamos ater-nos a citar três delas:

1. Trata-se de um substantivo comum; consequentemente, (1) ele está apto a assumir o papel sintático de sujeito ou de complemento de um verbo: *o sono é uma perda de consciência, interromper o sono*; (2) ele deve normalmente ser empregado com um determinante (artigo, pronome adjetivo possessivo etc.): *um/o/seu... sono*.

2. Ele é do gênero masculino e, por isso, requer a forma masculina de seus determinantes e dos adjetivos que o modificam: *um sono profundo*, e não **uma sono profunda*. Quanto ao uso do símbolo "*", ver o texto a seguir (sobre fundo cinza).

3. Pode-se combinar o signo *sono* com o adjetivo *profundo* para expressar a intensificação de seu sentido, e com o verbo *cair* [*em*] para expressar o sentido de 'começar a estar em um estado de sono', cf. (5a-b), ficando excluídas neste contexto outras combinações "logicamente" possíveis, cf. (5c-d).

(5)   a. *sono profundo*
       b. *Leo caiu em um sono profundo.*
       c. **um grande sono*
       d. **Leo degringolou em um sono profundo.*

> **Uso do símbolo "*"**. Em Linguística, somos frequentemente obrigados a estabelecer comparações entre expressões bem-formadas, que respeitam as regras linguísticas, e outras que transgridem algumas dessas regras. As primeiras são chamadas **expressões gramaticais** e as segundas, **expressões agramaticais**. Utiliza-se o asterisco (*) anteposto a uma expressão para indicar que ela é agramatical. Essa convenção permite propor exemplos de construções malformadas, garantindo que o leitor interpretará corretamente o alcance de tais exemplos. O termo *agramatical* é, até certo ponto, inapropriado. Ele tende a associar qualquer enunciado incorreto a uma transgressão de regras da **gramática** da língua, camuflando assim a transgressão de regras que, como as que controlam a combinatória restrita dos signos lexicais, são pertinentes ao **léxico**. A expressão agramatical **uma carro* pode ser vista como sendo quer um problema de gramática – infração de uma regra de concordância do português –, quer um problema de combinatória restrita – o substantivo comum *carro* tratado como se fosse do gênero feminino. No ensino da língua, especialmente, é muito importante identificar bem a causa de um erro desse tipo, pois não se corrige da mesma maneira o desconhecimento de uma regra de gramática (regra geral) e o desconhecimento de uma propriedade individual de um elemento do léxico.

Estas últimas propriedades combinatórias poderão parecer evidentes ao leitor, e ele talvez se pergunte em que aspecto elas são realmente características do signo *sono*. Esse ponto deverá esclarecer-se no capítulo "Unidade lexical ou lexia", quando estudarmos a noção de colocação.

Conclui-se aqui este importante capítulo sobre o signo linguístico. O domínio de todas as noções que acabam de ser introduzidas é absolutamente essencial para se apreender bem o conteúdo dos capítulos que seguirão.

Equipados com essas noções, podemos, na sequência, abordar a caracterização do objeto de estudo da Lexicologia: a lexia.

LEITURAS COMPLEMENTARES

> SAUSSURE, Ferdinand de. Capítulos I e II. *Curso de linguística geral*. São Paulo: Cultrix, 2006, pp. 79-89 [1. ed. 1916].

Estes dois capítulos do *Curso de linguística geral* tratam da caracterização saussuriana do signo linguístico.

KLINKENBERG, Jean-Marie. Sémiologie ou sémiotique? In: _____. *Précis de sémiotique générale*. Paris: Seuil, 2000, pp. 21-7. (Points Essais, 411)

A ler para uma discussão clara e condensada sobre o uso dos termos *semiologia* e *semiótica*. O ponto de vista terminológico adotado pelo autor corresponde ao uso que nós fazemos do termo *semiótica* (ver, no presente livro, a seção "Ciência dos signos").

DUCROT, Oswald; SCHAEFFER, Jean-Marie. "Signe". In: _____. *Nouveau dictionnaire encyclopédique des sciences du langage*. Paris: Seuil, 2000, pp. 253-66. (Points Essais, 397)

Encontra-se neste texto uma classificação dos tipos de signos mais elaborada do que aquela adotada aqui. A noção de signo é abordada em uma perspectiva mais ampla, próxima da de Charles Peirce, mencionada anteriormente: o estudo dos sistemas semióticos, dos quais a língua é um caso particular.

SEBEOK, Thomas Albert. 1. Basic Notions. In: _____. *Signs:* an Introduction to Semiotics. 2. ed. Toronto/ Buffalo/London: University of Toronto Press, 2001, pp. 3-33.

Este texto é extraído de um manual de introdução à Semiótica, concebido em uma perspectiva peirciana. Ao apresentar as noções centrais da Semiótica, o autor baseia-se em uma classificação mais rica que aquela, mínima, que expusemos anteriormente. São postuladas seis classes de signos, denominadas em inglês: *signals*, *syptoms*, *icons*, *indices* (no singular, *index*), *symbols* e *names*. O terceiro capítulo da obra de Th. Sebeok, intitulado "Six Species of Signs", é dedicado à apresentação detalhada dessas seis classes.

BENVENISTE, Émile. Communication animale et langage humain. In: _____. *Problèmes de linguistique générale I*. Paris: Gallimard, 1966, pp. 56-62.

Interessante ler este texto para melhor apreender a noção de sistema semiótico enquanto sistema de comunicação.

EXERCÍCIOS

▪ EXERCÍCIO 1

De que ponto de vista (a) o fato de uma pessoa enrubescer sob o impacto de uma emoção, (b) as listras brancas que sinalizam uma faixa de pedestres e (c) o "V" de vitória são signos de natureza diferente?

▪ EXERCÍCIO 2

Invente uma nova bandeira marítima para substituir (2), seção "Ícone: relação de analogia entre conteúdo e forma", anterior. Esta bandeira deverá ser de natureza icônica mais que simbólica. Mostre que, neste caso, seria preferível considerar uma série de bandeiras ao invés de uma só.

▪ EXERCÍCIO 3

Descrevemos o significante do signo linguístico como um padrão sonoro, embora a maioria das línguas se materializem também em uma forma escrita. Por que se deve considerar que o modo de comunicação linguageiro é, acima de tudo, sonoro, e não escrito?

▪ EXERCÍCIO 4

Explique por que *tapete* é um signo linguístico e por que a primeira sílaba desta palavra (*ta-*) não o é.

▪ EXERCÍCIO 5

Miau! [*O gato fez "Miau!" e se mandou para a cozinha.*] é um signo linguístico? Por quê?

NOTAS

[1]   Sem entrar nos detalhes, observemos que a noção de signo, tal como concebida por Peirce, é, na realidade, mais complexa. Para Peirce, o signo, embora distinto da semiose, é indissociável desta, pois o signo só existe na medida em que é interpretado; segundo os próprios termos de Peirce: "nothing is a sign unless it is interpreted as a sign" [nada é signo a menos que seja interpretado como signo].

[2]   Note-se que esta dicotomia nas abordagens linguísticas – codificação *vs.* decodificação – se encontra na descrição dos léxicos feita pelos dicionários: ver no capítulo "Lexicologia descritiva" a distinção entre dicionários de codificação e de decodificação.

[3]   Este termo técnico é frequentemente empregado em francês no gênero masculino (*un icône*) para distingui-lo do termo que designa uma imagem religiosa (*une icône*, necessariamente do gênero feminino). Grafa-se às vezes *icone* (sem acento circunflexo) para designar esse tipo de signo.

[4]   Em inglês, diz-se *to plant evidence* para designar esse estratagema.

[5]   A característica da linearidade aplica-se à imensa maioria dos signos linguísticos. Veremos, no entanto, no capítulo "Elementos de Morfologia", que existe em cada língua um pequeno conjunto de signos, ditos *signos suprassegmentais*, que se sobrepõem à cadeia falada, rompendo assim a estrita linearidade do arranjo dos signos. Ver o exemplo (4) do capítulo, bem como as explicações que o acompanham.

[6]   A noção de signo elementar está no cerne da definição dos signos morfológicos chamados *morfes*, que serão introduzidos no capítulo "Elementos de Morfologia".

[7]   Retomaremos seguidamente certas noções importantes introduzidas no âmbito da teoria Sentido-Texto (ver a entrada "teoria Sentido-Texto" no "Índice de noções", no final do livro).

Unidade lexical ou lexia

É útil ter procedido ao exame da quantidade de sentidos que uma expressão pode ter, não só para falarmos com clareza (é mais fácil a qualquer pessoa saber entender corretamente uma expressão se estiver ciente da variedade de sentidos que ela pode ter), como também para raciocinarmos em função das coisas e não em função das palavras. Se não for clara a quantidade de sentidos de uma expressão, torna-se possível que tanto o interrogando como o interrogador não estejam a pensar na mesma coisa; sabendo em quantos sentidos se pode usar uma expressão e em qual deles o proponente a está empregando, seria ridículo o interrogador argumentar atribuindo-lhe outro sentido qualquer.

Aristóteles, *Tópicos*.
(trad. José António Segurado e Campos)

Dissemos no início do capítulo "Noções preliminares" que, tratando este livro do estudo do léxico, a disciplina central em que ela se situa é a Lexicologia. Veja-se então como definimos essa disciplina:

> A **Lexicologia** é um ramo da Linguística que estuda as propriedades das unidades lexicais da língua, denominadas **lexias**.

Chamamos a atenção do leitor para o fato de que, nessa definição, não utilizamos o termo *palavra* para designar o objeto de estudo da Lexicologia, preferindo um termo de ressonância mais "técnica": *lexia*. Veremos as razões dessa opção terminológica na próxima seção.

A lexia é objeto de um capítulo inteiro, como foi o caso quando tratamos do signo linguístico. Na verdade, a noção de lexia não pode ser facilmente isolada; para defini-la, é preciso trazer à luz e explicitar toda uma rede de noções intimamente interligadas. Algo como se alguém puxasse o fio de um novelo de lã até que ele se desenrole todo. A necessidade de definir uma noção obriga quase inevitavelmente, quando se trata de uma ciência descritiva como a Linguística, a definir um campo nocional onde tudo se interliga. É até difícil fechar-se dentro de um dado ramo da

Linguística. A Lexicologia, particularmente, não é um campo de estudo que se possa, a rigor, circunscrever. Para trabalhar bem com a Lexicologia, para abordar devidamente o estudo do léxico, é preciso definir as noções básicas de semântica, é claro, mas também de sintaxe, de morfologia e de fonologia. As incursões no campo da Fonologia serão extremamente raras e pontuais nos próximos capítulos. Aliás, as noções fonológicas fundamentais tendem a ser admitidas, em nível elementar, com base em uma tendência relativamente consensual; vamos, portanto, pressupô-las conhecidas, e não nos delongaremos em defini-las. A situação é bem diferente no que concerne às noções de semântica, de morfologia e (mais marginalmente) de sintaxe, sobre as quais deveremos muitas vezes debruçar-nos para defini-las explicitamente.

Neste capítulo, justificaremos, antes de mais nada, por que razão descartamos o termo *palavra* enquanto noção lexicológica, e estudaremos as duas noções centrais: a *forma de palavra* e o *lexema*. Examinaremos, a seguir, o caso das locuções e, em sentido mais abrangente, da fraseologia. Só então estaremos em condições de definir a lexia de maneira relativamente precisa. As demais noções que deveremos introduzir na sequência, antes de encerrar o capítulo sobre a lexia, são as de *vocábulo*, de *polissemia* e de *homonímia*. Resumindo, não ludibriamos o leitor quando falamos em desenrolar um novelo de lã...

Noções introduzidas: *Lexicologia; lexia (= unidade lexical); forma de palavra; lexema; flexão; sintagma; sintaxe de dependência; árvore de dependência; relação de dependência sintática; regência sintática; raiz (de uma árvore de dependência); sintagma congelado; locução (nominal, verbal, adjetival, adverbial, preposicional); (não) composicionalidade semântica; expressão livre; expressão não livre (= fraseológica); fraseologia; Construção; expressão semifraseológica; colocação (= sintagma semifraseológico); base de uma colocação; colocativo; vocábulo; acepção; polissemia; forma canônica; homonímia; entidade lexical.*

PALAVRA, FORMA DE PALAVRA E LEXEMA

Problemas causados pelo emprego do termo *palavra*

O termo *palavra* é ambíguo, como demonstram os seguintes exemplos:

(1) a. *Sua resposta cabe em duas* **palavras***: "Certamente não!"*
b. *"Sou", "és", "é", "somos" etc. são formas da mesma* **palavra***.*

De forma muito ingênua e aproximativa, alguém poderia dizer que, na frase (1a), *palavras* é empregado para designar signos linguísticos que são separados na escrita por espaços ou sinais de pontuação. Em (1b), ao contrário, diz-se explicitamente que uma palavra é algo mais "abstrato", mais geral do que uma forma linguística. Encontramos a mesma distinção quando se diz, por exemplo:

(2)   a. *"Pois que" se escreve em duas **palavras**.* [Sentido de (1a)]
      b. *"Pois que" é uma **palavra** que se traduz em inglês por "because".* [Sentido de (1b)]

Isso mostra que o termo *palavra* é utilizado para designar pelo menos duas noções diferentes. Muitos textos de Linguística infelizmente dão motivo a confusão, empregando este termo para designar entidades totalmente distintas. Acresce o fato de que *palavra* pode significar um rol de outras coisas, no linguajar de todos os dias ou como termo técnico.

(3)   a. *Para concluir, direi apenas uma **palavra*** [= 'texto oral ou escrito relativamente curto'] *sobre as qualidades pessoais de nosso caro colega.*
      b. *Ele deixou uma **palavra*** [= 'bilhete'] *embaixo da porta de Patrícia.*
      c. *Em informática, um octeto é uma **palavra*** [= 'sequência de informações elementares'] *de oito* bits.

O termo *palavra* é, pois, de emprego arriscado em Lexicologia. Quando se trata do léxico, seria preciso ao menos, como sugere Aristóteles na citação colocada como epígrafe deste capítulo, ter o cuidado de especificar em que sentido estamos empregando *palavra* – o que seria no mínimo fastidioso. Para evitar qualquer confusão, não utilizamos jamais *palavra* como termo linguístico técnico, preferindo recorrer a um sistema bastante rico, mas indispensável, de termos específicos: *lexia, forma de palavra, lexema, locução* e *vocábulo*.

A lexia, tema principal deste capítulo, é como o centro de gravidade desta terminologia. No entanto, é a forma de palavra que, enquanto signo linguístico lexical, constitui a fonte lógica de todas as demais noções. É, pois, por ela que iniciaremos a nossa exposição.

Forma de palavra

Designaremos com o termo *forma de palavra*[1] a noção correspondente ao emprego de palavra no exemplo (1a), apresentado anteriormente, a qual pode ser assim definida:

> Uma *forma de palavra* é um signo linguístico dotado das duas seguintes propriedades:
> 1. possui uma certa autonomia de funcionamento;
> 2. possui uma certa coesão interna.

Para que essa definição seja compreensível, é necessário especificar o que se entende por *autonomia de funcionamento* e por *coesão interna*. É o que faremos examinando a seguinte frase, que contém quatro formas de palavra:

(4) *O caminho está bloqueado.*

Autonomia de funcionamento. A autonomia de funcionamento de cada forma de palavra desta frase – *o, caminho, está* e *bloqueado* – pode ser testada de múltiplas maneiras. Examinaremos três delas.

Em primeiro lugar, é possível substituir cada uma das quatro formas de palavra de (4) por outras formas de palavra que exerçam o mesmo papel sintático na frase, como ilustra o quadro abaixo.

Modelo de frase com quatro posições e três opções para cada posição

Posição 1	Posição 2	Posição 3	Posição 4
O	caminho	está	bloqueado
Um	corredor	estará	livre
Este	trajeto	ficou	atulhado

Este quadro contém quatro colunas de formas de palavra, cada uma das quais corresponde à posição linear de uma das formas de palavra de (4). Cada coluna contém três formas de palavra com um mesmo valor funcional, isto é, aptas a exercerem a mesma função gramatical na frase: determinante do substantivo, sujeito do verbo, verbo principal e adjetivo atributivo do sujeito. É possível construir uma frase gramatical utilizando qualquer uma das formas de palavra da primeira coluna, seguida de qualquer uma das formas de palavra de cada uma das colunas subsequentes. Aqui vão três exemplos colhidos a esmo entre as 81 possibilidades de combinação ($= 3^4$).

(5)   a. *Este caminho estará bloqueado.*
       b. *Um corredor ficou livre.*
       c. *Este trajeto está atulhado.*

Constata-se que cada uma das formas de palavra enumeradas no quadro das quatro posições e, consequentemente, cada uma das formas de palavra de (4) é relativamente autônoma, pois não necessita de qualquer outra forma de palavra **em particular** para funcionar em uma frase. Assim sendo, a forma de palavra *este* não precisa ser seguida pela forma de palavra *caminho* em *Este ____ está bloqueado* para que a frase seja aceitável; basta que a posição em apreço seja ocupada por uma forma de palavra que tenha aproximadamente a mesma combinatória gramatical que *caminho*.

Uma segunda maneira de se comprovar a autonomia de funcionamento das formas de palavra de (4) consiste em empregar cada uma delas em contextos diferentes do da frase inicial.

(6)   a. *Ele olha o cão.*
       b. *É um **caminho** sombreado.*
       c. *Eu penso que ele **está** frágil.*
       d. *Acho teu escritório bem **atulhado** de coisas inúteis.*

Finalmente, um terceiro método consiste em mostrar que as formas de palavra que aparecem na frase são separáveis umas das outras pela inserção de outras formas de palavra. Assim, pode-se inserir formas de palavra antes e depois de cada forma de palavra de (4), como se verifica a seguir:

(7) *Mas o pequeno caminho sombreado está bem bloqueado hoje.*

Coesão interna. Quanto à coesão interna das formas de palavra de (4), esta se patenteia justamente por ser impossível inserir novas formas de palavra **no interior das próprias formas de palavra**. Não se pode construir uma frase como:

(8) **O casombreadominho está bloqueabemdo hoje.*

Lembrete (capítulo "Signo linguístico"): o asterisco (*) é utilizado em Linguística para indicar a agramaticalidade de uma expressão.

Para concluir a exposição sobre a forma de palavra, assinalamos que os critérios de identificação das formas de palavra variam de acordo com a língua. É, sem dúvida, possível, em certas línguas, recorrer a critérios fônicos. Por exemplo, em mandarim, a grande maioria das formas de palavra são constituídas de duas sílabas. Esses critérios, no entanto, jamais são suficientes para identificar as formas de palavra de qualquer língua, e eles são praticamente inaplicáveis no caso do português.

Lexema

Passemos a observar agora como empregamos *palavra* na frase (1b). Repetimos esta frase em (9a), acrescentando-lhe outro exemplo, (9b), em que utilizamos igualmente *palavra*.

(9) a. *"Sou", "és", "é", "somos" etc. são formas da mesma* **palavra**.
     b. *Esta manhã, José aprendeu duas novas* **palavras** *inglesas*.

Não se trata, nestes exemplos, de signos linguísticos do tipo formas de palavra, mas de entidades lexicais de um nível mais elevado, que chamaremos de *lexemas*.

> O *lexema* é uma generalização do signo linguístico do tipo forma de palavra: cada lexema da língua é estruturado em torno de um sentido exprimível por um conjunto de formas de palavra que somente a flexão distingue.

Voltaremos ao tema da *flexão* no próximo capítulo. Entretanto, sem dúvida nenhuma, o leitor já tem intuitivamente uma boa ideia daquilo a que se refere esta noção; é o que opõe as formas de palavra no interior de cada uma das seguintes séries (10a-d):

(10) a. *estrada ~ estradas*
      b. *canal ~ canais*
      c. *lento ~ lenta ~ lentos ~ lentas*
      d. *[eu] olho ~ [tu] olhas ~ [ele] olha ~ [nós] olhamos...*

> **Uso do símbolo "~".** O til (~) é frequentemente utilizado em Linguística para separar expressões que se queiram contrastar ou enumerar.

Em cada uma das séries de formas de palavra em (10), encontra-se um núcleo único de sentido ('estrada', 'canal', 'lento' e 'olhar'), que pertence ao próprio léxico da língua. As diferenças semânticas constatadas entre as diversas formas de palavra da série são, por sua vez, pertinentes à variação flexional, isto é, acima de tudo, à gramática (número do substantivo; número e gênero do adjetivo; pessoa, número, tempo e modo do verbo).

O lexema (e, portanto, o sentido em torno do qual ele é construído) é um elemento básico do conhecimento lexical. Quando uma pessoa diz que aprendeu uma "nova palavra" em uma língua estrangeira, ela se refere, na verdade, geralmente, a um lexema dessa língua: uma entidade de alto nível que se materializa nas frases através de formas de palavra específicas. Assim, DOG é um lexema do inglês, que está associado às formas de palavra *dog* (singular) e *dogs* (plural).

> Os lexemas (por exemplo, DOG) serão sempre mencionados aqui em versalete, para que se possa distingui-los das formas de palavra. Estas últimas, por sua vez, são grafadas em itálico, pois são signos linguísticos (cf. as convenções de escrita introduzidas no capítulo "Signo linguístico").

Resumamos brevemente os pontos essenciais abordados nesta primeira seção.

1. O termo *palavra* é ambíguo, e seu uso em Linguística pode dar azo a confusão.
2. Consideraremos que ele não faz parte de nossa terminologia linguística.
3. Utilizaremos em seu lugar quer o termo *forma de palavra*, quer o termo *lexema*, de acordo com a noção de que se tratar.
4. A noção de forma de palavra foi objeto de uma definição que será satisfatória para as nossas necessidades presentes.
5. A noção de lexema foi caracterizada como um sentido exprimível por um conjunto de formas de palavra que somente a flexão distingue.

O lexema representa o caso típico da lexia (da unidade lexical). Mas, atenção! Veremos a seguir que existem também lexias que não são lexemas: as locuções.

LOCUÇÃO

Natureza sintagmática da locução

Tivemos o cuidado, na seção precedente, de não estabelecer uma equivalência estrita entre a noção de lexema e a de unidade lexical, isto é, de lexia: todos os lexemas são lexias, mas nem todas as lexias são lexemas. Demos uma voltinha pela língua portuguesa para demonstrar este fato.

Parece legítimo admitir que existe em português uma unidade lexical BATATA; essa unidade lexical é um lexema, associado às duas formas de palavra *batata* e *batatas*. Então, qual é em francês o equivalente de BATATA? Trata-se, evidentemente, da unidade lexical POMME DE TERRE.[2] Entretanto, esta lexia não é um lexema, pois ela é formalmente expressa nas frases francesas por meio de duas expressões linguísticas complexas – *pomme de terre* (singular) e *pommes de terre* (plural) –, e não por meio de simples formas de palavra. Estamos aqui na presença de uma *locução*.

Para precisar o sentido do que é uma locução, devemos começar por introduzir outra noção, a de **sintagma**, normalmente pertinente ao domínio da sintaxe. Esta noção, porém, é incontornável em Lexicologia, e teremos frequentemente a oportunidade de recorrer a ela.

> Um **sintagma** é uma sequência linear de formas de palavra que se encontram todas interconectadas direta ou indiretamente por relações sintáticas.

Assim, qualquer frase gramatical do francês como (11) pode ser "desmontada" em um número maior ou menor de sintagmas, de acordo com a complexidade sintática da frase em questão.

(11) *Il épluche une grosse pomme de terre.*[*]

Destacamos, a seguir, três sintagmas entre os que estão contidos na frase (11).

1. A sequência *grosse pomme*[**] é um sintagma porque *grosse* é um adjetivo epíteto de *pomme*; a estrutura do sintagma em questão pode ser representada graficamente da seguinte maneira (ver explicações mais adiante):

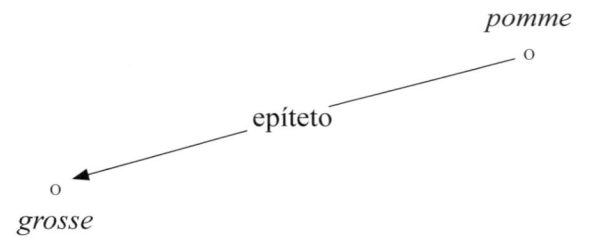

2. A sequência *pomme de terre* é um sintagma, porque o todo forma uma cadeia sintática (*terre* está indiretamente conectado a *pomme* por meio da preposição *de*).

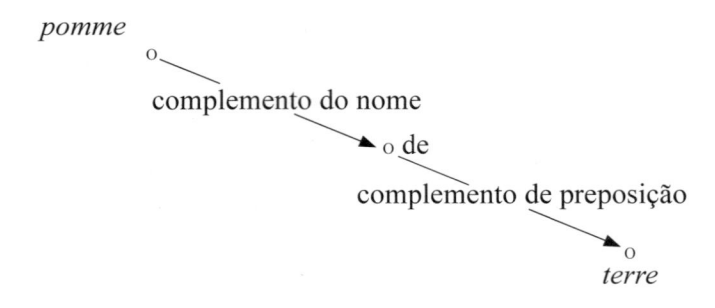

---

[*] N.T.: O exemplo em (11) equivale em português à frase *Ele descasca uma grande batata*. Como o autor ilustra aqui um caso de locução através do exemplo francês *pomme de terre* (*batata*), manteremos o exemplo em francês.

[**] N.T.: A palavra francesa *pomme* significa 'maçã'.

3. A sequência *grosse pomme de terre* também é, consequentemente, um sintagma.

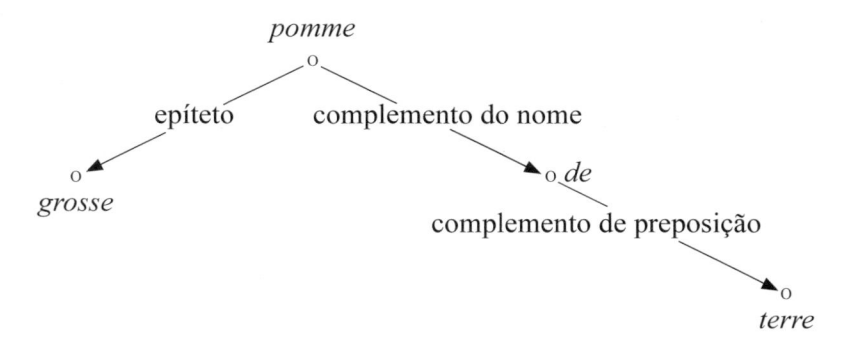

As análises sintáticas efetuadas neste livro assentam-se no modelo chamado **sintaxe da dependência**, apresentado originalmente por Lucien Tesnière em sua obra *Éléments de syntaxe structurale* [*Elementos de sintaxe estrutural*] (Tesnière, 1959). Segundo essa abordagem, a estrutura sintática de uma frase ou de um sintagma é uma **árvore sintática** – chamada **árvore de dependência** – onde cada elemento lexical da frase ou do sintagma está conectado por uma **relação de dependência sintática** a um outro elemento lexical do qual ele depende sintaticamente – seu **regente sintático**. Um único elemento dessa estrutura – a **raiz** da árvore – escapa a essa regra e rege direta ou indiretamente todos os demais elementos lexicais, sem ser regido por nenhum deles. O formalismo das árvores de dependência pode ser confrontado com o das redes semânticas, que será estudado no capítulo "Sentido linguístico".

Convém observar que o termo *sintagma* infelizmente é utilizado em Linguística para referir realidades bastante distintas. Por exemplo, F. de Saussure, em seu *Curso de linguística geral*, o emprega para designar qualquer sequência coerente de signos linguísticos. Consequentemente, de acordo com essa terminologia, uma sequência como *desfazer* (que é pelo menos analisável como *des-* + *fazer*) é um sintagma. Encontra-se também, na Linguística contemporânea, o termo *sintagma* empregado para designar partes da frase (constituintes) que podem eventualmente ser formadas de um único elemento lexical – por exemplo, quando se fala do "sintagma sujeito" em ***Leo*** *dorme*. É preciso ter bem presente que, de nossa parte, somente utilizaremos o termo *sintagma* no sentido especificado na definição formulada anteriormente.

Levando em conta o ponto de vista da produção linguageira e a maneira com que o Locutor utiliza seus conhecimentos linguísticos para construir frases, podem-se distinguir dois tipos de sintagmas:

- Um sintagma "normal", isto é, tal como concebido habitualmente, é um sintagma que o Locutor constrói mediante a combinação de elementos lexicais; por exemplo, o sintagma *une grosse pomme*.
- Existe, no entanto, em todas as línguas um número elevado de **sintagmas congelados**, que o Locutor utiliza como conjuntos pré-construídos; por exemplo, o sintagma *pomme de terre*, em francês, e *água de coco*, em português.

Uma vez introduzida a noção de sintagma congelado, podemos inspirar-nos na definição de lexema proposta anteriormente para caracterizar provisoriamente a locução como uma junção de sintagmas congelados que só se distinguem pela flexão.[3]

Existem vários tipos gramaticais de locuções, especialmente:

- as **locuções verbais**: MOER OS OSSOS [*Moeram-me os ossos em praça pública*];
- as **locuções nominais**: ÁGUA DE COCO [*Helena nos ofereceu uma deliciosa água de coco*];
- as **locuções adjetivais**: EM PEDAÇOS [*Sua bela leiteira ficou em pedaços*];
- as **locuções adverbiais**: NO PEITO E NA RAÇA [*A banda lançou-se no peito e na raça em um pequeno improviso para encerrar o show*].

A maneira mais usual de se classificarem as locuções consiste em considerar seu modo de funcionamento na frase, como fizemos antes: funcionamento verbal, nominal, adjetival, adverbial etc. Outra maneira de classificá-las, raramente utilizada de modo sistemático, consiste em levar em conta em primeiro lugar a parte do discurso[4] do elemento lexical que as rege sintaticamente. Quando não existe correspondência exata entre essa parte do discurso e o tipo de funcionamento da locução na frase, acrescenta-se uma característica explícita desse funcionamento. Encontra-se um sistema de classificação desse tipo em nossa obra de Lexicologia prática, redigido em coautoria com Igor Mel'čuk, *Lexique actif du français*[5] [*Léxico ativo do francês*]. Segundo esse sistema, as quatro locuções apresentadas anteriormente seriam qualificadas da seguinte maneira:

- MOER OS OSSOS, locução verbal;
- ÁGUA DE COCO, locução nominal;
- EM PEDAÇOS, locução preposicional, emprego adjetival;
- NO PEITO E NA RAÇA, locução preposicional, emprego adverbial.

Mas não é simplesmente quanto a sua classificação que as locuções podem gerar problemas. O próprio diagnóstico da natureza locucional ou não de um sintagma é por vezes difícil de se realizar. Isso pode levar a divergências nas descrições dos dicionários. Tomemos como exemplo *dar* [*o*] *bolo*,[*] no sentido de 'fazer esperar inutilmente uma pessoa, deixando de comparecer a um encontro que se tinha marcado com ela':

(12) *Encontro às 13h. Desta vez, não admito que me dês o bolo!*

Encontraremos facilmente esta expressão em listas de locuções do português. Alguns dicionários irão descrevê-la explicitamente como sendo uma locução verbal; outros, ao contrário, poderão ser mais vagos e dar a entender que talvez estejamos na presença de uma utilização especial da unidade lexical BOLO. Esta última maneira de proceder – que pode surpreender *a priori* – justifica-se pelo fato de que muitos locutores do português aceitarão como sendo perfeitamente normais as seguintes frases:

(13) a. *Nada de bolo desta vez! Eu não te perdoaria!*
      →Possibilidade de empregar *bolo* isoladamente, sem o verbo.
      b. *Ela se lembra ainda de ter-lhe sido dado o bolo por seu futuro marido um dia após o seu noivado.*
      →Possibilidade de utilizar a voz passiva: *bolo* passa a ser sujeito do verbo, o que reflete uma certa autonomia do substantivo em questão em relação ao verbo.

Os exemplos (13a-b) ilustram uma certa independência funcional dos dois constituintes (nominal e verbal) de *dar* [*o*] *bolo*, o que nos leva a questionar a sua natureza de locução.[6] Com efeito, sendo a locução um sintagma congelado que funciona como um todo lexical, ela tende normalmente a subtrair aos elementos de que ela é formalmente constituída sua autonomia de funcionamento na frase. Assim, é muitas vezes difícil, quando não impossível, inserir elementos em um sintagma congelado. Comparemos as três frases do francês a seguir:

(14) a. *Il a mangé un fruit **pourri** du jardin.* [*Ele comeu um fruto **podre** do pomar.*]
      b. **Il a mangé un fruit **pourri** de mer.* [**Ele comeu um fruto **podre** do mar.*]
      c. *Il a mangé un fruit de mer pourri.* [*Ele comeu um fruto do mar*[**] ***podre**.*]

---

[*] N.T.: O dicionário *Houaiss* registra, com esta acepção, a forma *dar bolo* (*em*), ao passo que os dicionários Aurélio e Michaelis registram *dar o bolo*. Nos comentários, adotaremos o registro de *dar* [*o*] *bolo*.

[**] N.T.: A locução *fruto do mar* não está dicionarizada em português. A forma dicionarizada é *frutos do mar*. Trata-se de uma locução que a língua congelou como *pluralia tantum*, não somente em português, como em francês (*fruits de mer*, cf. o *Micro Robert* e o *Larousse Spécial Enseignement*), em alemão (*Meeresfrüchte*) e em italiano (*frutti di mare*). Considerando que ambas as formas (*fruit de mer* e *fruits de mer*) coexistem em francês (cf. nos informou o autor deste livro), traduziremos para o português a forma *fruit de mer* por *fruto do mar*.

A frase (14a) é perfeita, ao passo que a frase (14b) é agramatical. Não se pode inserir o adjetivo *pourri* no meio do sintagma *fruit de mer* para qualificar o alimento em questão; deve-se utilizar a disposição linear da frase (14c). Isso porque *fruit de mer* está congelado – corresponde a uma locução do francês –, ao passo que o sintagma *fruit du jardin*, por exemplo, resulta da combinação regular de quatro lexemas distintos: FRUIT, DE, LE e JARDIN.

Nem todas as locuções estão sujeitas a esta mesma rigidez de emprego de FRUTO DO MAR. Comparemos, então, esta locução nominal com a locução verbal ENCHER O SACO, cujos elementos constitutivos são mais facilmente separáveis.

(15)   *Ele nos enche **muitas vezes** o saco, aquele cara.*

Esta locução verbal, contrariamente ao sintagma *dar [o] bolo*, anteriormente analisado, é absolutamente incompatível com a voz passiva, como se vê pelo exemplo (16b), a seguir.

(16)   a. *Os puristas me enchem o saco.*
       b. **Meu saco é enchido pelos puristas.*

Malgrado as diferenças de comportamento que constatamos, pode-se dizer que todas as locuções são sintagmas que manifestam um certo grau de coesão, variável de locução para locução. Isso as transforma em entidades linguísticas que, funcionalmente, se aproximam das formas de palavras.

Acabamos de enfocar as características da locução que se poderiam qualificar de formais, ou superficiais. Resta-nos abordar agora sua característica mais visceral, que faz dela uma entidade linguística realmente particular: a não composicionalidade semântica.

Não composicionalidade semântica da locução

Os exemplos examinados na seção anterior podem levar-nos a pensar que as formas de palavra que aparecem em sintagmas como *fruto do mar* (ou, no plural, *frutos do mar*) perderam uma parte de suas propriedades de combinatória restrita (ver, no capítulo precedente, "Combinatória restrita do signo linguístico"). Isso, na realidade, é a consequência de um fenômeno mais profundo: essas formas de palavra perderam uma parte de sua natureza de signo linguístico, especialmente seu sentido. Com efeito, enquanto o sentido de um sintagma construído como *fruto do pomar* é a resultante da composição dos sentidos de cada um de seus constituintes, *fruto do mar* não designa um fruto que cresce no mar. É claro que se pode compreender a metáfora que funciona no sintagma *fruto do mar*: ele designa um alimento que tem algo de um fruto (é "colhido" para ser comido) que cresce no mar. Mas a tentativa de explicação se exaure aí, e nos encontramos na presença de uma metáfora que a língua congelou.

Sempre se poderá dizer que as locuções transgridem, ao menos em parte, o princípio de composicionalidade semântica.

> De acordo com o princípio de *composicionalidade semântica*, o sentido de um enunciado é resultante da composição do sentido dos elementos que o constituem.

Este princípio explica por que o sentido de uma frase como

(17)   *Os três caracóis se precipitaram sobre Gustavo.*

é diretamente calculável com base nos seguintes dados:

- o sentido dos lexemas: O, TRÊS, CARACOL, PRECIPITAR-SE, GUSTAVO;
- os sentidos gramaticais do plural e do pretérito;
- as regras gramaticais do português.

Se o sentido de (17) nos parece um tanto estranho, quase contraditório, é justamente porque o construímos diretamente combinando os sentidos de cada um dos lexemas que o compõem. A estranheza da frase deve-se ao fato de que CARACOL, por seu próprio sentido, denota um animal considerado extremamente lento em sua maneira de se deslocar, sendo esse lexema, por isso, um sujeito gramatical muito improvável do verbo PRECIPITAR-SE na formulação de uma frase.

Ainda que a composicionalidade semântica seja a norma, os enunciados estão recheados de casos que contradizem esse princípio geral: trata-se, evidentemente, das locuções.

Para testar a noção de não composicionalidade semântica das locuções, retomemos o caso de *encher o saco*. Essa expressão é ambígua: sintagma construído semanticamente composicional em (18a), ou sintagma congelado não composicional em (18b).

(18)   a. *Júlia me encheu o saco com presentes para as crianças.*
       b. *Frederico me encheu o saco com seus gritos incessantes.*

Somente a primeira destas frases se refere efetivamente a um receptáculo, aberto somente na parte superior, usado para fins diversos, como, no caso da Júlia, o de levar presentes para as crianças. Quanto a Frederico, este não encheu nenhum receptáculo com objetos; o que ele fez foi simplesmente deixar o companheiro nervoso, irritado com seus gritos.

Pode ser difícil percebermos a não composicionalidade semântica das locuções que pertencem à nossa língua materna, locuções que se nos tornaram tão familiares com o passar dos anos. Será útil, então, voltarmos nossa atenção para casos emprestados de outras línguas. Vejamos três exemplos do inglês, que propositalmente não traduzimos, apostando justamente que eles serão problemáticos para o leitor:

(19)   a. *Let's **go Dutch**.*
      b. *You **jumped the gun**, once again.*
      c. *He did it **with flying colors**.*

Apoiando-nos nas duas noções de sintagma e de (não)composicionalidade semântica, estamos agora em condições de propor uma definição completa da noção de *locução*.

> Uma *locução* é uma entidade da língua aparentada ao lexema que é estruturada em torno de um sentido exprimível por meio de um conjunto de sintagmas congelados, semanticamente não composicionais, que se distinguem somente pela flexão.

Devido ao seu caráter congelado e semanticamente não composicional, as locuções são pertinentes a um setor fundamental das línguas: sua fraseologia. Devemos agora deter-nos a examinar a noção de *fraseologia*, o que nos permitirá consolidar o que foi dito a propósito das locuções.

FRASEOLOGIA

Definição

É essencial ressaltar que as locuções remetem a um fenômeno geral, onipresente na língua: a fraseologia. Para definir essa noção, convém, antes de mais nada, distinguir dois tipos de expressões linguísticas, isto é, de combinações de pelo menos dois signos linguísticos.

- Uma expressão linguística é uma *expressão livre* se ela pode ser descrita naturalmente como sendo construída da seguinte maneira: o Locutor seleciona cada um dos elementos da expressão separadamente para exprimir os respectivos significados. Em outros termos, a escolha de um elemento particular não depende da escolha de nenhum outro.

• Uma expressão é dita *não livre* no caso contrário.

Podemos agora definir fraseologia.

> A *fraseologia* de uma língua é o conjunto de todas as expressões não livres dessa língua.

Passaremos a denominar ***expressões fraseológicas*** as expressões não livres.[7] As locuções são, formalmente, sintagmas fraseológicos (= não livres), pois não se pode sequer dizer que elas são construídas pelo Locutor: são sintagmas conge-lados, que este último seleciona como conjuntos lexicais. Como o deixa prever a definição anterior, a fraseologia de uma língua reúne ainda outras entidades, além das locuções; vamos examinar particularmente, de maneira detalhada, o caso das colocações (*lançar uma marca, engarrafamento monstro*...). Antes, assinalaremos a grande diversidade das manifestações da fraseologia.

Diversidade da fraseologia

A fraseologia pode manifestar-se no plano sintático, mais do que no plano ex-clusivo da lexicalização. Encontram-se, com efeito, em qualquer língua, expressões fraseológicas que são, em primeiríssimo lugar, estruturas de enunciados, não ou só parcialmente lexicalizados, que expressam determinados significados. Trata-se, de certa maneira, de expressões lacunares que funcionam como signos linguísticos, isto é, que são portadoras de um significado. É o caso da estrutura (20), a seguir, onde "PROP" designa uma proposição não infinitiva, isto é, regida por um verbo conjugado.

(20) *Mais/Menos* PROP$_1$, *mais/menos* PROP$_2$

O significado de (20) pode ser descrito aproximadamente da seguinte maneira:

(21) 'O fato de que PROP$_1$ em maior/menor grau está em relação com um aumen-to/diminuição do fato de que PROP$_2$'.

Seguem alguns exemplos de empregos de (20), sabendo-se que é possível instanciar PROP$_1$ e PROP$_2$ por qualquer proposição não infinitiva.

(22)   a. *Quanto mais se come, mais se tem fome.*
       b. *Quanto mais envelheço, menos o vinho branco me apetece.*

As estruturas fraseológicas do tipo (20) foram chamadas **Construções** (com *C* maiúsculo). Sua descrição lexicológica não é um exercício simples, pois é difícil especificar apropriadamente seu sentido, e elas apresentam muitas vezes certa variabilidade quanto aos elementos lexicais que contêm. Assim, a Construção (20) comporta as opções lexicais *mais ~ menos*. Sua variabilidade, aliás, não foi explorada de maneira exaustiva em nossa apresentação; também se poderia dizer:

(23)   a. *Quanto mais o bebê cresce,* **mais bem** *ele come.*
       b. *Quanto mais os anos passam,* **menos bem** *se ouve.*

A morfologia é outro domínio no qual se manifesta a fraseologia; dito de outra maneira: uma forma de palavra pode ser fraseológica em sua estruturação. É o caso da maior parte dos derivados morfológicos do português, que serão examinados no capítulo "Elementos de Morfologia". Estes são, não raro, apenas parcialmente fraseologizados, na medida em que a seleção do afixo que se acrescenta ao radical para produzir uma derivação (*jornal-* + -*ista* → *jornalista*) é feita, na maioria das vezes, "avulsamente", de maneira relativamente arbitrária; ver, por exemplo, a análise realizada no próximo capítulo a respeito do sufixo -*agem* (exercício 5 e sua correção no final do livro).

> O que o caso particular dos derivados morfológicos nos mostra, além do fato de que a fraseologia pode se manifestar no nível da forma de palavra (e não somente no nível do sintagma), é que a fraseologização pode ser parcial: no segmento *AB*, *A* pode ser selecionado de maneira livre pelo Locutor, e *B*, de maneira restrita (em função de *A*). Em tal caso, *AB* será dito **semifraseológico**.

Por exemplo, para derivar um substantivo de um verbo de ação ou de atividade, a língua portuguesa recorre a vários sufixos, cuja seleção parece arbitrária, sobretudo em uma perspectiva estritamente sincrônica, como ilustram (24a) e (24b):

(24)   a. *cont**agem**, contrat**ação**, rastrea**mento***
       b. **cont**ação**, *contrata**mento**, *rastre**agem*** etc.

Embora não seja muito comum em Linguística apresentar tais estruturas morfológicas como pertinentes à fraseologia, julgamos importante passar por essa etapa para evidenciar o fenômeno da semifraseologização. Isso nos fornece todas as ferramentas para apresentar agora, de maneira direta, a noção de colocação.

Colocação: sintagma semifraseológico

O termo *colocação* é empregado em Linguística para designar entidades bastante diversas; utilizaremos aqui esse termo em um sentido bem específico, conforme descrito a seguir.

> Uma *colocação* é um sintagma AB (ou BA) tal que, para construi-lo, o Locutor seleciona A livremente de acordo com seu sentido 'A', ao passo que ele seleciona B para exprimir junto de A um sentido 's' em função de restrições impostas por A. Uma colocação é, portanto, um *sintagma semifraseológico*.

Seguem três exemplos de colocações do português, colhidos entre centenas de milhares de outros que essa língua nos oferece:

(25)   a. *acalentar* $_{[=B]}$ *um projeto* $_{[=A]}$
        O Locutor quer expressar 'projeto [que alguém tem de fazer algo]' por meio de uma estrutura verbal. Ele combina *projeto* com *acalentar*, mas poderia igualmente ter escolhido *ter* [*o projeto de fazer algo*], ou até ter empregado simplesmente o verbo *projetar* [*fazer algo*], que é uma verbalização de *projeto*.
      b. *dormir*$_{[=A]}$*profundamente* $_{[=B]}$
        O Locutor deseja exprimir o caráter intenso do estado de sono por meio de um modificador de *dormir*. Ele também poderia ter dito *dormir **como uma pedra**, **como um justo rei**, **a sono solto*** etc.
      c. *chover* $_{[=A]}$ *a cântaros* $_{[=B]}$
        Trata-se, aqui igualmente, de expressar o caráter intenso do fenômeno em questão. Também se poderia dizer *chover **torrencialmente**, chover **canivete*** etc.

Denomina-se de ***base da colocação*** o elemento que, selecionado livremente pelo Locutor em função de seu sentido, controla o sintagma em apreço. Nos exemplos anteriores, as bases das colocações são os elementos etiquetados com A. Os elementos etiquetados com B são chamados ***colocados***.

Diz-se que a base controla a colocação, porque, do ponto de vista do Locutor, é o colocado que é escolhido em função da base, e não o inverso. Se alguém nos faz a seguinte pergunta:

(26)   – *Qual é exatamente o projeto dele?*

podemos muito naturalmente responder por meio de uma das duas frases seguintes:

(27)   a. – Ele **tem** como projeto obter um cargo no Ministério.
       b. – Ele **acalenta** o projeto de obter um cargo no Ministério.

No entanto, se queremos responder à seguinte pergunta:

(28)   – Qual é exatamente a intenção dele?

é possível responder (29a), seguindo o modelo de (27a), ao passo que (29b), cons-truído de acordo com o modelo de (27b), parece bem estranho:

(29)   a. – Ele **tem** a intenção de obter um cargo no Ministério.
       b. *– Ele **acalenta** a intenção de obter um cargo no Ministério.

Pode-se, evidentemente, procurar racionalizar o que acontece aqui e tentar explicar por que, na vida de todos os dias, se pode acalentar um projeto, uma ambição, um desejo..., mas não uma intenção, uma aspiração, um plano... Este é um exercício bastante fútil e que não resiste por muito tempo à realidade dos fatos linguísticos. É bem mais útil

1. perceber que, com acalentar um projeto, estamos na presença de uma colocação típica cuja base é a lexia PROJETO;
2. verificar que o emprego da lexia ACALENTAR, no sentido muito vago de 'ter na mente [algo]', é fraseologizado.

Impõem-se aqui duas observações importantes no tocante à relação que existe entre locuções e colocações.

Em primeiro lugar, **as colocações, contrariamente às locuções, são semantica-mente composicionais**: seu elemento colocado possui um sentido (mesmo se ele é muitas vezes bem vago ou quase vazio) que se combina com o sentido da base para participar do sentido global da colocação. O parentesco que se identifica imediatamente entre as duas famílias de sintagmas vem da fraseologia: total, no caso das locuções (devido à não composicionalidade semântica); e parcial, no caso das colocações. Em virtude dessa natureza fraseológica comum, colocações e locuções são frequentemente confundidas, o que tem consequências nefastas, especialmente no ensino de línguas.

Em segundo lugar, enquanto sintagmas **construídos** pelo Locutor, as colocações não são lexias, contrariamente às locuções. Trata-se, no entanto, de qualquer forma, de sintagmas "pré-fabricados" pela língua (eles são especificados na combinatória restrita da base). Nesse sentido, elas podem ser consideradas um caso particular do que chamaremos adiante de entidade lexical.

Para terminar, assinalamos que as colocações, enquanto fenômenos linguísticos, possuem as três seguintes características:

1. estão universalmente presentes em todas as línguas;
2. estão onipresentes nos textos, tanto orais quanto escritos;
3. parecem mais ou menos arbitrárias, **não podem ser traduzidas ao pé da letra de uma língua para outra** e são, consequentemente, de difícil aquisição.

Todas essas características apontam que seria vantajoso dispor de um mecanismo que permitisse não somente descrever as colocações de maneira rigorosa, mas também fazer predições a seu respeito: *Esta expressão deve ser uma colocação, e eu tenho de ficar atento ao traduzi-la. Este sentido deve certamente ser expresso por meio de uma colocação* etc. É aqui que intervém a noção de função lexical, que será introduzida no capítulo "Relações lexicais".

Detivemo-nos longamente tratando do caso das colocações, porque se trata de sintagmas frequentemente confundidos com as locuções. Compreender a gama de opções abarcadas pela fraseologia e compreender a natureza especial das colocações permite, de imediato, apreender melhor a locução enquanto caso particular de lexia.[8]

RETORNO À NOÇÃO DE LEXIA

Definição

Recapitulemos o que foi abordado até aqui:

1. vimos que certas lexias não são lexemas, porque elas se materializam na frase por meio de sintagmas congelados (e não por meio de formas de palavra);
2. designamos esse tipo de unidades lexicais com o termo *locução*;
3. mostramos que as locuções são sintagmas que têm como características:
   a. perder sua "flexibilidade" sintática (e, mais geralmente, gramatical) e
   b. ser semanticamente não composicionais.

Podemos, então, propor agora uma definição extremamente simples para a noção de lexia, definição essa apoiada na terminologia que acabamos de introduzir.

> A *lexia*, também chamada de ***unidade lexical***, pode ser tanto um ***lexema*** como uma *locução*.

Cada lexia (lexema ou locução) é associada a um dado sentido, que se encontra no significado de cada uma das formas de palavra ou sintagmas congelados através das quais e dos quais ela se expressa. Exemplos:

- a lexia – o lexema – PROFESSOR [*Ele é professor de português*] significa 'indivíduo que tem por função ensinar' e se traduz pelas formas de palavra *professor* e *professores*;
- a lexia – a locução nominal – GREVE BRANCA [*Estas decisões provocaram uma greve branca por parte dos funcionários*] significa 'um forte protesto [de um conjunto de indivíduos]' e se traduz através dos sintagmas congelados *greve branca* e *greves brancas*.

Junção das lexias em vocábulos

Dissemos que uma lexia está sempre associada a um determinado sentido. Mas o que acontece no exemplo a seguir?

(30)   *Passe-me um **vidro** de **vidro**, não de plástico.*

Os dois usos de *vidro* em (30) não servem para expressar a mesma significação; na primeira ocorrência, trata-se de um tipo de recipiente, algo como um frasco; na segunda, de uma matéria-prima. Deve-se, pois, concluir que estamos aqui diante de duas lexias distintas.

Em um caso como este, somos levados a utilizar números distintivos para identificar cada uma das lexias em apreço. Podemos, assim, dizer que temos, em (30), duas lexias:

- VIDRO **1**, que designa matéria-prima transparente quebrável;
- VIDRO **2**, que designa um tipo de recipiente que serve para se conservar algo, geralmente feito de vidro, no sentido **1**.

O exemplo que acabamos de examinar mostra que certas lexias estabelecem entre si uma relação formal e semântica privilegiada. Diríamos que elas pertencem ao mesmo vocábulo.

Um ***vocábulo*** é uma junção de lexias que têm as duas seguintes propriedades:
1. estão associadas aos mesmos significantes;
2. apresentam uma inter-relação semântica evidente.

Outro exemplo: consultando o *Petit Robert* (2007), constata-se que este dicionário considera que o vocábulo francês PORC [PORCO] encerra quatro lexias: PORCO **1** 'animal doméstico', PORCO **2** 'indivíduo sujo', PORCO **3** 'carne de porco' e PORCO **4** 'couro feito com a pele de porco **1**'.

As lexias de um vocábulo são chamadas de *acepções* desse vocábulo. A *polissemia* é a propriedade de um dado vocábulo de conter mais de uma lexia. Assim, o vocábulo francês PORC [PORCO] é polissêmico, ao passo que o vocábulo PHACO-CHÈRE [FACOQUERO] (para ficar no mesmo domínio conceitual) é monossêmico.* Voltaremos mais adiante a essas importantes noções (especialmente, nos capítulos "Relações lexicais" e "Análise do sentido").

O que se denomina habitualmente de *entrada de dicionário* corresponde, na verdade, à descrição de um vocábulo. É importante lembrar que é por simples convenção que, nos dicionários brasileiros, os vocábulos verbais são registrados e ordenados alfabeticamente de acordo com sua forma infinitiva; os substantivos, de acordo com sua forma do singular; e os adjetivos, de acordo com sua forma do masculino singular. Por razões práticas, deve-se utilizar uma forma particular, chamada *forma canônica*, para remeter a um vocábulo e armazenar sua descrição no dicionário.

Pode ocorrer que duas lexias distintas estejam associadas aos mesmos significantes, ainda que elas não tenham entre si nenhuma relação de sentido; trata-se, então, de um caso de *homonímia*.

Distinguiremos aqui as lexias e os vocábulos homônimos por meio de números sobrescritos; por exemplo:

- CANTO[1] [*A jovem estava parada no* **canto** *da sala*] ~ CANTO[2] [*Ali, ela ouvia o lindo* **canto** *do sabiá vindo do jardim*];
- MANGA[1] [*Ele comeu uma deliciosa* **manga**] ~ MANGA[2] [*Ele manchou a* **manga** *de sua camisa com o suco da fruta*].

Em teoria, como nossa abordagem é sincrônica, devemos apoiar-nos na ausência ou na presença de uma relação semântica no português **contemporâneo** para determinar se duas lexias são homônimas ou se são duas acepções de um mesmo vocábulo. Se existir uma relação etimológica, mas essa relação não se concretizar mais por uma relação de sentido normalmente percebida pelos locutores, deveremos ignorá-la. Teremos a oportunidade de retomar a noção de homonímia no capítulo "Relações lexicais".

---

* N.T.: O *facoquero* é um mamífero unguiculado da África, parente do javali. Pertence à família dos *Suídeos*, mamíferos artiodátilos, onívoros, que compreende os porcos domésticos e selvagens [...] encontrados originalmente na Europa, Ásia e África (cf. *Le Petit Robert*).

Encerramos aqui a apresentação do sistema de noções do qual nos serviremos doravante em substituição à noção demasiado imprecisa de *palavra*. Compreende-se facilmente que essas noções todas sejam frequentemente confundidas no discurso não especializado sobre o léxico. Com efeito, todas elas têm a ver com entidades linguísticas que, de uma maneira ou de outra, estão relacionadas à "palavra", no sentido de forma de palavra. Diríamos que se trata, na totalidade dos casos, de entidades lexicais.

> Denominamos ***entidades lexicais*** os elementos da língua que ou são formas de palavra, ou podem ser vistos como junções de formas de palavra, ou possuem certas propriedades que fazem com que eles possam, por analogia, ser aproximados de formas de palavra.

A noção de entidade lexical é útil porque permite reunir entidades dotadas de naturezas distintas, mas que apresentam um forte parentesco cognitivo: em diversos níveis, todas são elementos daquilo que se poderia chamar de saber lexical.

Modo de descrição das lexias

Enquanto junção de signos linguísticos (suas formas de palavra ou sintagmas associados), a lexia pode ser descrita com base em três eixos:

1. seu sentido (significado);
2. sua forma (significante);
3. sua combinatória restrita.

O sentido figura aqui em primeiro lugar, por constituir a característica central da lexia. Por razões didáticas, entretanto, introduziremos no próximo capítulo certas noções de Morfologia (que estão, portanto, mais relacionadas aos significantes lexicais), antes de passarmos ao prato principal: o estudo do sentido lexical.

OBSERVAÇÃO SOBRE O USO DA TERMINOLOGIA

Conforme salienta a citação de Aristóteles colocada como epígrafe deste capítulo, a construção e a manipulação de uma terminologia são dois aspectos essenciais de qualquer atividade científica e têm, por isso, uma importância considerável em Linguística. De maneira complementar, as convenções de escrita utilizadas nos textos científicos são um reflexo do processo de formalização inerente a todo trabalho científico e caminham *pari passu* com a construção de uma terminologia. Qualquer pessoa desejosa de se aprofundar no estudo do léxico (e, em uma perspectiva mais geral, na Linguística) deverá familiarizar-se com tais convenções e respeitá-las em seus escritos.

Lembramos (cf. capítulo "Noções preliminares") que o recurso sistemático a convenções de escrita tem papel capital em Linguística, disciplina cujo objeto de estudo (a língua) serve ao mesmo tempo de ferramenta de descrição, isto é, de metalinguagem científica.

Recapitulamos aqui três convenções de escrita que utilizamos sistematicamente e que foram introduzidas anteriormente:

Tipos de entidades lexicais	Convenções de escrita
1. lexia (unidade lexical):	OSTRA, QUEBRAR 1, FRUTO DO MAR...;
2. signo linguístico ou sua forma (significante escrito):	*ostra, quebrar 1, fruto do mar, -s* [= plural dos nomes], *re-*...; ou, *quando se escreve à mão*, ostra, quebrar 1, fruto do mar, -s, re-...;
3. sentido (significado):	'ostra', 'quebrar 1', 'fruto do mar', 'vários', 'ainda'...

O itálico (ou o sublinhado) tem outros empregos: serve especialmente para os títulos das obras. Ademais, pode-se também mencionar um significante por meio de sua transcrição fonológica.

LEITURAS COMPLEMENTARES

MEL'ČUK, Igor. Mot-forme et lexème: étude préliminaire. In: _____. *Cours de morphologie générale*. v. 1. Montréal: Les Presses de l'Université de Montréal; Paris: CNRS, 1993, p. 97-107.

O termo *mot-forme* [forma de palavra] é bem pouco difundido na literatura linguística francófona, muito menos que seu equivalente *wordform* (às vezes grafado *word-form* ou *word form*)* nos textos em inglês. Quer se utilize esse termo, quer se recorra a outro, não se pode, de qualquer forma, esquivar a noção correspondente, que está no bojo da caracterização do lexema e, consequentemente, da própria Lexi-

---

* N.T.: A tradução para o português da expressão inglesa *word-form*, e de suas variantes ortográficas, não é consensual. Rocha (1998: 103), por exemplo, informa o que segue: "[...] *word-form* pode ser traduzido para o português como 'forma lexical". Adotamos aqui a proposta de Azuaga (1996), que traduz essa expressão por 'forma de palavra'.
L. C. A Rocha, *Estruturas morfológicas do português*, Belo Horizonte, UFMG, 1998.
L. Azuaga, Morfologia, In: I. H. Faria et al. (Orgs.), *Introdução à linguística geral e portuguesa*, Lisboa, Caminho, 1996.

cologia. A leitura aqui sugerida expõe, de maneira bastante desenvolvida, as noções inter-relacionadas de forma de palavra e de lexema. Para o leitor que experimentasse dificuldade em apreender bem esse conteúdo, talvez fosse preferível esperar até concluir o estudo do próximo capítulo, para somente então retornar a este texto.

SCHMALE, Günter. "Qu'est-ce qui est préfabriqué dans la langue? – Réflexions au sujet d'une définition élargie de la préformation langagière". *Langages*, v. 189, n. 1, 2013, pp. 21-45.

Este artigo oferece um panorama das abordagens contemporâneas do estudo da fraseologia. Sua leitura permite estabelecer conexões entre as diferentes terminologias em uso.

EXERCÍCIOS

▪ EXERCÍCIO 1

Seja a seguinte frase:

(31)   *A greve dos pilotos deveria dar chabu.*

Analise (31) em termos 1) de formas de palavra e 2) de lexias.

▪ EXERCÍCIO 2

Demonstre que existem várias lexias CÍRCULO em português.

▪ EXERCÍCIO 3

Demonstre que o sintagma em negrito em (32) é a expressão da lexia GOLPE DE MESTRE.

(32)   *A fuga dos prisioneiros foi um **golpe de mestre**.*

▪ EXERCÍCIO 4

Demonstre que as duas formas de palavra em negrito na frase a seguir pertencem a duas lexias distintas do português.

(33)   *A resposta da mestra **cala** fundo na mente da jovem, que **cala** enfim.*

▪ EXERCÍCIO 5

De que ponto de vista os dois sintagmas em negrito nas frases em (34) são de natureza diferente?

(34)   a. *Ele **quebrou a perna** ao cair na escada.*
       b. *Ele **quebrou a cabeça** para resolver este problema.*

▪ EXERCÍCIO 6

O sintagma em negrito na frase abaixo é fraseológico, semifraseológico ou livre? Justifique sua resposta.

(35)   *Diante da dificuldade da tarefa, todo mundo **entrega os pontos**.*

▪ EXERCÍCIO 7

Mesma pergunta do exercício anterior, mas com relação a esta outra frase:

(36)   *João **está correndo um risco**, e desse risco ele deve ser advertido.*

▪ EXERCÍCIO 8

Explique por que o sintagma em negrito em (37a) não é uma locução verbal, contrariamente ao sintagma em negrito em (37b).

(37)   a. *Dona Cleide **descascou um abacaxi** para preparar um suco refrescante.*
       b. *Não é legal **descascar a lenha*** em tua colega.*

▪ EXERCÍCIO 9

A maior parte dos dicionários de língua portuguesa apresentam a lexia VISTO QUE como sendo uma locução (mais precisamente, uma locução conjuntiva). Mostre por que seria pertinente, do ponto de vista sincrônico, considerá-la como um lexema.

▪ EXERCÍCIO 10

Aqui vai, para terminar, um exercício simples que visa colocar em prática as convenções da escrita que foram introduzidas neste capítulo. O pequeno parágrafo a seguir foi despojado das convenções de escrita necessárias à sua boa compreensão. Reescreva o parágrafo com as convenções apropriadas.

> Em francês, deve-se considerar que fruit de mer é uma unidade lexical na plena acepção do termo pois seu sentido não pode ser entendido como resultante da composição regular dos significados fruit, de e mer. Ela é aliás descrita como tal em praticamente todos os dicionários do francês, entre os quais o Petit Robert. Suas formas singular e plural são, respectivamente, fruit de mer e fruits de mer.

---

* N.T.: No português, a expressão *descascar a lenha* [em alguém] coocorre com a expressão *descer a lenha* [em alguém], ambas com o sentido de 'pixar, xingar [alguém]'. Esta última é de uso mais frequente do que a primeira.

NOTAS

[1]   A propósito deste termo, ver o comentário de Mel'čuk (1993) na lista das leituras complementares deste capítulo.

[2]   O lexema francês PATATE não é senão um equivalente aproximativo, pois, contrariamente a POMME DE TERRE (e BATATA), ele é usado principalmente na linguagem familiar.

[3]   Evidentemente, os sintagmas associados a uma locução são formalmente constituídos de formas de palavras: em *pomme de terre* e *pommes de terre*, são empregadas as quatro formas de palavras – *pomme*, *pommes*, *de* e *terre*. Entretanto, nenhuma dessas formas de palavras *tomadas individualmente* é uma das realizações da locução POMME DE TERRE.

[4]   Sobre a noção de *parte do discurso*, ver o capítulo "Estrutura do léxico".

[5]   Mel'čuk e Polguère (2007).

[6]   Voltaremos mais adiante, na seção "Fraseologia", ao caso do sintagma *dar [o] bolo*, a fim de completar a análise.

[7]   Um termo sinônimo, frequentemente utilizado na literatura linguística, é *expressão idiomática*.

[8]   Nossa apresentação da fraseologia é necessariamente parcial, dada a amplitude do assunto. Teremos a oportunidade de apresentar outros casos de expressões fraseológicas, especialmente os enunciados denominados *clichês linguísticos* (ver capítulo "Interferências pragmáticas").

Elementos de Morfologia

Eu não me comunicarei mais por escrito com meu vizinho.
Tu não te comunicarás mais por escrito com teu vizinho.
Ele não se comunicará mais por escrito com seu vizinho
etc. etc.

Patrick Cauvin, *Tudo o que José escreveu naquele ano.*

Vimos no capítulo precedente que é impossível definir a lexia de maneira minimamente rigorosa sem fazer, para tanto, uma incursão no domínio da Morfologia (cf. as noções de forma de palavra e de flexão, que nos foi necessário abordar). Será útil consagrar agora um capítulo inteiro às noções de Morfologia, cujo domínio é essencial em Lexicologia.

O exame dessas noções impõe-se por no mínimo duas razões. Em primeiro lugar, a análise morfológica permite compreender melhor a noção de lexia no que concerne à estrutura do significante. Em segundo lugar, ela permite modelizar certas relações formais e semânticas que interconectam as lexias da língua.

Comecemos por definir aquilo que é o objeto deste capítulo.

> A *morfologia* de uma língua é o conjunto de regras dessa língua que determinam a estrutura de suas formas de palavra.

Note-se que o termo *morfologia* também pode ser empregado para designar o ramo da linguística que estuda a morfologia das línguas.[1]

Como o estudo da morfologia objetiva a descrição da estrutura das formas de palavra, deveremos introduzir neste capítulo:

- os elementos constitutivos dessa estrutura, começando por definir a noção de signo morfológico elementar;

- os diferentes "mecanismos de montagem" desses elementos, que chamaremos de *mecanismos morfológicos*;
- as regras gerais da língua que fazem funcionar esses mecanismos, isto é, as regras gramaticais morfológicas.

Como prenuncia a longa lista de noções arroladas a seguir, a Morfologia é um campo de estudos extremamente complexo, de modo que, embora nos contentemos em aflorar as questões, este capítulo se torna particularmente denso. Ele deve ser estudado com muita atenção; faz-se necessário, além disso, realizar os exercícios que propomos e examinar os elementos das respostas apresentados no final do livro.

Noções introduzidas: *Morfologia*; *morfe*; *fonema*; *signo segmental* vs. *supras-segmental*; *morfema*; *alomorfe*; *alofone*; *fone*; *radical*; *raiz*; *afixo*; *sufixo*; *prefixo*; *mecanismo morfológico*; *flexão*; *afixo flexional*; *categoria flexional*; *significação flexional*; *forma flexionada*; *signo-zero*; *derivação morfológica*; *afixo derivacional*; *fonte e alvo de uma derivação*; *parte do discurso*; *derivação sincrônica* vs. *diacrônica*; *composição*; *lexia composta*; *abreviação*; *siglação*; *acronímia*; *regra gramatical* vs. *lexical*; *variável* (*utilizada em uma formalização*); *instanciação* (*de uma variável*); *invariabilidade* (*de uma lexia*); *nome* (*não*) *contável*.

CONSTITUINTES DAS FORMAS DE PALAVRA

Morfe: signo morfológico elementar

Enquanto algumas formas de palavra parecem, à primeira vista, não ser analisáveis em signos constitutivos mais simples:

(1)   *cachorro, bastante, depressa...*

outras são descritas nitidamente como resultando da combinação de vários signos linguísticos:

(2)   a. *cachorros = cachorro + -s*
      b. [*ele*] *ronca = ronc- + -a*

Se decompusermos uma forma de palavra em signos constitutivos mais simples, chegaremos a signos elementares (ver capítulo "Signo linguístico"), os quais, por sua vez, já não são analisáveis em signos mais simples. É o que ocorre em (2a-b) com os signos elementares *cachorro, -s, ronc-* e *-a*. (O que estamos afirmando aqui deve, porém, ser nuançado; voltaremos à análise de *cachorro* na seção "Signos-zero", mais adiante.)

> Um *morfe* é um signo linguístico que tem as duas seguintes propriedades:
> 1. é um signo elementar (não pode ser analisado em termos de outros signos da língua);
> 2. possui um significante que é um segmento da cadeia falada, isto é, que é uma sequência de fonemas.

Os morfes são, portanto, os signos elementares trazidos à luz pela análise morfológica. Mas por que se especifica, na definição anterior, que o significante do morfe é uma sequência de fonemas? Lembremos, antes de mais nada, de maneira bem grosseira, o que está contido na noção de fonema.

> O *fonema* é a menor unidade semanticamente contrastiva do sistema fônico de uma língua.

Dizer que o fonema é uma unidade semanticamente contrastiva não implica tratar-se de uma unidade portadora de sentido: um fonema não tem sentido por si só, mas sua substituição por outro fonema em uma cadeia falada tem incidência sobre o sentido expresso. Assim, se substituirmos o fonema /d/ pelo fonema /t/ na cadeia /dia/ (*dia*), obteremos uma cadeia – /tia/ (*tia*) – que não carrega o mesmo sentido da cadeia inicial. Cada língua possui seu próprio conjunto de fonemas (vocálicos e consonantais), que deve ser estabelecido de maneira empírica para cada variante da língua em questão.[2]

Voltemos à caracterização do morfe como signo linguístico elementar **cujo significante é uma sequência de fonemas**. Esta última precisão faz-se necessária porque existem signos linguísticos cujo significante **se sobrepõe** à cadeia falada, deixando, por isso, de ser uma sequência de fonemas; é o caso, por exemplo, das entonações. Comparemos as duas frases a seguir:

(3) a. *Ele dorme.*
   b. *Ele dorme?*

Estas frases são formalmente idênticas na língua falada, se se considerar apenas a sequência de fonemas de que são constituídas: /eledɔrme/. No entanto, existe uma diferença fundamental entre (3a) e (3b), diferença essa indicada na escrita pelos dois sinais de pontuação finais:

* o ponto final indica que (3a) é uma afirmação, que deve, por isso, ser pronunciada com uma entonação ligeiramente descendente;

- o ponto de interrogação indica que (3b) é uma pergunta, que deve, por isso, ser pronunciada com uma entonação ascendente.

Para que se compreenda melhor do que se trata, raciocinemos diretamente sobre os significantes orais, e não sobre os escritos, observando as transcrições fonêmicas dos nossos dois exemplos, transcrições reforçadas com esquemas entonacionais aproximados:

(4)   a.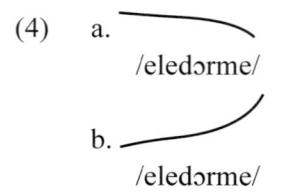
      /eledɔrme/

      b.
      /eledɔrme/

Os esquemas entonacionais visualizados em (4a) e (4b) podem ser analisados como duas associações significado↔significante, respectivamente:

- uma afirmação↔uma entonação ligeiramente descendente;
- uma pergunta↔uma entonação ascendente ao final da sequência sonora.

Se dermos uma interpretação um tanto ampla ao termo *imagem acústica* utilizado por F. de Saussure para falar do significante (capítulo "Signo linguístico"), poderemos dizer que estamos aqui na presença de dois signos linguísticos. Eles são, no entanto, muito especiais, na medida em que seu significante justamente não é um segmento da cadeia falada: ele se sobrepõe a ela.

Denomina-se ***signo segmental*** um signo linguístico cujo significante é um segmento da cadeia falada, e ***signo suprassegmental***, um signo linguístico cujo significante se sobrepõe à cadeia falada. É evidente que os signos segmentais são os signos-"padrão", aqueles nos quais se pensa reflexamente quando se fala de signos linguísticos.

Verifica-se ter sido importante, em nossa definição, especificarmos que os morfes são signos segmentais, para não incluirmos no campo de estudo da Morfologia fenômenos como os contornos entonacionais. Estamos nos referindo com isso à exclusão das **entonações**, e não dos **tons silábicos**, tais como aqueles encontrados nas línguas tonais, como as línguas chinesas, o vietnamita e inúmeras línguas africanas etc. Em tais línguas, a caracterização do significante dos morfes inclui a especificação do tom atribuído às sílabas dos morfes em questão. Um exemplo clássico, lembrado com frequência para elucidar a noção de tom em chinês mandarim, é o do contraste semântico e formal entre (5a) e (5b), a seguir, em que as formas de palavra do madarim são escritas em alfabeto *pinyin*:*

(5) a. mā   'mãe'
     [vogal portadora do 1º tom (= tom alto)]
     b. mǎ   'cavalo'
     [vogal portadora do 3º tom (= tom descendente e depois ascendente]

Morfema: conjunto de morfes

A descrição do morfe enquanto signo linguístico pressupõe que o morfe seja uma associação entre um significado e um significante únicos. Ora, encontram-se frequentemente morfes que parecem "mudar de significante" em certos contextos. Consideremos, a título de exemplo, os seguintes dados:

(6) a. *leal ~ lealdade*
     b. *fiel ~ fidelidade*

É claro que os dois pares de formas de palavra anteriores estão naturalmente inter-relacionados no plano semântico e formal:

* a relação de sentido existente entre *leal* e *lealdade* é idêntica à relação de sentido existente entre *fiel* e *fidelidade* ('quem é X' ~ 'fato de ser X');
* a diferença formal existente entre *leal* e *lealdade* é quase idêntica àquela que existe entre *fiel* e *fidelidade*.

Dito de outra maneira, desejaríamos poder associar a (6a) e (6b) duas análises morfológicas, *grosso modo*, representáveis da seguinte maneira:

(7) a. *lealdade = leal + -dade*
     b. *fidelidade = fiel + -(i)dade***

No entanto, se dispusermos somente da noção de morfe para descrever a estrutura formal das formas de palavra, seremos obrigados a considerar um morfe com significante variável *fiel-* que passa a ser *fidel-* em combinação com *-(i)dade*. Esta é uma estratégia muito perigosa, que acarreta o risco de tornar vaga e imprecisa

---

* N.T.: O *pinyin* é um sistema de transcrição alfabética e fonética dos ideogramas chineses. Tal sistema, adotado na República Popular da China a partir de 1958, baseia-se na pronúncia dos caracteres do dialeto de Pequim (ou mandarim do norte). O *pinyin* está difundido em toda a China e permite a propagação de uma língua falada comum. No Ocidente, a tendência é utilizar cada vez mais esse sistema em vez de outros modos de transcrição. (Adaptado de *Le Petit Robert* e da *Grande Enciclopédia Larousse Cultural*, 1998, v. 23, p. 4.703.)

** N.T.: Em português, *fidelidade* e *fieldade* coexistem, conforme registra o *Houaiss*. Entretanto, emprega-se mais usualmente *fidelidade*.

a noção de signo linguístico. É preferível considerar que a estrutura das formas de palavra deve ser descrita com base em uma entidade de nível mais elevado de abstração do que o morfe: trata-se do morfema.

> Um *morfema* é um conjunto de morfes "alternativos" que têm o mesmo significado.

Assim, os dois morfes, *fidel-* e *fiel-*, se juntam no mesmo morfema {FIEL}; as chaves servem aqui para indicar que um morfema é um **conjunto** de morfes. De acordo com os morfemas com os quais ele deve se combinar, {FIEL} encontrará sua expressão quer sob a forma do morfe *fidel-*, quer sob a forma do morfe *fiel-*.

Os morfes reunidos em um mesmo morfema são chamados de *alomorfes* desse morfema. Note-se que essa terminologia é paralela àquela empregada em Fonologia: fonema *vs. alofones* desse fonema. Por exemplo, o fonema /t/ do inglês se realiza através de dois alofones distintos:

1. [tʰ], aspirado, no início da forma de palavra – [tʰi:] *tea* 'chá', [tʰu:l] *tool* 'ferramenta' etc.;
2. [t], não aspirado, em outros contextos – [sti:m] *steam* 'vapor', [si:t] *seat* 'assento' etc.

> Os alofones de um fonema – chamados *fones* –, assim como as sequências de fones, são grafados entre colchetes, para serem diferenciados dos fonemas ou sequências de fonemas, que são grafados entre barras oblíquas.

Como para os alofones em Fonologia, é necessário recorrer a critérios bem específicos para determinar em que condições vários morfes podem ser considerados alomorfes de um mesmo morfema. O estudo desses critérios nos levaria demasiado longe no campo da Morfologia. Por isso, contentamo-nos aqui com um esboço de apresentação da noção de morfema.

De qualquer maneira, já chegamos ao limite do que é possível dizer sobre o tema da análise morfológica sem introduzir outras noções centrais em Morfologia: as de radical e de afixo.

Radical e afixo

A esta altura, talvez seja útil reler a apresentação da noção de lexema feita no capítulo anterior.

Todo lexema possui um radical.

> O *radical* de um lexema é seu suporte morfológico: é o elemento morfológico "central", que carrega o significado associado com exclusividade a esse lexema.

Nos casos-padrão,[3] encontra-se o radical em todas as "manifestações morfológicas" do lexema. Por exemplo:

- o radical de RONCAR é *ronc-*, que se encontra em *roncar*, [*eu*] *ronco*, [*tu*] *roncas*...;
- o radical de RECONSIDERAR é *reconsider-* [pronuncia-se /rekõnsideɾ/] ou o alomorfe *reconsider-* [pronuncia-se /rekõnsidɛɾ/], que se encontra, por exemplo, nas formas conjugadas do presente do indicativo de *reconsiderar*, [*eu*] *reconsidero*, [*tu*] *reconsideras*, [*ele*] *reconsidera*...

O segundo exemplo ilustra o fato de que o radical de um lexema não é necessariamente um morfe: *reconsider-* é analisável como *re-* + *consider-* (radical de CONSIDERAR).

Denomina-se *raiz* o radical "original" a partir do qual é etimologicamente construído o lexema. Assim, ao se analisar diacronicamente o radical *consider-*, chega-se a um radical do latim[*] que pode ser visto como sendo a raiz morfológica, e não o radical, de CONSIDERAR, RECONSIDERAR e de todos os derivados morfológicos desta família. Note-se que pode ocorrer que certos autores ignorem a distinção entre *raiz* e *radical*, e que empreguem somente um ou outro dos termos para se referir às duas noções claramente diferenciadas aqui.

A noção de radical pressupõe logicamente uma outra, pois o radical de uma lexia – por exemplo, *ronc-* (para a lexia RONCAR) – é um signo segmental ao qual se adjungem outros signos segmentais de natureza bem particular: -(a)r-, -as, -a.[**]

> Um *afixo* é um morfe não autônomo destinado a combinar-se com outros signos morfológicos dentro de uma forma de palavra.

Cabe-nos examinar dois tipos de afixos na sequência deste capítulo:

1. os *sufixos*, que são afixos que se inserem após o radical nas formas de palavra; por exemplo, *-s* em *casas* ou *-or* em *cantor*;
2. os *prefixos*, que são afixos que se inserem antes do radical; por exemplo, *re-* em *remodelar*.

---

[*] N.T.: O dicionário *Houaiss* registra que *considerar* deriva da forma latina *considèro, as, àvi, àtum, àre*, '*examinar, observar, pensar*' etc.

[**] N.T.: Os parênteses aqui separam a vogal temática de *roncar*, verbo da primeira conjugação do português.

Passaremos agora ao estudo dos mecanismos morfológicos. Convém ressaltar que o conjunto deste capítulo e, mais particularmente, a seção que segue tomam o português como língua de referência. Nossa exposição é, portanto, em parte enviesada devido às particularidades morfológicas da língua em que estamos nos apoiando. Teremos, porém, o cuidado de matizar nossa exposição e de abrir nossa apresentação, levando em consideração outras línguas, quando isso nos parecer necessário.

MECANISMOS MORFOLÓGICOS

Com base nas noções de radical e de afixo, podem-se identificar três tipos de *mecanismos morfológicos* para explicar a estrutura das formas de palavra: a flexão, a derivação e a composição.

Esses mecanismos, que abordaremos na sequência desta seção, podem ser sumariamente caracterizados da seguinte maneira:

- a flexão, combinação de um radical com um afixo imposta pela língua, permite um emprego gramatical da lexia na frase;
- a derivação morfológica e a composição permitem a formação de novos radicais a partir dos radicais já existentes.

Flexão

Definição de flexão. A *flexão* é, no caso mais padrão, um mecanismo morfológico que consiste na combinação de um radical com um afixo – chamado *afixo flexional* – que tem as três seguintes propriedades:

1. seu significado é muito geral, é relativamente abstrato e pertence necessariamente a um pequeno conjunto de significações reciprocamente exclusivas chamado *categoria flexional*; por exemplo, a categoria flexional de número em português, que reúne duas *significações flexionais*, 'singular' ~ 'plural';[4]
2. a expressão de sua categoria flexional é imposta pela língua; por exemplo, todo nome português deve ser empregado ou no singular ou no plural: isso torna a flexão um mecanismo **de aplicação obrigatória**;
3. sua combinação com o radical de uma lexia gera uma forma de palavra da mesma lexia.

Pode-se, por exemplo, combinar o radical verbal *cant-* com o afixo flexional do infinitivo dos verbos da primeira conjugação *-ar** para produzir a forma de palavra *cantar*; pode-se também combiná-lo com o afixo flexional da primeira pessoa do singular do presente do indicativo dos verbos da primeira conjugação *-o*, para formar *canto* etc. Diz-se que *cantar, canto...* são **formas flexionadas** da lexia CANTAR.[5]

Nem todas as línguas apresentam a mesma riqueza flexional. Assim, o russo é flexionalmente muito mais rico do que o português, que, por sua vez, é muito mais rico do que o mandarim. Ademais, os afixos flexionais do português são todos sufixos – eles se inserem após o radical –, o que absolutamente não é uma necessidade linguística, como mostra o seguinte exemplo, tirado do georgiano.[6]

(8)   **forma de palavra**   :   *mcems* 'ele me bate'
      análise   :   *m-* prefixo flex., objeto na 1° pessoa do sing. 'me'
                                -cem- radical verbal 'golpear/ bater'
                                -s sufixo flex., sujeito na 3° pessoa do sing. 'ele'

Não convém tomar esta análise feita em (8) por moeda sonante, especialmente sabendo-se que em georgiano a expressão da pessoa e do número gramaticais do objeto e do sujeito pronominais faz parte da flexão do verbo. Para uma análise mais detalhada, consultar Mel'čuk (1997a: 155).[7]

Para concluir esta seção, assinalemos que as línguas apresentam uma extraordinária riqueza quanto aos diferentes tipos de signos que podem expressar a flexão. Veremos na próxima seção o caso particular dos signos-zero, com base na análise do singular dos nomes em português. Além disso, o exercício 4, no fim do capítulo, propõe a análise de uma série de formas de palavra que comportam afixos flexionais que não são nem prefixos nem sufixos.

Signos-zero. As noções de radical e de flexão permitem-nos retomar o caso de *cachorro*, mencionado anteriormente. Dissemos que *cachorro*, por oposição a *cachorros*, é um morfe na medida em que não é analisável em signos mais simples. Esta afirmação deve ser considerada inexata, agora que foram introduzidas as noções de radical e de flexão (categoria flexional). Em uma frase como:

(9) *O cachorro de Carlos procura um gato.*

o signo *cachorro* é analisável como a combinação do radical *cachorro* (radical da lexia CACHORRO) com um sufixo flexional muito particular, do ponto de vista formal,

---

*   N.T.: Camara Jr. (1971: 65) ensina-nos que o indicador de infinitivo invariável no português, *-r*, "[...] se prende a um tema verbal, ou seja, um radical ampliado por uma das vogais temáticas"; no presente caso, *-a*. A esse respeito, v. Joaquim Mattoso Camara Jr., *Problemas de linguística descritiva*, Petrópolis, Vozes, 1971.

que expressa o singular dos nomes. Com efeito, sabe-se que em (9) o substantivo *cachorro* está no singular devido à ausência do significante do afixo flexional do plural dos substantivos, *-s*. O singular dos nomes é, portanto, expresso em português por um signo cujo significante é uma ausência de forma, um "vazio"morfológico, por assim dizer. Tais signos são chamados ***signos-zero***.

Para resumir, deve-se analisar a forma *cachorro* que aparece no exemplo (9) como um signo complexo formado de dois morfes:

forma de palavra : *cachorro*
análise : *cachorro-*radical nominal
 -ø sufixo flexional zero, sing. dos nomes

Esta análise aplica-se, evidentemente, a todos os nomes morfologicamente regulares do português.

É importante compreender que -$\text{ø}_{\text{sing.}}$ é um signo morfológico (mais precisamente, um morfe), pela mesma razão que o são os afixos não zero do português.[*] Ele possui um significado gramatical ('singular dos substantivos') e uma combinatória restrita (sufixo flexional nominal). Sua única particularidade reside em seu significante: este sufixo é justamente identificável devido a uma ausência de significante segmental lá onde se deveria logicamente encontrar um.

Seria, evidentemente, possível explicar a flexão nominal em português passando por cima do recurso a um sufixo zero do singular. É o que fazem certas gramáticas tradicionais (escolares, principalmente) quando dizem que "o plural do substantivo se constrói acrescentando um *-s* à forma do singular". Pensamos que se deva rejeitar esta maneira de apresentar os fatos, por pelo menos duas razões:

1. Procedendo assim, entra-se em contradição com o próprio funcionamento das categorias flexionais. Com efeito, a "forma do singular" veicula a significação 'singular'; não se pode, logicamente, acrescentar-lhe o sufixo do plural, pois uma forma de palavra não pode expressar ao mesmo tempo elementos de uma mesma categoria flexional. Somente o recurso à análise mediante sufixação ao radical (e não à forma de palavra singular) permite evitar essa incoerência; e esta análise conduz logicamente à identificação de um sufixo-zero do singular, pois um radical, por definição, não é portador de

---

[*] N.T.: É importante o leitor ter em mente que a expressão do feminino no português não exemplifica um caso de signo-zero. A forma *cachorra*, fem. de *cachorro*, resulta da aplicação de uma regra de natureza morfofonêmica que suprime "[...] a vogal final átona de um constituinte quando se lhe acrescenta um segundo constituinte começando com vogal" (Camara Jr., 1971: 63).

significação flexional. O radical do nome deve imperativamente combinar-se com um morfe para veicular um número gramatical, o singular ou o plural.

2. Como se percebe, a análise que condenamos oculta o recurso ao radical na modelização da sufixação flexional. Ora, a noção de radical é de qualquer forma incontornável, se se deseja tratar corretamente a sufixação derivacional (*cant-* + *-or* → *cantor* etc.), como veremos na próxima seção. É, pois, não somente incorreto, mas também didaticamente arriscado não apresentar os dois tipos de sufixação de maneira absolutamente paralela.

Mas, atenção: não se deve bancar o aprendiz morfológico e "ver signos-zero em toda parte"! A razão pela qual se pode postular o recurso a um afixo-zero no caso do singular dos nomes em português é que se sabe por outras vias (concordância em número do verbo com o sujeito nominal, concordância do adjetivo que modifica o substantivo) que cada forma de palavra nominal é necessariamente portadora de uma das duas significações da categoria flexional número: 'singular' ou 'plural'. Como a expressão do número nominal é obrigatória, **é preciso** que um signo expresse o singular em uma forma de palavra nominal, se não é o plural que está sendo expresso. Daí a identificação, por dedução lógica, da presença de um signo-zero neste caso específico. O mesmo tipo de raciocínio poderia, aliás, ser aplicado no caso dos adjetivos do português.

Se demos muito espaço à noção de signo-zero, é porque ela evidencia a natureza sistemática do funcionamento da flexão na língua.

Derivação morfológica

Coerentemente com a abordagem adotada no conjunto deste livro, a apresentação que segue introduz a derivação morfológica do ponto de vista sincrônico; assim sendo, não faremos etimologia. Essa maneira de proceder é muito diferente daquela que se adota habitualmente nas exposições que se baseiam, acima de tudo, nos dados do português. Teremos a oportunidade de voltar várias vezes a esse ponto.

Definição de derivação morfológica. A *derivação morfológica* é, no caso-padrão típico, um mecanismo morfológico que consiste na combinação de um radical com um afixo – denominado *afixo derivacional* – que tenha as três seguintes propriedades:

1. seu significado é menos geral e menos abstrato do que o de um afixo flexional: ele se aparenta com o significado de uma lexia;
2. a expressão de seu significado corresponde normalmente a uma escolha livre do Locutor, que **quer** comunicar o significado em questão, sem que isso seja uma injunção da língua (como no caso da flexão);
3. sua combinação com o radical de uma lexia gera uma forma de palavra de uma nova lexia.

Assim, o radical verbal *cant-* (da lexia CANTAR) é combinado com o afixo derivacional *-or* (cujo significado é, *grosso modo*, 'pessoa que faz...'), para produzir o radical nominal* *cantor* ('pessoa que canta').

A derivação é, portanto, um mecanismo morfológico que se encontra na origem de relações entre lexias – ou, mais precisamente, entre os radicais dessas lexias. Por exemplo, CANTOR – o radical nominal *cantor-* – é um derivado nominal de CANTAR – do radical verbal *cant-*. O radical que origina uma derivação é chamado **fonte** da derivação; aquele construído pela derivação é chamado **alvo** dessa derivação. Nesse caso, fala-se também de *lexia-fonte* e de *lexia-alvo* ou *derivada*.

Na sequência, descreveremos as diferentes derivações por meio dos dois padrões de apresentação que seguem:

1. **Derivação apresentada como uma relação entre duas lexias**
   \<Lexia-fonte\> → \<Lexia-alvo\>
   Por exemplo, mencionaremos a derivação CANTAR → CANTOR.

2. **Derivação apresentada como um mecanismo de construção de radicais**
   \<Radical-fonte\> + \<Sufixo derivacional\> → \<Radical-alvo\>
   ou
   \<Prefixo derivacional\> + \<Radical-fonte\> → \<Radical-alvo\>
   Descreveremos, por exemplo, o mecanismo de produção da lexia derivada CANTOR da seguinte maneira: *cant-* + *-or* → *cantor-*. Observe-se que, para tornar mais leve a apresentação, poderemos omitir o hífen "-", que se costuma acrescentar após os radicais que requerem necessariamente sufixos flexionais.

Para concluir, lembremos que os afixos derivacionais do português são quer sufixos (cf. *-or* em *cantor*), quer prefixos (cf. *re-* em *reconsiderar*). Entretanto, existem outros tipos de derivações. Ver, a esse respeito, o exercício 7, no fim deste capítulo.

Tipos de ligações derivacionais. A derivação permite "passar" de uma lexia a outra. Podem-se caracterizar os diferentes tipos de derivações com base nas diferenças semânticas e gramaticais que existem entre as lexias que essas derivações inter-relacionam. Assim pode-se verificar se as lexias em questão são sinônimas ou não e se pertencem ou não à mesma parte do discurso: nome, verbo, adjetivo ou advérbio. (A noção de parte do discurso será focalizada em detalhe no próximo capítulo.)

Quando há combinação de um afixo derivacional com o radical de uma lexia L_1 visando à obtenção do radical de uma lexia L_2, pode-se estar na presença de pelo menos um dos quatro casos apresentados no quadro a seguir.

---

* N.T.: O autor refere-se aqui ao fato de *cantor* ser um radical nominal que pode ser utilizado na formação de novas palavras, tais como, por exemplo, *cantoria* e *cantorina*.

Derivação: quatro casos

Casos	Exemplos: $L_1 \rightarrow L_2$
• Sentido 'L_1' faz parte do sentido 'L_2' • Parte do discurso de L_1 = parte do discurso de L_2	$LER_V \rightarrow RELER_V$
• Sentido 'L_1' faz parte do sentido 'L_2' • Parte do discurso de $L_1 \neq$ parte do discurso de L_2	$COMPRAR_V \rightarrow COMPRADOR_S$
• Sentidos 'L_1' e 'L_2' são equivalentes • Parte do discurso de L_1 = parte do discurso de L_2	$BOBO_S \rightarrow BOBOCA_S$
• Sentidos 'L_1' e 'L_2' são equivalentes • Parte do discurso de $L_1 \neq$ parte do discurso de L_2	$DECIDIR_V \rightarrow DECISÃO_S$

Duas observações se impõem quanto ao conteúdo deste quadro:

1. Quando dizemos que um sentido "faz parte" de outro, referimo-nos ao fato de que *reler* quer dizer '**ler** de novo', *comprador* quer dizer 'pessoa que **compra**' etc. As derivações em pauta acrescentam um componente semântico ao sentido da lexia-fonte.

2. O terceiro caso do quadro é muito raro em português; é encontrado normalmente na linguagem coloquial ou familiar.[*] Deve-se observar que é quase impossível distinguir semanticamente elementos do par $BOBO_S \sim BOBOCA_S$. A diferença entre eles reside no fato de que a lexia derivada é mais familiar ou mais vulgar do que a lexia-fonte da derivação.

É evidente que, para explicar adequadamente os exemplos apresentados na coluna da direita do quadro anterior, seria preciso proceder a uma análise mais fina das relações de sentido existentes entre as lexias em questão. Contentamo-nos, por ora, com assinalar que as derivações podem:

• acrescentar ou não um sentido ao sentido de partida;
• associar à lexia de origem uma lexia pertencente ou não à mesma parte do discurso.

A esta altura, poderá parecer estranho dizer-se que lexias como DECIDIR e DECISÃO têm mais ou menos o mesmo sentido. Teremos, no entanto, a oportunidade de ver, à medida que avançarmos nos capítulos posteriores (que tratam

---

[*] N.T.: Basta mencionar que o *Dicionário Houaiss* registra mais de quatro dezenas de lexias sinônimas de *tolo*.

principalmente da semântica lexical), que existem razões teóricas e práticas para procedermos assim.

Derivação sincrônica e derivação diacrônica. Apresentamos anteriormente a derivação no mesmo plano da flexão, isto é, como um mecanismo morfológico. Ora, no caso do português, isso constitui em grande parte um engodo de linguagem: conviria distinguir entre *derivação sincrônica* e *derivação diacrônica*.

Do ponto de vista sincrônico, a verdadeira derivação é rara em português. Pode-se citar como exemplo a derivação que ocorre mediante o acréscimo do prefixo *re-*, que gera um verbo que passa a incorporar o sentido de 'de novo'.

(10) a. CONSTRUIR → RECONSTRUIR:
     re- + construi– → reconstrui-
    b. DESENHAR → REDESENHAR:
     re- + desenha– → redesenha-
    c. UTILIZAR → REUTILIZAR:
     re- + utiliza– → reutiliza-

Constata-se que esta derivação é totalmente regular, pois o prefixo *re–* pode ser combinado com a maior parte dos radicais verbais para formar outros verbos. Por isso, não se irá necessariamente incluir em um dicionário a descrição das lexias RECONSTRUIR, REDESENHAR, REUTILIZAR etc. Isso somente será feito se existirem indícios claros de que essas lexias desenvolveram características específicas (de sentido ou de combinatória restrita) que o mecanismo regular de derivação não deixa prever em toda a sua dimensão. Por exemplo, a estrutura polissêmica, rica e complexa do vocábulo RETIRAR – ilustrada de maneira muito parcial nos exemplos a seguir – obrigará os redatores de dicionários a fazerem uma descrição mais ou menos exaustiva das lexias que o verbo RETIRAR reúne, mesmo se essas constituem formalmente, do ponto de vista diacrônico, derivados morfológicos das diferentes acepções de TIRAR:

(11) a. *Ela vai te **retirar** sua confiança, se continuares com isso.*
    b. *Marcos, deves **retirar** tua bicicleta do canto da garagem.*
    c. *O diretor da tipografia: – Bruno, você deve **retirar** a folha já impressa no anverso.*

Na ausência de índices que demonstrem um congelamento no léxico de uma dada derivação, considera-se que as lexias verbais derivadas em *re-* são construídas à vontade pelo Locutor, com base em seu conhecimento dos respectivos radicais e da regra de derivação em *re-*.

Mas as regras de derivação desse tipo são raras em português. Encontramos, nessa língua, sobretudo casos de derivações diacrônicas, isto é, de derivações não sistemáticas do ponto de vista do Locutor: é a própria língua, em sua evolução, que registra tais casos de derivação. Por exemplo, as derivações (12a-b) somente se processam de maneira diacrônica:

(12)   a. *consum-* + *-a* + *-ção* → *consumação-*
        b. *comunic-* + *-a* + *-ção* → *comunicação-*

Na verdade, o Locutor empregará CONSUMAÇÃO porque esta lexia já existe; não é ele que vai construí-la a partir do radical *consum-* e de uma regra morfológica de derivação. Senão, como explicar que nos textos se encontre *consumação*, mas não **bebeção*; *comunicação*, mas não **telefonação* etc.?

> O estudo da derivação em português focalizará, portanto, sobretudo, derivações lexicalizadas (que somente aparecem como tais em uma perspectiva diacrônica). Pode-se considerar que, em tais casos, são os **significantes** das formas de palavra que são descritos por meio de um mecanismo de derivação, e não as próprias formas de palavra (os signos linguísticos).

Composição

A ***composição*** é, como a derivação, um mecanismo morfológico que constrói novos radicais: uma forma de palavra é formada por composição quando ela resulta da concatenação – isto é, da justaposição linear – de várias formas de palavra ou radicais. Por exemplo:

(13)   a. *amor* + *perfeito*$_{Adj}$ → *amor-perfeito*
        b. *passa*$_V$ + *tempo* → *passatempo*

A composição não é uma concatenação aleatória de radicais. Existem, em português, padrões de composição. Para a composição nominal, por exemplo, encontra-se não raro o seguinte padrão, que resulta da morfologização de um sintagma constituído de um verbo e de seu complemento de objeto direto:

<Verbo$_{3^a \text{ pessoa, sing., pres. do indicativo}}$> + <Nome comum>

Exemplos: *quebra-nozes*, *guarda-roupa*, *saca-rolha* (ou *saca-rolhas*)...

Como se pode constatar, existe uma certa flutuação na maneira de registrar graficamente as *lexias compostas* (em geral chamadas *palavras compostas*); essa flutuação é o reflexo do caráter impreciso da fronteira que separa, por vezes, locuções e lexias compostas.

Deve-se observar também que, nas gramáticas e nos textos de Linguística, a noção de composição é não raro estendida à lexicalização de sintagmas, isto é, à formação de locuções: DIA SANTO, MAÇÃ DO ROSTO, GOLPE DE MESTRE, DEIXAR CORRER etc. Isso ocorre porque as formas de palavra das quais são formalmente constituídas as locuções são, de certa forma, "degeneradas", e porque as locuções tendem a se comportar na frase como blocos, à semelhança das formas de palavra (ver capítulo anterior, seção "Locução").

> A locução, tal como a definimos no capítulo precedente, é necessariamente um sintagma: ela possui uma estrutura **sintática** interna. Essa característica distingue-a claramente da lexia formada por composição, cuja estrutura é de natureza morfológica.

Assim, por exemplo, PERDER A CABEÇA é uma locução verbal, porque sua estrutura interna é a de um sintagma verbal típico do português: verbo, que admite todas as formas verbais flexionadas (*eu **perco** a cabeça*, *tu **perdes** a cabeça...*), seguido de um complemento de objeto direto. Observa-se que, ao contrário, seria impossível analisar PASSATEMPO da mesma maneira, ainda que se ignorasse a ortografia que manda escrever essa lexia em uma só palavra. De fato, PASSATEMPO, que tem uma estrutura morfológica interna análoga a uma combinação verbo + complemento (cf. o modelo de *Ele passa o tempo*), é uma lexia **nominal**, e não verbal. Não há, pois, nenhuma conexão entre a pseudoestrutura sintática interna que se poderia tentar impor a essa lexia e seu funcionamento na frase. Estamos aqui na presença de um nome composto, e não de uma locução. A diferença entre as noções de locução e de lexia composta existe, pois, de fato, ainda que ela não seja necessariamente de fácil aplicação em todos os casos.

A composição é quase inexistente **em francês**, enquanto mecanismo morfológico sincrônico. É tão somente a perspectiva diacrônica – o surgimento de novas lexias a longo prazo ou a criação de neologismos a curto prazo – que permite falar de composição no caso do francês. Não é o que se verifica em inúmeras outras línguas, nas quais o Locutor constrói a seu bel-prazer, de maneira absolutamente sistemática, formas de palavra compostas **não neológicas** para exprimir conteúdos semânticos que seriam expressos em francês por meio de sintagmas. Esse tipo de composição sistemática encontra-se, por exemplo, em finlandês, como ilustra a série de compostos (14a-d), adaptada de Mel'čuk (1997a: 89):

(14) a. *finaali*   'final'   +   *ottelu*   'competição'
    →*finaaliottelu*   'competição final'
     b. *finaali*   'final'   +   *näytäntö*   'espetáculo'
    →*finaalinäytäntö* 'espetáculo final'
     c. *kieli*   'língua'   +   *rhymä*   'grupo'
    →*kielirhymä*   'grupo de línguas'
     d. *kieli*   'língua'   +   *virhe*   'erro'
    →*kielivirhe*   'erro linguístico'

No quadro de um verdadeiro estudo da morfologia lexical, que englobaria especialmente a mudança diacrônica e a criação neológica, seria possível aprofundar bem mais o exame dos processos de formação de lexias. Vamos contentar-nos com mencionar aqui dois outros processos de formação lexical que só existem, como a composição em português, do ponto de vista da diacronia e da neologia: a abreviação e a siglação.[8]

A ***abreviação*** (APÊ, AUTO...) ocorre em geral na linguagem falada ou familiar e permite gerar uma nova lexia por truncamento do radical de uma lexia inicial.

A ***siglação*** (OAB, MEC...)[*] produz uma lexia a partir de um sintagma lexicalizado, mediante a concatenação das letras iniciais de cada uma das lexias do sintagma em questão. Em português, as siglas são normalmente nomes. Uma sigla que se pronuncia como uma sequência de sílabas, ao invés de soletrar as letras que a compõem, é chamada ***acrônimo***: MEC (/mɛk/, e não /emeɛse/), NASA (/naza/, e não /eneaɛsa/) etc.

Para concluir este capítulo, só nos resta examinar a noção de regra gramatical morfológica. Interessa-nos sobretudo a maneira com que podemos formular tais regras para darmos conta dos mecanismos morfológicos que acabam de ser abordados.

REGRAS GRAMATICAIS MORFOLÓGICAS

Esta última seção tem por objetivo introduzir a noção de regra gramatical morfológica. Não se trata de examinar os diferentes tipos de regras gramaticais morfológicas existentes nas línguas, o que exigiria todo um tratado sobre a questão. Desejamos simplesmente estabelecer uma conexão entre léxico e gramática, mostrando como o componente morfológico da gramática de uma língua interage com o léxico.

---

[*] N.T.: Respectivamente, **O**rdem dos **A**dvogados do **B**rasil e **M**inistério da **E**ducação e **C**ultura.

Natureza das regras gramaticais morfológicas

A gramática foi apresentada no capítulo "Noções preliminares" como sendo um conjunto de regras gerais de combinação das "palavras" ou, mais precisamente, dos signos da língua. As *regras gramaticais morfológicas* são um caso particular de *regras gramaticais*; isso quer dizer que elas pertencem à gramática. Elas controlam, entre outros fatores, a combinação dos morfes da língua visando à construção das formas de palavra. Pode-se, pois, associar a cada um dos mecanismos morfológicos que acabam de ser examinados regras gramaticais morfológicas para implantar os mecanismos em questão.

Observe-se que o que distingue uma regra gramatical morfológica de uma *regra lexical* é o fato de que a primeira justamente não deve ser associada a nenhuma lexia particular da língua. Assim, enquanto as regras lexicais enunciam propriedades semânticas, formais ou combinatórias de lexias específicas (por exemplo, "COMPUTADOR é do gênero masculino"), as regras gramaticais morfológicas não farão referência a radicais dados, mas, sim, a tipos ou classes de radicais aos quais se aplicam as regras em questão.

Formulação de uma regra gramatical morfológica

Para mostrar como se pode formular uma regra gramatical morfológica, um procedimento cômodo é tomar como ponto de partida um caso particular de análise morfológica de uma forma de palavra e, por *indução*,[9] generalizar o caso tratado sob a forma de uma regra que permite a formação de todas as formas de palavra construídas segundo o mesmo padrão. Partiremos da análise da forma de palavra *cachorro,* proposta anteriormente, e que reproduzimos em (15).

(15) **forma de palavra** : *cachorro*
    análise : *cachorro-*radical nominal
            -ø sufixo flexional zero, sing. dos nomes

Para redigir uma regra morfológica (aproximativa) que explique esta flexão particular, bem como todas as flexões semelhantes do português, será preciso proceder em três etapas.

1. Considerar a análise (15) em sentido inverso, isto é, partir do resultado da análise para alcançar o elemento analisado, postulando o esquema de regra a seguir:
   <Constituintes morfológicos> → <Forma de palavra>

2. Substituir a forma de palavra *cachorro* que aparece no componente "forma de palavra" de (15) por uma ***variável*** – isto é, por uma letra ou uma expressão que substitua todo um conjunto de valores específicos que possam ***instanciar*** a variável em questão. Optamos por escrever "$L_{(N)\ sing.}$" para 'lexema L nominal no singular':

   <Constituintes morfológicos> $\rightarrow L_{(N)\ sing.}$

   Por convenção, o elemento que aparece entre parênteses em índice (aqui, "N") corresponde a uma propriedade inerente do lexema L, e aquele fora dos parênteses ("sing."), a uma significação flexional inerente à forma de palavra correspondente.

3. Substituir o radical que aparece no componente "análise" de (15) por outra variável: optamos por escrever "R_L", para 'radical do lexema L'. Escreve-se a análise generalizada desta maneira à esquerda do símbolo "$\rightarrow$", de maneira linear e interconectando os diferentes constituintes morfológicos por meio do símbolo "+". Procedendo desta maneira, obtém-se a seguinte regra:

(16) $R_L + - \varnothing_{\text{sufixo flexional zero, sing. dos nomes}} \rightarrow L_{(N)\ sing.}$

A regra (16) é apenas um esboço, e não pretendemos de maneira alguma que ela seja suficientemente precisa para ser incluída em uma boa gramática do português. No mais, optamos por redigir a regra em questão de maneira formal, mas pode-se reformular (16) sem recorrer a qualquer outra metalinguagem a não ser a própria língua:

(17) "O singular de um lexema nominal constrói-se a partir do radical do lexema em questão seguido do sufixo flexional zero do singular nominal."

Podemos agora exercitar-nos em construir uma regra para o plural dos nomes do português, inspirando-nos no formato da regra (16):

(18) $R_L + \{PL\}_{\text{sufixo flexional, pl. dos nomes}} \rightarrow L_{(N)\ pl.}$

Esta regra estipula que se deve acrescentar o sufixo plural nominal ao radical do nome para construir a forma de palavra plural. Trapaceamos um pouco ao indicar simplesmente que o sufixo em apreço é um morfema plural – representado por "$\{PL\}$"–, sem levar em conta a combinatória específica de cada um dos morfes do morfema em questão; na escrita: *-s* (*cachorros, resfriados*...), *-es* (*flores, países*...), *-is* (*ardis, sutis*...). A regra torna-se mais complexa se se pretender incluir nela a indicação das formas de radicais nominais que se combinam com cada um desses morfes. Seria necessário também levar em conta as exceções, especialmente os nomes invariáveis (ver a observação a esse respeito na próxima seção), bem como os nomes compostos. Pode-se consultar qualquer boa gramática do português para avaliar até que ponto a descrição mais ou menos completa do plural nominal em português é uma tarefa nada trivial.

Para concluir quanto à questão das regras gramaticais morfológicas, observamos que o mesmo tipo de regra que acaba de ser apresentado para a flexão pode ser construído para ser aplicado à derivação. Deixamos ao leitor a iniciativa de se exercitar na formulação de uma regra desse tipo, com o exercício 5, proposto no fim do capítulo.

Observação sobre a invariabilidade

Uma das dificuldades inerentes ao aprendizado da morfologia das línguas provém do fato de elas geralmente pulularem de casos particulares de transgressão das regras morfológicas gerais. Um exemplo notório em português é o dos nomes (e adjetivos) ditos *invariáveis*.

O termo *nome invariável* é frequentemente utilizado para designar dois fenômenos muito distintos.

1. O nome português TÓRAX [*Os cientistas abriram os tórax dos animais ao iniciarem a cirurgia de transplante de fígado*] é invariável no plural, no sentido de que a forma de palavra plural [*os*] *tórax* não carrega nenhuma marca da flexão de número que possa distingui-la da forma de palavra singular.
2. O nome GADO, às vezes qualificado como invariável, remete a um caso bem diferente. Distingue-se dos nomes "normais" por ser muito dificilmente usado no plural. Desse ponto de vista, ele não é mais invariável do que EXÉQUIAS, só usado no plural.

Para ser preciso, seria necessário utilizar caracterizações diferentes das lexias nesses dois casos:

1. TÓRAX: nome comum, invariável;
2. GADO: nome comum, principalmente singular;
   EXÉQUIAS: nome comum, plural.

Essa maneira de proceder reflete o fato de que a combinatória da primeira lexia é padrão. Com efeito, ela é empregada tanto no singular quanto no plural, e somente é problemática a expressão formal de seu plural: a lexia TÓRAX é formalmente invariável.

A lexia GADO, ao contrário, é dificilmente compatível com a expressão de plu-ralidade, por ser semanticamente estruturada como um ***nome não contável*** – isto é, um nome do tipo ÁGUA, SAL, CANSAÇO etc. Por isso, raramente lhe é aplicada a regra morfológica de formação do plural. Seu comportamento formal é, aliás, totalmente padronizado: *um gado ~ diferentes gados*. Observe-se que os nomes não contáveis designam quer uma substância (ou algo similar), quer um fato ou uma entidade que a língua conceitualiza da mesma maneira como conceitualiza uma substância: assim, diz-se *gado, muito gado* (no singular) etc. É por isso que os nomes não contáveis também são, por vezes, chamados *nomes massivos* (do inglês *mass nouns*).

Aqui se encerra a apresentação das noções elementares de Morfologia. Termina-mos, ao mesmo tempo, a introdução das noções fundamentais necessárias ao estudo do léxico propriamente dito, estudo que passaremos a empreender na sequência. Examinaremos primeiramente a problemática da estruturação do léxico (capítulo "Estrutura do léxico"), para nos debruçarmos, a seguir, sobre a análise da semântica lexical (capítulos "Sentido linguístico", "Relações lexicais" e "Análise do sentido").

LEITURAS COMPLEMENTARES

LIPKA, Leonhard. Morpheme, Word, Lexeme. In: _____. *An Outline of English Lexicology.* Tübingen: Max Niemeyer, 1992, pp. 68-74.

Extraído de uma obra de introdução à Lexicologia inglesa que utiliza uma ter-minologia morfológica praticamente idêntica à nossa. O leitor pode também voltar agora a Mel'čuk (1993: 97-107), cuja leitura sugerimos no capítulo precedente, para rever as noções de forma de palavra e de lexema.

NIDA, Eugene A. Introduction to Morphology. In: _____. *Morphology*: The Descriptive Analysis of Words. 2. ed. Ann Arbor: University of Michigan Press, 1976, pp. 1-5.

Este curto texto, de uma grande clareza, situa o estudo morfológico no âmbito mais geral do estudo das línguas. Observam-se certas diferenças terminológicas em relação ao que dissemos neste capítulo, especialmente no que diz respeito ao emprego do termo *word* (= palavra). Essa observação vale igualmente para as duas leituras seguintes.

HUOT, Hélène. *La morphologie*: forme et sens des mots du français. 2. ed. Paris: Armand Colin, 2005. (Cursus)

É uma obra de introdução ao estudo da Morfologia, centrado no francês. Pode-se estudá-la como um manual, ou simplesmente consultá-la, se o objetivo for aprofundar seus conhecimentos sobre esse ramo da Linguística e ver outros exemplos de análises morfológicas de formas de palavra francesas. Para completar o estudo deste capítulo, aconselha-se especialmente dar uma olhada:

- na apresentação das noções de raiz e radical feita por H. Huot (pp. 27-9, e o capítulo III inteiro, intitulado "Racines et radicaux");
- numa análise da flexão de gênero (adjetivos) e de número (adjetivos e nomes) que dispensa o recurso a sufixos-zero (pp. 131-35).

Neste último caso, será interessante comparar os argumentos que formulamos anteriormente a favor do signo-zero, com aqueles que H. Huot avança para proceder de outra maneira na análise das flexões adjetivais e nominais. Note-se que H. Huot utiliza o termo *nome enumerável* onde nós empregamos *nome contável*.

GAUDIN, François; GUESPIN, Louis. La Néologie: problèmes et histoire. In: _____. *Initiation à la lexicologie française*: de la néologie aux dictionnaires. Bruxelles: Duculot, 2000, chap. VI, pp. 233-50. (Champs Linguistiques)

Este texto apresenta a neologia no contexto da diacronia do francês. Recomendamos a leitura do conjunto do manual, com vistas a um aprofundamento da neologia em francês, em uma perspectiva lexicológica e lexicográfica.

EXERCÍCIOS

Lembramos que é essencial estudar os exercícios a seguir para completar o presente capítulo.

As correções que propomos no fim do livro para esses exercícios são relativamente desenvolvidas e fazem parte integrante de nossa apresentação das noções de Morfologia.

▪ EXERCÍCIO 1

Dissemos que os signos enumerados no exemplo (1) não são analisáveis em signos mais simples. Por que o fato de *casa* conter duas sílabas – /ka/ e /za/– não contradiz essa afirmação?

Esta questão, no plano da análise morfológica, é o prolongamento de um exercício proposto no capítulo "Signo linguístico": exercício 4.

- **EXERCÍCIO 2**

Identifique as diferentes categorias flexionais que se encontram 1) em inglês e 2) em português.

- **EXERCÍCIO 3**

Examine as formas flexionadas do verbo francês ÊTRE (SER). Isso levanta um problema quanto à definição da noção de flexão que propusemos neste capítulo? (Pensar na noção de radical.)

- **EXERCÍCIO 4**

O ulwa, língua ameríndia da Nicarágua, recorre a afixos flexionais que não são nem prefixos nem sufixos. Seja a seguinte série de formas de palavra dessa língua:

(19) a. *suukilu*   '[meu] cachorro'   *miskitu*   '[meu] gato'
      b. *suumalu*   '[teu] cachorro'   *mismatu*   '[teu] gato'
      c. *suukalu*   '[seu] cachorro'   *miskatu*   '[seu] gato'

Identifique e caracterize os radicais e os morfes flexionais que aparecem em (19). Importa mostrar que os morfes flexionais identificados não são nem prefixos nem sufixos.

- **EXERCÍCIO 5**

Descreva o mais detalhadamente possível enquanto signo linguístico (significado, significante e combinatória restrita) o afixo *-agem* que se encontra em *lavagem* e *arbitragem*... Redija, a seguir, a regra morfológica da derivação em *-agem* do português.

- **EXERCÍCIO 6**

Compare a maneira com que se grafam as duas lexias seguintes:

PORTA-MOEDAS
PORTFÓLIO

Mencionamos anteriormente que há uma certa arbitrariedade na maneira com que se registram ortograficamente as lexias compostas. Será, então, possível encontrar uma explicação para a diferença constatada aqui?

▪ EXERCÍCIO 7

As duas ocorrências de *dizer* em (20) ilustram um caso de derivação?

(20)　*Ele não soube **dizer** qual era o alcance do **dizer** do amigo.*

O que este caso implica quanto à noção de derivação, tal como a definimos anteriormente?

▪ EXERCÍCIO 8

A lexia ONU é um acrônimo?

NOTAS

[1]　Reporte-se ao que foi dito a propósito do termo *semântica* no capítulo "Noções preliminares", seção "Níveis de funcionamento das línguas".

[2]　A questão da variação linguística será abordada no capítulo "Estrutura do léxico".

[3]　O exercício 3, no final deste capítulo, permite compreender por que esta nuança é necessária.

[4]　Diz-se que essas significações são reciprocamente exclusivas porque, por exemplo, um nome português não pode ser empregado **em uma mesma situação** no singular e no plural. A propósito do uso que estamos fazendo do termo *significação*, ver capítulo "Sentido linguístico".

[5]　A análise morfológica dos verbos em português é mais complexa do que aquela que apresentamos a respeito de CANTAR, sobretudo se quisermos identificar completamente os valores de **todas** as categorias flexionais expressas em uma forma de palavra verbal. Ver, a este respeito, a correção do exercício 2.

[6]　O formato tabular de apresentação de uma análise morfológica empregado em (8) será utilizado daqui por diante, ao invés daquele que usamos em (2) e (7), que convém apenas para análises aproximativas.

[7]　Várias das análises morfológicas apresentadas aqui, como (8), são tomadas de empréstimo do *Cours de morphologie générale*, de I. Mel'čuk. Forneceremos as referências exatas da apresentação desses exemplos no livro de origem quando isso for útil ao leitor que deseje aprofundar seus conhecimentos em Morfologia.

[8]　Propõe-se uma leitura complementar sobre neologia (Gaudin e Guespin, 2000) no fim do capítulo "Análise do sentido".

[9]　A indução é, *grosso modo*, o raciocínio que parte da observação de fatos específicos para se inferir deles regras gerais.

Estrutura do léxico

*Todas as utopias são deprimentes, porque não deixam
lugar ao acaso, à diferença, aos "diversos".
Tudo foi posto em ordem, e a ordem reina.
Atrás de qualquer utopia, há sempre um grande projeto
taxionômico: um lugar para cada coisa e cada coisa em seu lugar.*
Georges Perec, *Pensar/Classificar.*

Os capítulos precedentes permitiram-nos definir e caracterizar com uma
certa precisão a lexia, unidade de base da constituição dos léxicos. Examinaremos agora como os léxicos são **estruturados**. O fato de tratarmos da
estrutura dos léxicos nos levará naturalmente a abordar a questão do acesso
aos dados lexicais. Isso explica por que este capítulo é, como o precedente,
relativamente denso.

Delimitaremos, inicialmente, a noção de léxico, opondo-a à de vocabulário; isso nos induzirá a examinar a questão da variação linguística. A seguir,
apresentaremos as partes do discurso, que são classes de lexias reunidas em
função de suas características gramaticais. Examinaremos, por fim, os diferentes tipos de relações que as lexias podem manter entre si dentro do léxico de
uma língua. Esta seção será muito breve, uma vez que um capítulo inteiro (o
capítulo "Relações lexicais") será consagrado ao estudo e à modelização das
relações interlexicais. Como o léxico é um conjunto de informações muito rico
e extremamente complexo, será necessário que nos debrucemos, a seguir, sobre
o problema da identificação dos conhecimentos lexicais; veremos, assim, quais
métodos de acesso aos dados linguísticos podem ser utilizados em Lexicologia.
Concluiremos com algumas observações sobre os fenômenos estatísticos relacionados ao uso do léxico.

Malgrado seu título, este capítulo não pretende demonstrar que os léxicos possuem uma estrutura bem organizada, em que toda a informação se encontra precisamente "ordenada". E é por isso que escolhemos como epígrafe a citação de Georges Perec. Sempre se podem efetuar classificações e agrupamentos das lexias da língua. No entanto, essas estruturas descritivas com que se etiqueta o léxico só servem para evidenciar aspectos bem específicos de sua organização. Elas respondem a uma necessidade prática de classificação; mas, tomadas individualmente, não são suficientes para modelizar a estrutura do léxico, que é multidimensional. Essa particularidade da estrutura do léxico obriga-nos a considerá-la simultaneamente sob vários ângulos.

Noções introduzidas: *léxico*; *anglicismo*; *vocabulário de um texto* vs. *vocabulário de um indivíduo*; *idioleto*; *variação linguística idioletal, diatópica, diastrática, diafásica, diacrônica, terminológica, diamésica*; *marca de uso*; *registro de língua*; *dialeto*; *língua geral; língua de especialidade e terminologia*; *parte do discurso (= classe gramatical)*; *classe lexical aberta*; *verbo*; *nome (= substantivo)*; *adjetivo*; *advérbio*; *interjeição; numeral cardinal; classe lexical fechada*; *pronome*; *determinante*; *conjunção*; *preposição*; *verbo auxiliar*; *palavra lexical* vs. *palavra gramatical*; *classificador nominal*; *rede lexical*; *relação paradigmática* vs. *relação sintagmática*; *dado linguístico*; *introspecção*; *investigação linguística;* corpus *linguístico*; *francês fundamental*; *frequência de uso*; *ocorrência*; *índice (de significantes lexicais)*; *lema*; *lematização*; *concordância*; *concordanciador*; *Estatística Lexical*; *Lexicometria*; *Linguística Quantitativa*; *hápax*; *lei de Zipf.*

LÉXICO E VOCABULÁRIO

Léxico

Chegou o momento de propormos uma definição da noção de léxico.

O *léxico* de uma língua é a entidade teórica que corresponde ao conjunto das lexias dessa língua.

Por *entidade teórica* entendemos que o léxico não é realmente um conjunto cujos elementos, as lexias, possam ser enumerados sistematicamente. O léxico assemelha-se, antes, a um "conjunto impreciso", um conjunto a respeito do qual nem sempre é possível dizer se ele contém este ou aquele elemento particular.

Apresentamos, a seguir, três casos problemáticos que permitem abonar esta característica do léxico.

1. **Anglicismos e outros empréstimos**. Os *anglicismos*, isto é, os empréstimos mais recentes do inglês, representam muitas vezes um problema. Assim, questiona-se se o substantivo TWITTER* [*Ela escreveu um twitter a respeito de Júlia*] faz ou não parte do léxico do português. Alguns desejarão incluí-lo, porque ele é de uso muito frequente. Outros o rejeitarão, por se oporem por princípio ao uso de anglicismos, e exigirão que se considere como único elemento do léxico português o termo equivalente TUÍTE (V. TUÍTER). Pode-se também, é claro, consultar dicionários a fim de encontrar uma solução para essa questão. Até os mais ferrenhos puristas talvez tolerem TWITTER, pois esse lexema figura no *Dicionário inFormal*** com menção ao verbo correspondente TWITTAR. Um outro caso bem conhecido é o do vocábulo E-MAIL, que tem as duas seguintes acepções:
1 'mensagem eletrônica' [*Recebi mais de trinta e-mails ontem!*];

2 'endereço utilizado para enviar e receber *e-mails* **1**' [*Conheces o e-mail dela?*].

E-MAIL, nos dois sentidos, é de uso tão corrente quanto o de TWITTER.

Apesar de ser assinalado como anglicismo por alguns, é fácil para os puristas condenar o uso deste vocábulo, pois o *Houaiss* (2011) apresenta, como seu equivalente exato, entre as locuções do verbete *correio*, CORREIO ELETRÔNICO, não marcada como anglicismo [cf. *Não recebeu correio eletrônico algum, desde que instalou o provedor*].

O recurso ao dicionário não é, portanto, uma solução milagrosa, sobretudo para quem é lexicólogo ou lexicógrafo (redator de dicionários) e está em busca de critérios racionais e coerentes para levar a termo seu trabalho descritivo.[1]

2. **Enunciados fraseológicos**. Uma expressão fraseológica como *Proibido estacionar* é ou não é uma lexia? É uma entidade linguística que forma um todo semântico. Embora seja autônoma – é um enunciado –, ela possui todas as propriedades do signo linguístico. Uma entidade linguística

---

* N.T.: As lexias TWITTER e TWITTAR não constam do *Dicionário Houaiss de língua portuguesa* (2011).

** N.T.: O *Dicionário inFormal* está disponível no site <http://www.dicionarioinformal.com.br>. De acordo com o site *Significados*, Twitter "é uma **rede social** [...] que permite aos usuários **enviar e receber atualizações pessoais** de outros contatos, em textos de até 140 caracteres. Os textos são conhecidos como *tweets*. [...] a palavra inglesa *tweet* significa '**pio de passarinhos**', simbolizando os vários 'pios' (pequenas mensagens)" (Disponível em: <https://www.significados.com.br/twitter/>).

dessa natureza pode ou não ser incluída no léxico, dependendo da perspectiva teórica adotada com relação à noção de lexia.[2]

Note-se que o mesmo tipo de questão se coloca para os enunciados de natureza particular que são os provérbios (*Deus ajuda a quem cedo madruga, Mais vale um pássaro na mão do que dois voando...*).

3. **Relação entre léxico da língua e léxico dos locutores.** Este talvez seja o caso mais problemático: o da relação entre o léxico da língua e o léxico dominado individualmente pelos locutores. Uma vez que nem todo mundo compartilha o mesmo conhecimento da língua, deve o léxico da língua ser a **união** ou a **interseção** do conhecimento lexical dos locutores? Se adotamos a primeira solução, que consiste em levar em conta a soma de **todos** os conhecimentos lexicais de **todos** os locutores da língua, corremos o risco de nos encontrarmos frente a um léxico híbrido que não poderá de maneira alguma ser considerado como formando um sistema. Se adotamos a segunda solução, que consiste em considerar **apenas** os conhecimentos que são realmente **comuns a todos** os locutores, corremos o risco de ignorar uma parte essencial do léxico, pois algumas pessoas têm indubitavelmente um conhecimento lexical muito inferior à média.

Os três casos problemáticos que acabamos de abordar bastam para demonstrar que, quando se fala do léxico de uma língua, se postula uma entidade teórica que, à luz dos fatos, não pode ser descrita com total precisão e certeza. Impõem-se opções teóricas e descritivas, quando se procura descrever o léxico. Essas opções estão longe de serem evidentes.

Consideremos agora a segunda parte de nossa definição da noção de léxico: o léxico é um conjunto de lexias. Seria pertinente adotar uma solução alternativa e postular que o léxico é um conjunto de formas de palavra, isto é, de signos lexicais, e representar da seguinte maneira o léxico do português (Lex_{Port}):

Lex_{Port} = { *a...*, *ter*, *tenho*, *tem*, *temos...*, *casa*, *casas...*, *pequeno*, *pequena*, *pequenos*, *pequenas...* }.

Essa modelização equivale a dizer que, por exemplo, *casa* e *casas* são dois elementos distintos de nosso conhecimento lexical do português. No entanto, percebemos facilmente que as duas formas de palavra em questão estão reunidas dentro de uma entidade mais geral – a lexia CASA –, que "fatora" tudo o que esses dois signos linguísticos têm em comum, especialmente em relação às regras gramaticais que normatizam as variações flexionais. Quando se aprende um novo elemento do léxico de uma língua, aprende-se, na verdade, algo que está potencialmente associado a várias formas de palavra distintas e que corresponde diretamente à noção de lexia. A lexia é verossimilmente uma entidade psíquica que estrutura nosso conhecimento das línguas, uma espécie de "metassigno".

Do ponto de vista estritamente "conjuntista", isso equivale mais ou menos a considerar o léxico como um conjunto de lexias ou um conjunto de formas de palavra. A diferença aparece quando se pretende modelizar o léxico, por exemplo, em um dicionário. Impõe-se, então, eleger uma unidade de descrição. Uma vez que as formas de palavra associadas a uma lexia são geralmente calculáveis com base no radical da lexia e em regras gramaticais gerais de flexão, seria extremamente redundante construir um modelo lexical que devesse descrever uma a uma todas as formas de palavra da língua. Ao nosso ver, portanto, o léxico de uma determinada língua é o conjunto de suas lexias.

Vocabulário

A noção de léxico deve ser diferenciada da de vocabulário.

> O *vocabulário de um texto* é o conjunto de lexias utilizadas nesse texto.

Deve-se entender aqui o termo *texto* em um sentido bem amplo. Assim, um texto pode ser:

* um texto ou um conjunto de textos;
* um texto oral ou escrito;
* um texto que implica um Locutor ou vários Locutores.

Texto e vocabulário de um texto remetem, pois, ao campo da fala, e não ao da língua (cf. capítulo "Noções preliminares").

Temos empregado sistematicamente o termo *vocabulário de um texto*, porque usar simplesmente *vocabulário* é ambíguo. Com efeito, cumpre distinguir a noção de vocabulário de um texto da de vocabulário de um indivíduo.

> O *vocabulário de um indivíduo* é o subconjunto do léxico de uma dada língua que contém as lexias dessa língua que o indivíduo em questão domina.

Contrariamente ao vocabulário de um texto, o vocabulário de um indivíduo é, enquanto subconjunto do léxico, uma entidade teórica. O vocabulário de um indivíduo é um componente do *idioleto* desse indivíduo, isto é, da língua que ele domina e fala. Na verdade, ninguém fala realmente da mesma maneira e ninguém tem exatamente o mesmo conhecimento da língua que qualquer outro indivíduo. Desse ponto de vista, a língua (bem como o léxico) não tem existência tangível: é uma abstração teórica que sintetiza os conhecimentos comuns ao conjunto de seus locutores. Isso tem consequências relevantes sobre a metodologia do estudo linguístico, na medida em que não se pode jamais tomar por base a maneira de falar de um indivíduo para daí deduzir uma descrição da língua em geral. É preciso sempre encontrar o meio de levar em conta as *variações idioletais*. Ademais, o problema da variação linguística não se coloca unicamente no que diz respeito ao idioleto. A língua varia em função dos indivíduos que a utilizam, mas também em função de parâmetros muito mais gerais do que apenas a individualidade dos locutores. Vamos deter-nos um instante neste tema importante.

Variação linguística

Examinaremos, um a um, cinco eixos de *variação linguística*, dentre os mais importantes que devem ser levados em consideração no âmbito do estudo da língua e, especialmente, do léxico:

1. variação relacionada à situação geográfica;
2. variação relacionada ao contexto da interação social;
3. variação relacionada à temporalidade;
4. variação relacionada ao campo de conhecimento;
5. variação relacionada ao modo de comunicação.

Variação relacionada à situação geográfica. Esta variação linguística – chamada de *variação diatópica* – manifesta-se através de diferenças linguísticas associadas a regiões ou a países específicos. No que concerne ao francês da França, a invasão da televisão na vida pessoal, familiar e social dos indivíduos, bem como uma maior mobilidade geográfica facilitada pelo desenvolvimento de trens rápidos e das autoestradas em um território relativamente pequeno, tem diminuído em muito a importância da variação diatópica no plano **regional**. Ela continua, porém, muito acentuada de um país francófono para outro.

Aqui vão alguns exemplos que apontam o contraste entre o francês da França e o francês do Quebec, e os respectivos equivalentes em português:

França (Fr.)	Quebec (Queb.)	Brasil
• MACHINE À LAVER, LAVE-LINGE	• LAVEUSE	• MÁQUINA DE LAVAR, LAVADORA
• [UN] JOB	• [UNE] JOB	• BICO, EMPREGO
• ASPIRATEUR	• BALAYEUSE	• ASPIRADOR DE PÓ
• PETIT-DÉJEUNER	• DÉJEUNER	• CAFÉ DA MANHÃ

Recorremos aqui a *marcas de uso* semelhantes àquelas utilizadas nos dicionários: **Fr.** para o francês da França e **Queb.** para o francês do Quebec. Introduziremos mais adiante outras marcas de uso, quando forem abordados outros tipos de variações.

O pequeno número de exemplos disponibilizados mostra que existem diferentes padrões de variação diatópica. Por exemplo:

- uma mesma forma (como *déjeuner* na França ['almoço'] ou no Quebec ['café da manhã']) pode ter sentidos diferentes segundo a região ou o país e, portanto, estar associada a lexias distintas;
- uma forma pode servir para veicular um sentido adicional, como *balayeuse*, que tem, no Quebec, todos os sentidos que ela tem na França ('mulher que varre' ou 'máquina que serve para limpar as ruas'), mais o sentido adicional de 'aspirador';
- a variação pode concernir a determinadas propriedades gramaticais associadas a uma lexia – como no caso do lexema JOB ['trabalho, bico'], masculino na França e feminino no Quebec.

Não chegamos a introduzir aqui particularidades resultantes da necessidade de nomear entidades sociais, administrativas ou naturais, ou produtos de consumo, que não se encontram ao mesmo tempo na França e no Quebec. Seria o caso, por exemplo, do lexema ANDOUILLETTE ('chouriço'), pouco conhecido no Quebec, simplesmente porque se trata de um tipo de charcutaria que normalmente não é produzido e consumido naquela região. Não se trata, em nossa terminologia, de um verdadeiro caso de variação linguística diatópica, uma vez que um quebequense não terá outra escolha a não ser utilizar ANDOUILLETTE ('chouriço') se quiser designar pelo nome o alimento em questão.

As poucas observações que acabamos de fazer a propósito dos tipos de variação diatópica podem ser transpostas para as demais variações linguísticas que nos resta examinar.

Variação relacionada ao contexto da interação social. Esse tipo de variação recobre, na verdade, pelo menos dois tipos de diferenciações linguísticas interconectadas:

1. *variação diastrática*, ligada ao "ambiente social" no qual cresceu ou no qual evolui um indivíduo;
2. *variação diafásica*, ligada ao *registro de língua* ou ao estilo que um indivíduo decide usar em função do contexto de comunicação.

Os índices podem ser lexicais, gramaticais ou fonéticos. No tocante à descrição lexical, recorre-se muitas vezes a marcas de uso tais como **fam.** (familiar), **vulg.** (vulgar), **infant.** (pertinente à linguagem utilizada pelas e com as crianças pequenas), **frm.** (estilo formal), **ofic.** (oficial) etc., para indicar que o emprego de uma determinada lexia é associado a um contexto particular. Esse tipo de etiquetagem repousa não raro sobre pressupostos ideológicos. Por exemplo, se se introduz num dicionário a marca de uso **pop.** (popular), que distinção se estabelece efetivamente entre um falar popular e um falar familiar? Por que, por exemplo, dispor de **pop.** e não de **burg.** (burguês)? Não enveredaremos por esse debate; vamos contentar-nos, antes, em citar alguns exemplos pouco litigiosos:

- SANITÁRIO ~ **fam.** [ou **infant.?**] CASINHA ~ **vulg.** CAGATÓRIO;
- GRITAR ~ **fam.** [ou **vulg.?**] ESGOELAR;
- MORRER ~ **fam.** BATER AS BOTAS ~ **vulg.** APITAR ~ **frm.** PASSAR DESTA PARA MELHOR ~ **frm.** TRASPASSAR;
- BUZINA ~ **ofic.** ALERTA SONORO

Os escritores têm explorado com frequência as diferenças diastráticas e diafásicas, especialmente para provocar contrastes humorísticos, como no seguinte excerto de *Zazie dans le métro*[3] [Zazie no metrô]:

> Une bourgeoise qui maraudait dans le coin s'approcha de l'enfant pour lui dire ces mots :
> – Mais, voyons, ma petite chérie, tu lui fais du mal à ce pauvre meussieu. Il ne faut pas brutaliser comme ça les grandes personnes.
> – Grandes personnes mon cul, répliqua Zazie. Il ne veut pas répondre à mes questions.
> – Ce n'est pas une raison valable. La violence, ma petite chérie, doit toujours être évitée dans les rapports humains. Elle est éminemment condamnable.
> – Condamnable mon cul, répliqua Zazie, je ne vous demande pas l'heure qu'il est.
>
> (QUENEAU, Raymond. *Zazie dans le métro*. Paris: Gallimard, 1959, p. 100. (Folio, 103))

Não vamos nos deter neste tipo de variação linguística. O exercício 5, no fim do capítulo, propõe a realização de uma pequena análise linguística da tradução para a língua portuguesa (nota 3, no final do capítulo) do texto de Queneau citado anteriormente.

Observe-se que os dois tipos de variações que apresentamos até aqui correspondem a *dialetos*: dialetos geográficos, no primeiro caso; dialetos sociais, no segundo.

Variação relacionada à temporalidade. Esta variação é chamada de *variação diacrônica*. Nós certamente não falamos a mesma língua que nossos avós ou que nossos netos (se é que temos netos), e isso, mesmo se ignorarmos diferenças que entram na categoria das variações diatópicas ou diastráticas que podem distinguir-nos de outros membros de nossa família. Já vimos que a língua pode ser estudada na diacronia, para que se modelize sua evolução no tempo. Essa evolução manifesta-se também no contexto de um estudo sincrônico, quando justamente se deve levar em conta a maneira como se expressam os indivíduos que pertencem a gerações diferentes. Aí também pode-se recorrer a certas marcas de uso, como **ant.** (antiquado) e **obsl.** (obsoleto),[4] para explicar tais variações.

Seguem alguns exemplos concernentes à variação diacrônica lexical:

- AMASIO ~ **ant.** CONCUBINATO
- DECESSOR ~ **ant.** ANTECESSOR
- BICICLETA ~ **obsl.** VELOCÍPEDE
- ELETRIZ ~ **obsl.** ELEITORA

Variação relacionada ao campo de conhecimentos. Este tipo de variação pode ser chamado de *variação terminológica*. A língua utilizada em um texto (ou uma conversa) de caráter científico ou técnico possui geralmente caraterísticas que a distinguem em parte da *língua geral*. Costuma-se, então, falar da existência de *línguas de especialidade*.* Estas se caracterizam, acima de tudo, no plano lexical, pelo uso de *terminologias* específicas. A terminologia, o estudo das *terminologias*, constitui, aliás, uma disciplina à parte.[5] Essa afirmação se justifica porque os léxicos terminológicos formam conjuntos lexicais que mantêm relações complexas com o léxico geral. Além do mais, o estudo de uma determinada terminologia é normalmente indissociável do estudo aprofundado do campo de atividade (informática, química, cirurgia, farmácia, engenharia civil etc.) em que ela se integra.

> A aprendizagem de uma disciplina científica ou técnica repousa em grande parte sobre a aprendizagem de uma terminologia e de sua utilização. Assim, a rede nocional introduzida neste livro é, na verdade, um componente central do léxico terminológico da Linguística.

---

* N.T.: A expressão "*langue de spécialité*" foi traduzida aqui tal qual empregada pelo autor no texto original. No entanto, cumpre destacar que não existe uma "língua de especialidade" enquanto tal, a exemplo da língua comum e da língua geral. Isso porque a "língua" utilizada por cientistas e técnicos é a mesma que se usa em todos os contextos de uma língua natural, no caso, a língua portuguesa. Assim, ela é normalmente denominada "linguagem de especialidade", e não "língua de especialidade, como registrado aqui. Uma linguagem de especialidade nada mais é do que uma espécie de nicho que congrega o vocabulário de um grupo de especialistas em certos domínios temáticos.

Os dicionários usam – e, no nosso entender, abusam – de marcas de uso que identificam os domínios aos quais são pertinentes as lexias terminológicas que eles descrevem,*tais como, por exemplo, **anat.** (anatomia), **arq.** (arquitetura), **inform.** (informática) etc. Esse tipo de etiquetagem é problemático por pelo menos duas razões:

1. O conjunto de tais marcas de uso é potencialmente infinito, como o é o conjunto dos campos de conhecimento que se podem conceber.
2. Uma mesma lexia pode ser pertinente a um número variável de campos de conhecimentos.

É preferível simplesmente assinalar por meio da marca de uso **espec.** que se está na presença de um termo técnico ou científico, isto é, que não pertence à língua geral. É, aliás, a própria definição do termo que condiciona seu pertencimento a um ou a vários campos de conhecimentos.

Variação relacionada ao modo de comunicação. Este tipo de variação é chamado de *variação diamésica.* Ela corresponde especialmente à distinção entre fala e escrita, mencionada já no primeiro capítulo. Também é possível voltar a atenção para os casos de utilização de modos de comunicação específicos: conversas telefônicas, trocas de e-mails etc. Lembramos que um exercício centrado na identificação dos traços da língua falada nos e-mails foi proposto no final do capítulo "Noções preliminares" (exercício 3).

Seria preciso, evidentemente, aprofundar muito mais a questão das variações linguísticas; mas ela remete a campos de estudo específicos (Linguística Diacrônica, Sociolinguística, Terminologia etc.), que não pudemos senão aflorar aqui.

Observação sobre a definição das noções científicas

Encerramos aqui nosso exame das noções de léxico e de vocabulário. Passaremos agora às partes do discurso, o sistema mais usual de classificação das unidades lexicais. Antes, porém, impõe-se uma observação importante sobre a maneira como são definidas as noções introduzidas neste livro.

As noções científicas só podem ser corretamente compreendidas e definidas se se levar em consideração sua interconexão.

---

* N.T.: A respeito do registro de marcas de uso em dicionários gerais do português, ver S. P. de Abreu, Dicionário Geral de Língua: entre o 'saber' e o 'saber fazer', in Sara Álvarez Catalá e Mario Barité (Orgs.), *Teoría y praxis en terminología*, Montevideo, Ediciones Uiversitarias, 2017, pp. 135-149.

Por isso, uma boa definição da noção de léxico deve, na verdade, ser uma definição da noção de **léxico de uma língua**. Também, por isso, vemos claramente nas definições propostas anteriormente que existem duas noções distintas de vocabulário, conforme se fale do **vocabulário de um texto** ou do **vocabulário de um indivíduo**.

Todas as definições propostas aqui são elaboradas respeitando essa restrição. A chave para a compreensão e a assimilação de uma definição desse tipo está em procurar compreender que a noção em causa juntamente com as demais noções que ela ativa formam um todo: cumpre ter presente que um léxico é, na verdade, o léxico de uma língua, que um vocabulário é, na verdade, o vocabulário de um texto ou de um indivíduo etc.

Veremos mais adiante (capítulo "Análise do sentido") que este método de definição das noções científicas é similar àquele que deve ser adotado na definição dos termos da língua geral.

PARTES DO DISCURSO

Comecemos por dar uma definição bastante geral da importante noção de partes do discurso.

> As **partes do discurso** – nome, verbo, adjetivo etc. – são classes gerais no interior das quais são agrupadas as lexias da língua de acordo com suas propriedades gramaticais.

Esta noção está no cerne do discurso sobre a língua, não somente em Linguística, mas também no contexto do ensino escolar da gramática e do vocabulário; é, pois, essencial, aprofundá-la. Abordaremos, com esse objetivo, cinco tópicos: (i) escolha do termo *partes do discurso* para designar as classes gramaticais em questão; (ii) partes do discurso que são classes abertas de lexias; (iii) partes do discurso que são classes fechadas; (iv) palavras lexicais *vs.* palavras gramaticais; (v) natureza fundamentalmente gramatical das partes do discurso.

Observação terminológica

Dois outros termos são frequentemente empregados na literatura linguística e nos manuais de ensino para designar as partes do discurso: *classe gramatical* e *categoria sintática*. Vejamos por que, neste livro, somente utilizamos o termo *partes do discurso*.

> Antes de mais nada, para evitar qualquer confusão, sempre é preferível utilizar um único termo para designar uma determinada noção. É preciso, portanto, fazer uma opção.

O termo mais apropriado é, em nosso entender, *classe gramatical*, porque os agrupamentos que abordaremos são classes (não necessariamente muito estanques, aliás) que reúnem as lexias segundo suas propriedades gramaticais. Esse termo, infelizmente, é muito pouco utilizado na literatura; e, em um texto introdutório como o nosso, é sempre desejável procurar conformar-se o mais possível à prática corrente. Essa é a melhor maneira de garantir que as noções ensinadas possam ser facilmente reutilizadas no momento de se aprofundarem os conhecimentos (através da prática de uma disciplina ou de seu estudo). Cumpre, pois, dar adeus ao termo *classe gramatical*.

Categoria sintática é, sem dúvida, o termo mais frequentemente empregado na Linguística moderna oriunda da tradição americana. Esse termo, porém, é problemático por pelo menos duas razões. Primeiro, não se trata, aqui, realmente de categorias no sentido de um conjunto de valores reciprocamente exclusivos. O leitor se lembrará, por exemplo, que esse termo foi usado na seção *categoria* flexional (capítulo "Elementos de Morfologia"). Os agrupamentos de lexias que consideramos não têm a sistematicidade e a rigidez de verdadeiras categorias, e o termo *classe*, mais vago, parece-nos, por isso, apropriado. Mas, sobretudo, esses agrupamentos não se concretizam unicamente em função de critérios sintáticos. Os critérios morfológicos (presença ou não, especialmente, de variações flexionais) são igualmente de grande relevância, ainda quando, efetivamente, as lexias forem reunidas acima de tudo em função das posições sintáticas que elas podem ocupar na frase. O termo *categoria sintática* parece-nos demasiado específico, sobretudo no âmbito de uma introdução à Lexicologia. Em tal contexto, importa perceber a multiplicidade dos fatores (semânticos, sintáticos e morfológicos) de similitude ou de distinção entre as lexias.

Finalmente, o termo *partes do discurso*, cujo uso se difundiu a partir da Idade Média (em latim, *partes orationis*), não quer dizer lá grande coisa. (Ele servia inicialmente para designar as "partes" das quais é constituída a frase.) Isso representa, naturalmente, uma desvantagem em relação à noção de *classe gramatical*, mas uma vantagem em relação ao termo demasiado específico *categoria sintática* (mais justificado, quiçá, no âmbito de uma obra de Sintaxe). Seu principal mérito, além do fato de ele ser tão vago que se aplica sem problema à noção que nos interessa aqui, é que se trata de um termo extremamente corrente na literatura, em especial em nossas gramáticas. Pode-se, pois, utilizá-lo sem qualquer risco, embora prefiramos insistir no fato de que as partes do discurso são, por definição, classes gramaticais de lexias. Como veremos de imediato, sempre nos referiremos a elas como a *classes lexicais*.

Passemos agora à apresentação das principais partes do discurso, que são tradicionalmente agrupadas conforme constituam classes lexicais abertas ou fechadas.

Classes lexicais abertas

Uma parte do discurso é uma *classe lexical aberta* se o conjunto dos elementos que a compõem pode variar sem que isso acarrete uma modificação relevante no funcionamento da língua. Os neologismos e os empréstimos integram mormente essas classes, e são as lexias dessas classes que se tornam mais facilmente obsoletas.

O conjunto das partes do discurso identificadas para o português nas gramáticas tradicionais é muitas vezes impreciso,[*] tanto para as classes abertas quanto para as classes fechadas. Admite-se, no entanto, geralmente, que o português, como a maior parte das línguas, possui cinco classes abertas maiores, que passaremos a enumerar, caracterizando-as por meio de uma série de exemplos, seguida de uma descrição de sua posição sintática típica na frase. Observe-se que, neste capítulo, utilizamos a numeração do *Petit Robert* (2017) para identificar uma acepção particular de um vocábulo, quando isso é útil, como no caso de SER[1]**I.1**,[**] a seguir.

1. *Verbo*: SER[1]**I.1** [*As gerações que foram e as que ainda serão*], COMER, QUEBRAR A CARA...
   O verbo caracteriza-se por ser ele o regente sintático típico da frase; é o elemento essencial ao qual se ligam (direta ou indiretamente) todos os demais elementos (sujeito **do verbo**, complemento de objeto direto **do verbo** etc.).

2. *Nome*, também chamado de *substantivo*: APETITE, BATATA-DOCE, SILVINO...
   O nome é o sujeito ou o complemento típico do verbo (embora, evidentemente, um verbo possa ter um complemento não nominal: *quero que venhas*).

3. *Adjetivo*: GENEROSO, TIRÂNICO, MAL-EDUCADO...
   O adjetivo é o modificador típico do nome (*uma chegada repentina*).

4. *Advérbio*: MUITO, LENTAMENTE, BEM E DEPRESSA... [*Como emagrecer bem e depressa?*]...
   O advérbio é o modificador típico do verbo (*chegar repentinamente*), do adjetivo (*perfeitamente claro*) ou de outro advérbio (*muito lentamente*).

---

[*] N.T.: A esse respeito, v. Mário A. Perini, *Estudos de gramática descritiva: as valências verbais*, São Paulo, Parábola Editorial, 2008, pp. 82-6.

[**] N.T.: Em SER[1]**I.1**, o número sobrescrito ([1]) indica tratar-se de vocábulo homônimo (neste caso, temos pelo menos o verbo (SER[1]) e o substantivo comum (SER[2]), que acarretam duas entradas diferentes na nomenclatura); o número romano (**I**) indica uma família de acepções do vocábulo; e o número arábico (**1**) identifica uma determinada acepção do vocábulo.

5. **Clausativo**: OH!, BOSTA!, ORA ESSA!...

O clausativo é uma lexia que forma um enunciado autônomo que funciona, por si só, como uma frase. As **interjeições** são casos típicos de clausativos.

Tivemos o cuidado de propor, em todas as séries de exemplos anteriores, lexias que são quer lexemas, quer locuções. Locução verbal, locução nominal etc., são, portanto, subclasses das respectivas partes do discurso.

Observe-se, finalmente, que todas as demais classes abertas mencionadas na literatura podem ser associadas a uma das cinco classes maiores que acabamos de descrever. Assim, por exemplo, os **numerais cardinais** (UM, DOIS, TRÊS...) podem ser comparados a nomes, uma vez que eles podem ocupar as posições sintáticas típicas dos nomes, como ilustram os exemplos (1a-b),[6] a seguir.

(1)   a. Sujeito: **Vinte e cinco** *é um número ímpar.*
      b. Complemento: *Vinte mais cinco somam* **vinte e cinco**.

Pode-se também, sistematicamente, derivar nomes comuns dos numerais cardinais:

(2)   *Ele chegou aos* **noventa**.

Classes lexicais fechadas

Uma parte do discurso é uma **classe lexical fechada** de lexias se o conjunto dos elementos que a compõem é relativamente estável. Além disso, as classes fechadas de lexias reúnem poucas lexias, comparativamente às classes abertas.

Como no caso das classes abertas, não existe um consenso absoluto quanto ao número e à denominação das classes lexicais fechadas do português. Mencionam-se normalmente as seguintes partes do discurso:

* **Pronome**: EU, TU, ELE..., O[2]l.1 [*Ela o vê*]...
* **Determinante**: artigos – por exemplo, O[1]l.1 [*Foi o gato que fez isso*]; pronomes adjetivos demonstrativos – por exemplo, ESTE; pronomes adjetivos possessivos – por exemplo, MEU; etc.
* **Conjunção**: E, AINDA QUE...
* **Preposição**: DE, POR...

Cada classe fechada pode, com base nas propriedades gramaticais das lexias que ela reúne, ser associada a uma das classes abertas maiores estudadas na seção anterior (à exceção da classe dos clausativos):

- os pronomes são, na verdade, casos particulares de nomes;
- os determinantes são casos particulares de adjetivos (no sentido amplo);
- as conjunções e as preposições são casos particulares de adjetivos ou de advérbios, pois sua função mais caraterística é introduzir sintagmas modificadores de nomes ou de verbos: *meu domingo* **com**_{prép.} *Carlos, Ela vai embora* **porque**_{conj.} *está cansada, Estas flores brotam* **sob**_{prep.} *a neve* etc.

Observe-se, finalmente, que uma subclasse de uma classe aberta pode ser fechada. Assim, a subclasse dos ***verbos auxiliares*** (como TER[1]**V.2** [*Ela tinha saído às cinco horas*]) é fechada, devido à natureza eminentemente gramatical das lexias que ela reúne. É o que nos leva naturalmente ao assunto da próxima seção.

Palavras lexicais e palavras gramaticais

A distinção entre classes abertas e classes fechadas de lexias corresponde, *grosso modo*, à oposição entre ***palavras lexicais*** e ***palavras gramaticais***. As lexias das classes abertas são de alguma forma as unidades lexicais típicas, do ponto de vista de seu comportamento na língua e, como veremos nos próximos capítulos, do ponto de vista do seu sentido: daí o termo *palavra lexical*, frequentemente empregado para designá-las. A maior parte das lexias que pertencem às classes fechadas estão, tanto por seu comportamento na língua quanto pelo sentido que veiculam, intimamente ligadas à gramática da respectiva língua (cf. a utilização dos artigos, dos pronomes etc.); é por isso que são qualificadas de *palavras gramaticais*.

Deve-se, porém, evitar de estabelecer um paralelo demasiado estrito entre esses dois pares de noções. Assim, como acabamos de ver, bem no final da seção precedente, a classe aberta dos verbos contém uma subclasse fechada de palavras gramaticais: os verbos auxiliares. Inversamente, as preposições pertencem a uma classe fechada, mas algumas delas parecem ser palavras lexicais. Comparemos as duas lexias DE[1]**I.B.1**[*] e DE[1]**II.1** utilizadas nos exemplos a seguir:

(3) a. *O carro* **de** *Lúcio é novo.* → DE[1]**I.B.1**
     b. *Ele fala* **de** *João.* → DE[1]**II.1**

A preposição DE[1]**I.B.1** é utilizada em (3a) para expressar um sentido claramente identificável, e o exemplo do qual ela faz parte pode ser facilmente parafraseado substituindo-se *de* por uma expressão semanticamente equivalente. Propomos a seguir duas paráfrases de (3a), levando em conta o caráter vago do sentido da preposição em questão:

---

[*] N.T.: Na numeração do *Petit Robert* (2017), as letras **A**, **B** etc. são usadas para indicar subfamílias de acepções.

(4)   a. *O carro* **que pertence a** *Lúcio é novo.*
       b. *O carro* **que** *Lúcio* **possui** *é novo.*

O mesmo não vale com relação a DE[1]**II.1**, utilizado em (3b) estritamente para ligar o verbo transitivo indireto FALAR[1]**II.1** a seu complemento, e não para expressar qualquer sentido: trata-se de uma palavra gramatical por excelência.

Para concluir, lembramos uma outra dificuldade provocada pela dicotomia palavra lexical *vs.* palavra gramatical. Esta não deve ser equiparada à dicotomia signo lexical *vs.* signo gramatical, introduzida no capítulo "Signo linguístico". Assim, a forma de palavra artigo *o* [*o gato*] é um signo **lexical** (não é, por exemplo, um afixo) que pertence a uma lexia **gramatical** (O[1]**I.2**).

Natureza gramatical das partes do discurso

É muito importante ter sempre presente que as lexias são reunidas nas partes do discurso em função de um conjunto muito heterogêneo de propriedades gramaticais. Além disso, as propriedades que caracterizam verbos, nomes etc. variam consideravelmente de uma língua a outra. Exemplificaremos esse fato com as propriedades dos nomes comuns em três diferentes línguas.

    a. Os nomes comuns do português caracterizam-se especialmente porque possuem uma flexão de gênero gramatical intrínseca (masculino ~ feminino), porque seu emprego requer uma flexão em número (singular ~ plural) e porque essa língua dispõe de artigos que servem como determinantes (*o gato*, *uma ideia*...).

    b. Os nomes comuns do inglês, por sua vez, também conhecem a flexão de número e a determinação por meio de artigos, mas não possuem gênero gramatical.

    c. Os nomes comuns do mandarim não têm nem gênero gramatical, nem flexão, nem determinação por meio de artigo; pelo contrário, o emprego de um determinante implica o emprego de uma palavra gramatical particular chamada de ***classificador nominal***, como ilustra (5a-b), a seguir, com os classificadores *shǒu* e *běn*:

(5)   a. *zhè* ***shǒu*** *gē*
        esta CL canção
        'esta canção'
      b. *zhè* ***běn*** *shū*
        este CL livro
        'este livro'

O uso de classificadores é imposto pelas regras da gramática do mandarim, mas a seleção do(s) classificador(es) apropriado(s) para um dado substantivo é pertinente à combinatória restrita do substantivo em questão: GĒ 'canção' → SHǑU ou ZHĪ; SHŪ 'livro'→ BĚN; etc.

Embora as partes do discurso se caracterizem, acima de tudo, por propriedades **gramaticais** – do tipo daquelas que acabam de ser mencionadas –, existem certas propriedades **semânticas** associadas aos verbos, aos nomes etc. Mas, como veremos no próximo capítulo, quando estudarmos o sentido lexical (seção "Predicados, nomes e quase predicados semânticos"), essas propriedades semânticas comuns são muito vagas e não permitem em nenhum caso caracterizar de maneira rigorosa as partes do discurso. É preciso, portanto, desconfiar das definições do tipo: "Os nomes designam objetos e os verbos, ações". Tais definições são meramente aproximativas e dão resultados estranhos se forem aplicadas literalmente. O exemplo a seguir elucida esse problema:

(6)   a. *Ele lhe declara seu **amor**.*
       b. *Esta rocha **pesa** duas toneladas.*

O nome em (6a) não designa um "objeto", como tampouco o verbo em (6b) designa uma "ação". Na verdade, o nome AMOR designa um sentimento – um estado psíquico de um indivíduo –, que pode igualmente ser designado mediante o uso do verbo AMAR:

(7)   *Ele lhe declara que a ama.*

Quanto ao lexema verbal PESAR, utilizado em (6b), este não designa uma ação, mas uma característica. Esta última poderia igualmente ser expressa por meio do substantivo PESO, como demonstra a seguinte paráfrase:

(8)   *O peso desta rocha é de duas toneladas.*

É preciso, portanto, ser cauteloso com as caracterizações semânticas das partes do discurso, mesmo se as utilizamos frequentemente no contexto do ensino de noções gramaticais. Sem dúvida, a particularização semântica das partes do discurso continua tendo um certo fundamento. Ninguém haverá de negar que o nome típico designa uma "coisa" e que o verbo típico designa um "fato". O que se deve rejeitar é o caráter **definitório** de uma tal particularização.

A maneira semântica de apresentar as partes do discurso remonta a uma época longínqua no passado e foi institucionalizada pela tradição gramatical francesa herdada da *Gramática geral e razoada de Port-Royal,* obra redigida no século XVII.

Seguem duas curtas citações extraídas da *Gramática de Port-Royal* (Arnaud e Lancelot, 1993 [1756]), que ilustram esse fato. Ressaltamos que nosso objetivo aqui é mostrar de onde pode ter-se originado a visão "semântica" das partes do discurso, e não desqualificar um texto a respeito do qual se pode, aliás, afirmar que ele continua sendo de leitura absolutamente fascinante, mais de três séculos após sua redação.

> Como os objetos de nossos pensamentos são, conforme já dissemos, quer coisas, quer maneiras das coisas, as palavras destinadas a significar tanto as coisas quanto as maneiras chamam-se *nomes*. (Segunda Parte, Capítulo I: 167)

> [...] o verbo, de acordo com o que lhe é essencial, é uma palavra que significa a afirmação. Se, porém, se desejar pôr na definição do verbo seus principais acidentes,[7] ele poderá ser definido assim: *vox significans affirmationem, cum designatione personae, numeri et temporis: uma palavra que significa a afirmação, com designação da pessoa, do número e do tempo"*. (Segunda Parte, Capítulo II: 180)

Estas definições podem ser confrontadas com o seguinte excerto do *Bon usage*, de Maurice Grevisse, que serve muitas vezes como gramática de referência para o francês contemporâneo.

> As listas de partes do discurso têm variado muito. A tradição utilizava, de acordo com as categorias,[8] critérios semânticos (para o substantivo, o adjetivo e o verbo) ou critérios sintáticos (especialmente para a preposição e a conjunção). O procedimento mais seguro e mais coerente é basear-se nos critérios morfológicos e nos critérios sintáticos. (Grevisse, 1993: 178)

Encerramos, assim, a abordagem das classificações de lexias efetuadas por meio das partes do discurso. Passaremos agora a examinar rapidamente as relações aptas a unir as lexias, relações essas que servem para estabelecer outros tipos de classificações lexicais que não aqueles vistos até aqui.

RELAÇÕES ENTRE LEXIAS: A REDE LEXICAL DA LÍNGUA

O léxico não é um conjunto "plano", uma simples lista de lexias. Cada lexia adquire seu **valor** na língua graças às múltiplas relações de oposição, de similaridade, de compatibilidade, de incompatibilidade etc. que a unem às demais lexias (retomaremos essa noção de valor na língua no próximo capítulo).

O léxico é, assim, uma vasta *rede lexical*: um sistema extremamente rico e complexo de unidades lexicais conectadas umas com as outras.

Existem dois tipos principais de relações entre lexias, que foram claramente identificadas por F. de Saussure no *Curso de linguística geral*.[9]

1. As *relações paradigmáticas* interligam as lexias **no interior do léxico** através de relações semânticas, eventualmente acompanhadas de relações morfológicas. Por exemplo, a lexia BARBA está relacionada paradigmaticamente às lexias BARBICHA, BARBA DE BODE, PELO, BARBUDO, BARBAÇUDO, CAVANHAQUE, SUÍÇA, COSTELETA, BARBALHADA, BABALHOSTE, IMBERBE, GLABRO, BARBEIRO, BARBEARIA, BARBEADOR, BARBEIRAGEM etc.

2. As *relações sintagmáticas* interligam as lexias **no interior da frase** de acordo com afinidades combinatórias. Por exemplo, a lexia BARBA é a base das seguintes colocações:[10] *barba grande, longa, espessa, grossa, curta, rasa;...; cortar, aparar, raspar, desbastar, fazer... a barba; exibir, deixar crescer a barba* etc.

Os poucos exemplos dados anteriormente comprovam que o léxico é uma rede onde tudo está inter-relacionado.

Basta "puxar" uma lexia dessa rede para que venha com ela toda uma gama de outras lexias às quais ela está ligada por relações às vezes muito sutis.

O estudo das relações lexicais está no cerne do trabalho em Lexicologia, e será necessário retomarmos esta questão de forma detalhada, especialmente nos capítulos "Relações lexicais" e "Análise do sentido".

ACESSO AOS DADOS LINGUÍSTICOS

Quem desejar compreender o que é a língua deverá poder descrevê-la. E para descrevê-la, será preciso poder observá-la. As considerações feitas anteriormente neste capítulo a propósito da variação linguística mostram que não é fácil identificar o que é a língua e, portanto, isolar o objeto do trabalho descritivo em Linguística. Em outros termos, é preciso levantar a seguinte questão: qual deve ser a fonte de nossos *dados linguísticos*, sabendo-se que estes são infinitamente ricos e variados?

Três métodos principais de acesso aos dados

Na Lexicologia (ou, em uma perspectiva mais ampla, na Linguística), pode-se proceder de três maneiras para obter informação sobre a língua, isto é, para coletar dados linguísticos.

1. O método mais simples, no plano logístico, consiste em proceder por *introspecção*, tentando trazer a lume nosso próprio conhecimento linguístico (*Como eu diria isso?*, *Será que esta frase é aceitável?*, *O que quer dizer esta frase?...*). Esta maneira de agir oferece uma visão relativamente acanhada da língua e corre o risco de resultar na descrição da competência linguística de um indivíduo particular: o próprio eu.
2. Um método, que aparentemente parece mais "científico" do que a introspecção, consiste em realizar *entrevistas linguísticas*, mediante perguntas feitas a Locutores da língua. É preciso não se iludir: uma entrevista linguística também deve ser interpretada, avaliada em função de múltiplos parâmetros. Este, portanto, também não é um método de acesso aos dados que possa pretender chegar a uma objetividade absoluta. Na verdade, não existe método absolutamente objetivo, porque sempre será preciso acabar avaliando o que se observa.
3. Finalmente, pode-se proceder através da análise de **corpora** *linguísticos*, que podem ser conjuntos de textos literários, de textos jornalísticos, de transcrições de diálogos etc. A vantagem deste método é que ele dá acesso a uma quantidade potencialmente gigantesca de dados, agora que o computador permite manipular automaticamente conjuntos de textos que contêm milhões e mesmo bilhões de "palavras". A grande confiabilidade dos softwares e dos equipamentos modernos de digitalização tem permitido construir com relativa facilidade *corpora* a partir de textos que só existiam na forma impressa, sem que seja necessário redigitá-los. Além disso, a informação textual é hoje quase inteiramente criada e estocada em suportes informáticos, o que provoca um aumento exponencial da massa de *corpora* potencialmente explorável para o estudo linguístico.

A maneira ideal de proceder em Lexicologia é utilizar uma mistura dos três métodos que acabam de ser descritos. É preciso, no entanto, lembrar que o surgimento do computador como ferramenta de pesquisa deu um espaço cada vez mais amplo ao trabalho com *corpora*. A informática permite não somente estocar enormes quantidades de textos, como também analisar esses textos para deles extrair informação de maneira rápida e sistemática. A Linguística e a Lexicologia de *Corpus* desenvolveram-se, pois, consideravelmente ao longo dos últimos anos.

Embora o desenvolvimento da Lexicologia informatizada seja um fenômeno relativamente recente, o trabalho com *corpora* permitiu rapidamente lançar luzes sobre certos fenômenos relacionados à utilização do léxico nos textos. Pôde-se assim, já no final dos anos 1950, propor um núcleo lexical do francês falado – o *francês fundamental* –,[11] com base na identificação dos vocábulos cuja *frequência de uso* era significativa em um *corpus* de referência constituído da transcrição escrita de setenta conversas. O método empregado era relativamente simples, pois se tratava de contar o número de ocorrências de vocábulos nesse *corpus*.

> Denomina-se *ocorrência* de um elemento linguístico em um dado *corpus* cada instância de utilização desse elemento no *corpus* em questão. Por exemplo, a frase que precede contém duas ocorrências do nome ELEMENTO.

A pesquisa realizada naquele momento sobre o francês fundamental (inicialmente chamado *francês elementar*) tinha um escopo muito prático: tratava-se de isolar um léxico de base para o ensino do francês como segunda língua, especialmente no interior da rede das Alianças Francesas (gerida pelo governo francês).

Ferramentas de exploração dos *corpora* linguísticos

É muito raro que se trabalhe com *corpora* linguísticos informatizados em sua forma original. Seria impensável recorrer apenas a um simples processamento de texto para explorar o conteúdo dos *corpora* modernos, que são enormes. Utilizam-se geralmente programas que permitem acessar uma informação já "condicionada". Os dois principais tipos de estruturas de dados extraídos dos *corpora* são os índices e as concordâncias. Eles serão apresentados sumariamente, assim como hoje são gerados informaticamente. Deve-se, porém, saber que o recurso aos índices e às concordâncias não constitui nenhuma novidade, pois são estruturas de dados que sempre foram produzidas (manualmente) – ou, pelo menos, desde que os livros existem.

Índices, ou listas de palavras. Um *índice* produzido a partir de um *corpus* linguístico é, em sua forma mais padronizada, uma tabela em que estão enumerados todos os significantes lexicais do *corpus*, geralmente acompanhados do respectivo número de ocorrências. O termo *significante lexical* praticamente nunca é utilizado na literatura que trata da análise de *corpora*. Ali se menciona mais o termo *forma*. Vejamos um índice gerado a partir do excerto de *Zazie dans le métro* citado anteriormente (seção "Variação linguística"). Este *corpus*, reconhecemos, é bem reduzido, mas bastará para ilustrar as noções estudadas até aqui.

Na sequência, adotamos a convenção de escrita padrão que consiste em escrever com fonte *Courier New* os dados provindos de um processamento informático.

Índice de significantes lexicais gerado com base no excerto de *Zazie dans le métro*

à	2	du	1	les	2	qu	1
approcha	1	elle	1	lui	2	questions	1
bourgeoise	1	éminemment	1	ma	2	qui	1
brutaliser	1	enfant	1	mais	1	raison	1
ça	1	est	3	mal	1	rapports	1
ce	2	être	1	maraudait	1	répliqua	2
ces	1	évitée	1	mes	1	répondre	1
chérie	2	fais	1	meussieu	1	s	1
coin	1	faut	1	mon	2	toujours	1
comme	1	grandes	2	mots	1	tu	1
condamnable	2	heure	1	n	1	une	2
cul	2	humains	1	ne	3	valable	1
dans	2	il	3	pas	4	veut	1
de	1	je	1	pauvre	1	violence	1
demande	1	l	2	personnes	2	vous	1
dire	1	la	1	petite	2	voyons	1
doit	1	le	1	pour	1	zazie	2

A ordem de enumeração dos significantes lexicais pode ser alfabética, como proposto anteriormente, ou alfabética inversa. Os significantes podem ser classificados conforme sejam os caracteres lidos da esquerda para a direita, o que é a maneira padrão, ou da direita para a esquerda, para uma classificação baseada nas terminações. Este último tipo de classificação pode ser útil em francês e em português quando o principal interesse é isolar famílias de derivações sufixais. Assim, em uma classificação que varre os caracteres da direta para a esquerda, todos os significantes lexicais terminados em *-able*, *-age*, *-eur* etc. aparecerão agrupados. Por exemplo, se produzirmos um índice baseado em terminações a partir de nosso pequeno *corpus* de referência, obteremos um quadro bem diferente, do qual nos contentamos em apresentar aqui um pequeno extrato.

```
. . .
je            1
le            1
valable       1
condamnable   2
elle          1
comme         1
. . .
```

Verifica-se que este método de classificação permite isolar facilmente formas de palavra aparentadas pela sufixação (aqui, *valable* e *condamnable*).

Os significantes lexicais foram registrados sistematicamente com iniciais minúsculas nos índices anteriores. Também poderíamos ter feito com que o programa utilizado gerasse índices em letras maiúsculas, ou respeitasse o uso de maiúsculas do original do texto. Neste último caso, entretanto, o programa indexaria as ocorrências de *condamnable* e *Condamnable* como duas formas distintas. O que o programa considera, então, como uma "forma" não condiz com nossa noção de significante lexical.

Para concluir quanto ao índice, convém lembrar que poderíamos querer trabalhar com índice de formas canônicas de vocábulos – chamadas de **lemas** –, nas quais as formas flexionadas tivessem sido identificadas e fusionadas em uma única entrada do quadro.

Por exemplo, as duas seguintes entradas de nosso índice:

```
est    3
être   1
```

seriam, neste caso, substituídas por uma única entrada do lema correspondente:

```
ÊTRE    4
```

Para obter este tipo de índice, é preciso dispor de um programa dito de **lematização**, o qual, graças a uma análise morfológica automática, substitui todas as ocorrências de formas de palavra no texto processado pelo lema do vocábulo correspondente, acompanhado de códigos indicadores da flexão aplicada a cada ocorrência. O programa de indexação pode, a seguir, entrar em funcionamento, concentrando-se exclusivamente nos nomes de lemas para construir o índice.

Concordâncias, ou palavras-chave em contexto. Examinaremos agora o que é uma ***concordância*** – seguidamente denominada KWIC, por *KeyWords In Context*. Uma concordância produzida a partir de um *corpus* linguístico é uma estrutura de dados na qual todas as ocorrências de uma forma de palavra do *corpus* são enumeradas (geralmente respeitando-se a ordem alfabética), acompanhadas de seu contexto de uso. Este é constituído da sequência de caracteres que aparecem imediatamente à esquerda e à direita das ocorrências em questão. O contexto pode, evidentemente, ser ajustado pelo usuário do **concordanciador** (o programa de geração de concordâncias). Vejamos um extrato de uma concordância produzida a partir do nosso mini*corpus* de referência, com uma pequena "janela" de contexto de 70 caracteres.

```
dans le coin s'approcha de        l'    enfant pour lui dire ces mots:
Zazie, je ne vous demande pas     l'    heure qu'il est.
Ce n'est pas une raison valable. La     violence, ma apetite chèrie,
bourgeoise qui maraudait dans     le    coin s'approcha de l'enfant
ne faut pas brutaliser comme ça   les   grandes personnes. - Grandes
doit toujours être évitée dans    les   rapports humains. Elle est
```

Levando-se em conta que as formas *l'*, *le*, *la* e *les* podem corresponder a significantes de artigo (*le chien* [*o cachorro*]) ou de pronome (*il le regarde* [*ele o olha*]), vê-se imediatamente o interesse que tem a utilização de uma concordância. O extrato de concordância anterior permite ver num relance que somente LE$_{Artigo}$ (e não LE$_{Pronome}$) é utilizado no *corpus* de referência. Essa informação demandaria bem mais tempo para ser obtida se fosse necessário examinar uma a uma as formas de palavra do texto bruto. Pode-se imaginar a enormidade da tarefa se se tratasse de trabalhar sobre um *corpus* que não fosse mais constituído de algumas dezenas, mas de vários milhões de ocorrências!

Para concluir a exposição sobre o assunto, lembremos que o trabalho com *corpora* tem evoluído muito desde os seus primeiros ensaios. Não somente porque o volume dos *corpora* informatizados tem aumentado consideravelmente, mas também porque os programas que permitem sua gestão e sua consulta se sofisticaram. Mencionamos, a seguir, três aspectos dessa evolução, colhidos entre os mais significativos.

1. Os computadores estão cada vez mais capacitados para processar, de maneira consistente e amigável, outros sistemas de codificação da escrita, não restritos ao alfabeto inglês. Pouco a pouco, os alfabetos todos podem ser manipulados de maneira simples e uniforme, graças ao desenvolvimento das normas internacionais do tipo ISO (*International Organization for Standardization*) ou Unicode (do consórcio Unicode).

2. Os índices, concordâncias e outros dados extraídos dos *corpora* não são mais gerados necessariamente de maneira centralizada em um servidor ao qual os usuários devam se conectar. É possível recorrer aos concordanciadores nos computadores individuais e desfrutar, assim, de uma utilização mais flexível.

3. Os índices e as concordâncias são produzidos com frequência cada vez maior em meios onde estão disponíveis outros recursos de exploração de *corpora*. Estes incluem especialmente analisadores morfológicos que, como já mencionamos, permitem a lematização, mas também programas estatísticos que viabilizam o rastreamento automático de certos padrões de coocorrência de termos ou, mais amplamente, de fenômenos estatísticos relacionados à utilização do léxico.

Concluiremos este capítulo apresentando brevemente alguns fenômenos de Estatística Lexical.

FENÔMENOS ESTATÍSTICOS

Pesquisas em Linguística Quantitativa

Existem leis de ***Estatística Lexical*** que se aplicam ao vocabulário dos textos, leis essas que podem ser exploradas de múltiplas maneiras. O estudo da Estatística Lexical, chamado ***Lexicometria***, é uma atividade de pesquisa possível de incluir em uma disciplina mais geral: a ***Linguística Quantitativa***. Como o próprio nome sugere, a Linguística Quantitativa debruça-se sobre o estudo dos fenômenos linguísticos quantificáveis (número de ocorrências de lexias, de padrões sintáticos etc., nos diferentes *corpora*), com base em métodos estatísticos.

As primeiras aplicações da Estatística Lexical foram realizadas no campo da análise de textos literários. Tratava-se especialmente de caracterizar o estilo de autores clássicos em função das particularidades lexicais de seus textos, de identificar uma eventual evolução de seu estilo, de evidenciar peculiaridades de alguns de seus textos etc. As leis estatísticas e os métodos desenvolvidos neste contexto também servem para confirmar ou contraditar a possibilidade de ser atribuída a um autor presumido a paternidade de um dado texto: trata-se de técnicas de identificação de autores. Sem dúvida, para que os métodos estatísticos possam pretender ser até certo ponto eficazes, é necessário trabalhar com *corpora* de grandes dimensões. Seria irrealista pretender recorrer a tais métodos para demonstrar, por exemplo, que uma quadrinha anônima foi escrita por um determinado autor do século XVII!

Houve quem abusasse dos métodos estatísticos, tentando fazer com que digam mais do que podem dizer. Não obstante, esta é uma área de estudo utilíssima para a investigação linguística e para as aplicações práticas que dela decorrem. A Estatística Lexical é explorada hoje bem além da fronteira do domínio literário. Ela encontra aplicações nos *softwares* de auxílio à tradução, de extração automática de informações contidas em amplíssimas bases de dados textuais etc.

Não é possível, nos limites deste livro, introduzir da maneira que seria desejável as noções fundamentais da Estatística Lexical. Vamos ater-nos a apresentar dois casos particulares de regularidades estatísticas constatadas na área da utilização do léxico em textos: a curva do aumento do vocabulário de um *corpus* em função de sua extensão e a lei de Zipf.

Curva do aumento do vocabulário de um *corpus*

O fenômeno que será abordado aqui diz respeito à medição da riqueza lexical de um *corpus*. Se o *corpus* em questão se reduz a um simples texto de tamanho médio, pode-se, é claro, repertoriar diretamente todo o seu vocabulário. No entanto, a situação raramente é tão simples. É possível, especialmente, que nos deparemos com um dos três casos a seguir.

Primeiro caso: o pesquisador quer examinar o vocabulário de *corpora* muito extensos ou, até mesmo, de *corpora* cujo tamanho não é fixo e que continuam crescendo. Ele pode, então, ser obrigado a estudar detalhadamente apenas uma parte de um *corpus*.

Segundo caso: o pesquisador deseja antecipadamente determinar qual deveria ser o tamanho de um *corpus* que ele pretende desenvolver para realizar estudos linguísticos de um determinado tipo.

Terceiro caso: o pesquisador procura saber qual é a validade de um *corpus* de que ele dispõe, caso pretenda utilizá-lo para fazer observações sobre a língua em geral.

Cada um dos três casos mencionados corresponde a uma situação em que se deve ser capaz de avaliar a representatividade linguística de *corpora* (ou de sub*corpora*). Para viabilizar a realização desse tipo de avaliação, procedeu-se ao exame do aumento do vocabulário de um *corpus* em função do aumento do seu tamanho. Isso permitiu que se fizesse uma série de observações muito interessantes. Verificou-se especialmente que esse aumento apresenta a seguinte curva característica, no caso de *corpora* relativamente homogêneos:

Aumento do vocabulário de um *corpus* em função de sua extensão

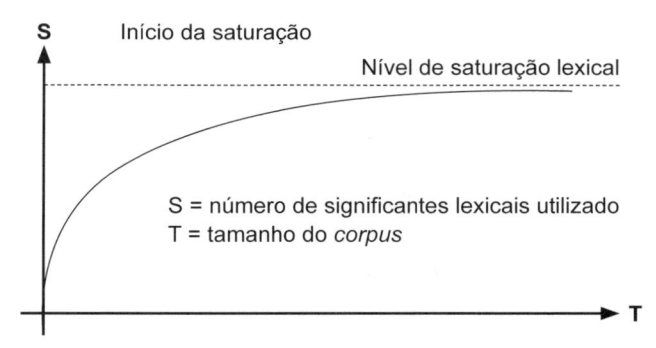

Considera-se aqui que o valor T, o tamanho do *corpus*, é medido mediante a contagem do número de ocorrências de significantes lexicais no *corpus*.

A curva da figura possui as duas seguintes propriedades:

1. O número de novos significantes encontrados cresce no início muito rapidamente, à medida que aumenta o tamanho do *corpus* em questão.
2. A seguir, atinge-se um início de saturação, no ponto em que a curva é achatada, de modo que o nível de saturação lexical aparece como uma linha reta assíntota da curva de aumento lexical:[12] mesmo fazendo-se aumentar significativamente o tamanho do *corpus* em questão, serão encontradas pouquíssimas ocorrências de novos significantes.

A estas propriedades "visíveis" da curva, devem-se acrescentar duas outras propriedades, que aparecem ao se examinarem os próprios dados:

1. Quando a curva se torna plana, o aumento ocorre essencialmente pela presença de ***hápax***, ou seja, de significantes lexicais que aparecem somente uma vez no *corpus*.
2. Atinge-se muito rapidamente uma saturação total dos significantes de palavras gramaticais, que são as lexias de maior frequência. Elas aparecem muito rapidamente no *corpus*, e o aparecimento de novas palavras gramaticais passa a ser um fenômeno cada vez mais raro, à medida que T aumenta.

Estas observações têm valor universal: são aplicáveis a todos os *corpora*, em todas as línguas. Sem dúvida, as estatísticas lexicais podem ser baseadas em diferentes tipos de contagens; assim, pode haver interesse em contar os significantes lexicais, as formas de palavra, as lexias, os vocábulos, ou, até mesmo, em levar em conta, ao mesmo tempo, vários tipos de entidades linguísticas.

Lei de Zipf

Nos anos 1930, o linguista americano George K. Zipf estabeleceu de maneira empírica uma lei estatística que tem inúmeras repercussões, especialmente no processamento automático de textos. Vamos apresentá-la aqui sucintamente.

Tomada em sua forma primeira, isto é, desconectada de seus fundamentos matemáticos, a **lei de Zipf** é bastante simples de enunciar e de compreender. Ela estipula que, se os significantes lexicais de um texto suficientemente longo são ordenados por ordem decrescente de sua frequência de ocorrência no texto, constata-se que sua frequência tende a ser inversamente proporcional ao seu ranque (isto é, à sua posição na lista ordenada). Em outros termos, um significante lexical que aparece na posição n na lista dos significantes ordenados por frequência decrescente terá uma frequência aproximadamente n vezes menor do que a palavra que aparece na primeira posição. Em um caso ideal de aplicação da lei de Zipf a um determinado texto francês, seria, portanto, possível encontrar uma configuração estatística do seguinte tipo:

Significante	Número de ocorrências	
1. *le*	10.000	
2. *de*	5.000	[=10.000/2]
...		
100. *autre*	100	[= 10.000/100]
...		

Embora esta lei seja aplicada, na realidade, de maneira muito aproximativa, ela dá conta de um fenômeno extremamente notável, para o qual ainda não se encontrou uma explicação satisfatória. Observe-se que o processamento estatístico de *corpora* necessário à comprovação da lei de Zipf revela vários fenômenos conexos interessantes, entre os quais os seguintes:

- os significantes dos vocábulos mais polissêmicos estão entre os mais frequentes;
- os significantes de palavras gramaticais também estão entre os mais frequentes;
- quanto menor é um significante (isto é, quanto menos fonemas ele contém), mais frequente ele tende a ser.

Assim se encerra a nossa rápida incursão no campo da Estatística Lexical. Na lista de leituras complementares do capítulo, encontram-se dois textos de referência que poderão ajudar o leitor a se familiarizar mais com essa área de estudos.

Aqui também chega ao fim este capítulo, que permitiu organizar a introdução de todas as noções de Linguística Geral necessárias em Lexicologia. Encetaremos, a seguir, o exame daquilo que diz respeito especificamente à Semântica Lexical, e que será o objeto dos três próximos capítulos.

LEITURAS COMPLEMENTARES

PERROT, Jean. Le lexique. Grammaire et lexique. In: MARTINET, André (Dir.). *Le langage*. Paris: Gallimard, 1968, pp. 283-99. (Encyclopédie de La Pléiade)

Leitura recomendada por conter uma apresentação geral do léxico, contrastado com a gramática. É também uma boa preparação para os capítulos que abordarão especificamente a Semântica Lexical. Podem ser encontradas neste texto inúmeras referências às noções de Morfologia que foram abordadas no capítulo anterior.

PALMER, Frank R. Grammar and Lexicon. In: _____. *Semantics*. Cambridge: Cambridge University Press, 1981, pp. 130-5.

Texto muito curto, útil para completar o precedente.

CERQUIGLINI, Bernard; CORBEIL, Jean-Claude; KLINKENBERG, Jean-Marie; PEETERS, Benoît. (Dirs.). *Le français dans tous ses états*. Paris: Flammarion, 2000. (Champs, 502)

Esta obra de vulgarização é uma compilação de vários textos que tratam do francês e da francofonia. Consulta recomendada especialmente em função dos artigos que apresentam variantes diatópicas do francês.

REY-DEBOVE, Josette. Effets des anglicismes lexicaux sur le système du français. In: _____. *La linguistique du signe*: une approche sémiotique du langage. Paris: Armand Colin, 1998, pp. 185-92. (U. Linguistique)

Encontra-se neste texto (mencionado anteriormente, na seção "Léxico e vocabulário") uma perspectiva interessante sobre a influência que a presença considerada "maciça" de anglicismos exerce sobre o sistema não somente lexical, mas também morfológico e fonológico do francês. J. Rey-Debove vê nisso uma ameaça para essa língua. Concordemos ou não com a opinião da autora, julgamos ser útil tomar conhecimento dos argumentos que ela formula.

DUCROT, Oswald; SCHAEFFER, Jean-Marie. Sociolinguistique. In: _____. *Nouveau dictionnaire encyclopédique des sciences du langage*. Paris: Seuil, 2000, pp. 143-48. (Points Essais, 397)

Leitura recomendada pela noção de variação linguística. Este breve texto não fornece mais informações sobre a variação lexical do que aquelas que se encontram neste capítulo. Apresenta, porém, uma boa síntese do campo do estudo sociolinguístico, com muitas indicações bibliográficas.

GADET, Françoise. *La variation sociale en français*. Nouv. éd. rev. et augmentée. Paris: Ophrys, 2007. (L'essentiel français)

Este texto de referência sobre a variação em francês permitirá ao leitor interessado aprofundar-se nesta importante questão, que nós somente tratamos de forma superficial neste livro.

MULLER, Charles. La statistique lexicale. In: _____. *Langue française et linguistique quantitative* (Recueil d'articles). Genève: Slatkine, 1979, pp. 229-42.

Este é um excelente texto introdutório à pesquisa em Estatística Lexical, redigido pelo pai da Linguística Quantitativa na França. Bastante antigo, o artigo é bem datado no que se refere aos aspectos informáticos da disciplina. Ele introduz, no entanto, de maneira límpida e precisa, as noções básicas da Estatística Lexical, que sempre permanecem atuais. Propõe, sobretudo, uma visão lúcida do interesse e dos limites que tem a utilização de ferramentas estatísticas para a análise lexical.

McENERY, Tony; OAKES, Michael. Authorship Identification and Computational Stylometry. In: DALE, Robert; MOISL, Hermann; SOMERS, Harold (Dirs.). *Handbook of Natural Language Processing*. New York; Bâle: Marcel Dekker, 2000, pp. 545-62.

Este texto apresenta a situação atual da Linguística Quantitativa aplicada à identificação do autor de um texto. Ele nos interessa, na medida em que as principais técnicas utilizadas neste campo de aplicação são baseadas, acima de tudo, em índices estilísticos pertinentes à Estatística Lexical (mais do que na identificação de padrões sintáticos recorrentes).

EXERCÍCIOS

▪ EXERCÍCIO 1

As linguagens formais também têm seu léxico. Inventarie, da maneira mais precisa possível, o léxico do cálculo aritmético simples (o cálculo que se utiliza para fazer contas, preencher as declarações do imposto etc.).

▪ EXERCÍCIO 2

Cada uma das frases a seguir contém uma incoerência no que concerne ao uso da terminologia linguística. Explique.

(9)　a. *Este estudo recenseou todo o léxico de* Notre-Dame de Paris, *a obra-prima de Victor Hugo.*

　　b. *A maior parte das lexias da língua portuguesa têm mais de um sentido.*

▪ EXERCÍCIO 3

Releia o excerto de *Zazie no metrô* na sua tradução para o português (nota 3). Identifique os índices linguísticos introduzidos pelo autor para marcar a diferença de origem social entre a "burguesa" e a "menina" (isto é, Zazie).

▪ EXERCÍCIO 4

Pode-se encontrar uma diferença de sentido entre as duas seguintes frases?

(10)　a. *Minha opinião é diferente da dele.*

　　b. *Minha opinião difere da dele.*

Que conclusão pode ser tirada quanto à caracterização semântica das partes do discurso? Encontre outros exemplos deste gênero que permitam tirar o mesmo tipo de conclusão.

▪ EXERCÍCIO 5

Encontre todos os hápax presentes no excerto de *Zazie no metrô* na sua tradução para o português (nota 3). Este exercício pode ser feito em dois minutos, desde que se utilizem os dados corretos...

NOTAS

[1] É preciso ressaltar que, no caso dos anglicismos, não se trata de um simples problema de "atitude": demonstrar laxismo ou purismo. Os empréstimos lexicais do inglês são tão numerosos no francês contemporâneo que causam verdadeiros problemas descritivos, especialmente devido à mistura de códigos que sua presença provoca nos campos da Morfologia e da Fonologia. Ver, a esse respeito, o texto de Josette Rey-Debove sugerido como leitura complementar no fim deste capítulo.

[2] *Proibido estacionar* é o que se chama de *pragmatema*. Teremos a oportunidade de voltar a este tipo de expressão fraseológica no capítulo "Interferências pragmáticas".

[3] Uma burguesa que estava de bobeira na esquina se aproximou da menina para lhe dizer estas palavras:
– Mas olha só, queridinha, você está machucando esse coitado senhor. Não se deve maltratar assim os adultos.
– Adultos o caralho – replicou Zazie. – Ele não quer responder às minhas perguntas.
– Não é uma razão válida. A violência, queridinha, sempre deve ser evitada nas relações humanas. É eminentemente condenável.

– Condenável o caralho – replicou Zazie –, não estou perguntando que horas são.

(Raymond Queneau, *Zazie no metrô*, trad. Paulo Werneck, São Paulo, Cosac Naify, 2009, pp. 88-9, adaptado.)

[4] A marca de uso **ant.** é bastante utilizada em lugar de **obsl.**, que privilegiamos aqui.

[5] L'Homme (2004).

[6] Evidentemente, os numerais cardinais também têm a característica de poderem funcionar como determinantes (*quatro amigos*) – ver a apresentação da classe dos determinantes na próxima seção.

[7] O termo *acidentes* (do verbo) designa aqui o que se pode aplicar ao verbo, mas não é definitório para a noção.

[8] Observe-se o uso de *categoria*. *Le bon usage* não estabelece distinção entre os termos *classe* e *categoria*, como comprova a seguinte frase, que aparece na gramática três parágrafos acima da presente citação: "Dividem-se as palavras em categorias ou classes, que se chamam tradicionalmente de partes do discurso".

[9] Ver as leituras complementares sugeridas para os capítulos "Noções preliminares" e "Signo linguístico".

[10] Observação: as noções de colocação e de base de uma colocação foram introduzidas no capítulo "Unidade lexical ou lexia".

[11] Gougenheim, Michéa, Rivenc e Sauvageot (1967).

[12] Uma linha reta é dita assíntota de uma curva se a distância que a separa da curva tende a zero, quando se avança ao longo dessa reta ao infinito.

Sentido linguístico

Dupond – É um projeto ridículo!...
Além disso, na sua idade, isso seria uma loucura !...
Dupont – Eu até diria mais:
Isso seria uma loucura na sua idade!...

Hergé, *Rumo à lua.*

Não é necessário realizar estudos, e sobretudo estudos acadêmicos, para falar uma língua. Aprendemos a língua por impregnação, por contato direto com ela. Assim, as pessoas que sabem "escrever bem" – qualquer que seja o sentido que se dê a essa expressão – são geralmente pessoas que leem ou leram muito; as pessoas que sabem contar histórias são geralmente pessoas que ouviram muitas histórias etc. Estudar uma língua não é, portanto, realmente o que permite **falar essa língua** com facilidade. Em contrapartida, para **falar sobre uma língua, ou sobre línguas**, é necessário que nos tenham ensinado a fazê-lo.

Entre todos os aspectos do conhecimento linguístico, aquele sobre o qual é, sem dúvida, mais difícil falar (para ensinar uma língua, para analisar textos etc.) é o sentido linguístico. Não porque seja preciso, para tanto, lançar mão de um aparato teórico muito complexo, mas simplesmente porque o sentido parece algo óbvio. Tende-se a esquecer de que ele nos remete a uma abstração total, ligada, evidentemente, ao mundo "real", mas que projeta sobre esse mundo uma grade de análise altamente arbitrária.

Daremos, portanto, aqui um primeiro passo na aprendizagem de métodos de descrição e de análise do sentido. Começaremos por definir algumas noções semânticas elementares: sentido linguístico, referente, sentido lógico e conotação. A seguir, proporemos um sistema de classificação dos sentidos linguísticos. Finalmente, abordaremos a questão da representação formal do sentido dos enunciados, introduzindo o formalismo gráfico das redes semânticas.

Noções introduzidas: *sentido linguístico*; *paráfrase*; *designação*; *estrutura comunicativa*; *paráfrase linguística; paráfrase conceitual; valor do signo linguístico; denotação/denotar; significação; enunciado; elemento do mundo; referente; dêitico; sentido lógico; valor de verdade; conotação; evidência linguística; sentido lexical* vs. *sentido gramatical; sentido ligante* vs. *sentido não ligante; predicado semântico; fato; actante; predicado não actancial; nome semântico; entidade; quase predicado semântico; artefato; valência; rede semântica; nó (vértice ou nodo) e aresta (arco ou ramo) de uma rede semântica; grafo; teoria dos grafos; regência; sintagma regido.*

NOÇÕES SEMÂNTICAS ELEMENTARES

Sentido

A maneira mais natural de se apreender o **sentido** de uma expressão linguística consiste, antes de mais nada, em relacioná-la com outras expressões. O pequeno diálogo a seguir, entre um aprendiz do português e seu professor, ilustra esta particularidade do sentido linguístico.

(1)   – *O que quer dizer "passar um pito em alguém"?*
         – *Significa "repreendê-lo", "xingá-lo".*

Para falar do sentido de uma expressão, para descrevê-lo, coloca-se normalmente essa expressão em relação de equivalência ou de quase equivalência com outra expressão:

passar um pito em alguém ≅ *repreender alguém.*

> Sejam E_1 e E_2 duas expressões linguísticas: $E_1 ≅ E_2$ significa que as duas expressões são quase equivalentes no nível semântico. O símbolo ≡, por sua vez, é utilizado para designar a equivalência exata.

Duas expressões linguísticas que têm (aproximadamente) o mesmo sentido são chamadas ***paráfrases***. Recorrer a paráfrases, como em (1), é o procedimento mais natural para se descrever o sentido de maneira linguística. A alternativa não linguística é recorrer à ***designação***: um gesto por meio do qual se mostra uma entidade visível que corresponde ao sentido em questão ou a apresentação de uma ilustração, como nos dicionários ditos "visuais".

Isso nos leva a definir o sentido linguístico da seguinte maneira:

> O **sentido** de uma expressão linguística é a propriedade que essa expressão compartilha com todas as suas paráfrases.

Esta definição poderia parecer circular, na medida em que ela equivale, *grosso modo*, a dizer que o **sentido** de uma expressão linguística é a propriedade que essa expressão compartilha com todas as demais expressões que tenham o **mesmo sentido**. Essa circularidade, no entanto, é meramente aparente: *ter o mesmo sentido* (ou *ser uma paráfrase*) é, como *ser gramatical*, uma propriedade imediatamente percebida pelo Locutor, sem que seja necessário defini-la com precisão. Quem domina o português pode dizer de imediato se as três seguintes frases (2a-c) são paráfrases – se elas têm o mesmo sentido –, e isso sem que seja necessário fazer um curso de Linguística:

(2)   a. *Penso, logo existo.*
        b. *O fato de eu pensar comprova que existo.*
        c. *Meu pensamento é a prova da minha existência.*

Uma das características da língua (característica que a opõe a muitos sistemas semióticos artificiais, como a lógica formal, as linguagens de programação etc.) é oferecer à pessoa que a usa uma enorme variedade de opções mais ou menos equivalentes para expressar um dado conteúdo. A relação de paráfrase é, de certa forma, um dado primeiro do sentido, algo que não definiremos, mas que reconheceremos como um conceito primitivo que permite definir a própria noção de sentido.

A relação de paráfrase é, no entanto, de natureza complexa, ainda que a percepção pelo Locutor ocorra instantaneamente. É preciso distinguir especialmente a **paráfrase exata**, afinal bastante difícil de obter, de diferentes variedades de **paráfrases aproximativas**. A relação de paráfrase remete a um *continuum*; é o que mostram os exemplos que seguem, nos quais se manifesta uma diferença semântica crescente em relação à frase de referência (3a):

(3)   a. *Esta pedra é muito pesada.*
        b. *Esta pedra pesa muito.*
        c. *O peso desta pedra é grande.*
        d. *Esta pedra é difícil de transportar.*

Pode-se considerar a frase (3b) como uma paráfrase exata de (3a), pois a substituição de *é pesada* por *pesa* não introduz nenhuma nuança de sentido. Em comparação, (3c) se afasta ligeiramente do sentido inicial, e isso de duas maneiras.

Em primeiro lugar, dizer que o peso de uma pedra é grande poderia parecer menos preciso do que dizer que uma pedra é pesada; mais ou menos como se, ao optar por (3c), o Locutor procurasse justamente evitar afirmar que a pedra é evidentemente pesada.

Em segundo lugar, a estrutura de (3c), em que *peso* é o sujeito gramatical e *grande*, o atributo, diminui a importância de *pedra*, que era o sujeito na primeira frase: (3a) diz algo a respeito de uma pedra, ao passo que (3c) diz algo a respeito do peso dessa pedra. Sem dúvida, é evidente que se comunicam as mesmas informações e que estamos na presença de duas paráfrases; de qualquer forma, porém, existe uma nuança na maneira como a informação comunicada é "empacotada" na frase. Diríamos que (3a) e (3c) não têm a mesma **estrutura comunicativa**. A noção de estrutura comunicativa dos enunciados é muito importante na Semântica, mas não é central no estudo da Semântica Lexical. Por isso, não aprofundaremos a questão aqui; contentamo-nos com sugerir uma leitura sobre o assunto no fim deste capítulo (Halliday e Matthiessen, 2004), bem como um pequeno exercício (exercício 1).

Quanto à frase (3d), esta não é realmente uma paráfrase de (3a). Pode-se utilizá-la em um dado contexto para transmitir a mesma ideia geral, mas o conteúdo literal das duas frases é muito distinto. O que as une é uma relação lógica, e não uma verdadeira relação semântica: se esta pedra é difícil de transportar, é provavelmente por ser muito pesada; ou, inversamente, se esta pedra é muito pesada, deve ser difícil transportá-la. Chama-se, por vezes, de *paráfrase conceitual* o tipo de relação que une (3a) a (3d), em oposição à verdadeira paráfrase, chamada de *paráfrase linguística*.

A noção de paráfrase sobre a qual nos apoiamos anteriormente para definir o sentido é a **paráfrase linguística**. Esta abordagem da definição do sentido é plenamente compatível com a maneira como os dicionários de língua descrevem o sentido (ver capítulo "Lexicologia descritiva") e com a noção de *valor* do signo linguístico proposta por F. de Saussure (ver o texto de J. Picoche entre as leituras sugeridas no fim deste capítulo). Assim, o sentido de uma lexia é concebido em função da relação que ela mantém, na rede lexical da língua, com outras lexias que tenham um sentido mais ou menos equivalente, ou que mantenham uma relação de sentido privilegiada com ela.

Tomemos um exemplo simples para elucidar este fato. Se alguém chega à residência de um amigo dizendo:

(4) *Estacionei meu **veículo** em frente à sua porta.*

o interlocutor talvez pense que ele veio a bordo de um veículo um tanto especial. Como existem em português nomes de uso corrente para designar veículos específicos (CARRO, CAMINHÃO, MOTO...), o uso da lexia VEÍCULO em (4) não é visto como neutro. Ao dizer *veículo*, é como se o Locutor tivesse evitado deliberadamente dizer *carro, caminhão*... Percebe-se, pois, que o sentido de VEÍCULO, como o sentido de todas as lexias da língua, é entendido pelos Locutores, não de maneira autônoma, mas em relação com o sentido de outras lexias que a língua lhes disponibiliza. É a esse fenômeno que a noção de valor do signo linguístico remete.

Terminamos, assim, a apresentação geral da noção de sentido. À guisa de conclusão, impõem-se três observações de natureza terminológica.

Em primeiro lugar, deve-se lembrar que o sentido está para a expressão linguística, como o significado está para o signo linguístico. Nada obsta a que levemos em conta o sentido de uma expressão linguística e o significado de um signo, mas ambas essas noções remetem a um único tipo de entidade: um conteúdo informacional linguístico.

Em segundo lugar, o termo **denotação** é frequentemente utilizado em Linguística quer como um equivalente de *sentido linguístico*, quer, pelo contrário, para designar uma noção separada do sentido. Encontra-se, no final deste capítulo, a referência de um texto de J. Lyons que estabelece uma distinção terminológica entre sentido linguístico e denotação. Não recorreremos a essa distinção aqui. Em contrapartida, teremos a oportunidade de empregar o verbo **denotar** – *X denota Y* – no seguinte sentido: 'A lexia ou a expressão linguística X serve, por seu sentido, para designar Y'.[1]

Finalmente, devemos introduzir um outro termo, que está, até certo ponto, em concorrência com *sentido*: trata-se do termo **significação**. *Sentido* e *significação* são frequentemente utilizados de maneira intercambiável na literatura linguística. De nossa parte, temos tido, neste livro, o cuidado de utilizar o termo *significação* somente para designar um conteúdo semântico, não enquanto propriedade de uma entidade linguística (como no caso de *sentido*), mas enquanto informação exprimível por meio de uma entidade linguística. A nuança pode parecer bem sutil; trata-se, porém, de uma distinção não trivial. Ela nos levou, no capítulo "Elementos de Morfologia", a designar por *significação* os elementos das categorias flexionais. Assim, diz-se que a categoria flexional de número em português contém as significações (e não os sentidos) 'singular' e 'plural'. Inversamente, falaremos do sentido dos morfes, das lexias etc., e não de sua significação. Pode-se dizer também, com toda a legitimidade, que a **significação** flexional 'plural' é o **sentido** de -*s*, sufixo flexional dos substantivos do português.

Referente

Um *enunciado* linguístico (frase completa ou sintagma) é, a exemplo do signo, uma associação entre um sentido (o conteúdo veiculado por esse enunciado) e uma forma oral ou escrita. No entanto, quando um enunciado é usado na fala pelo Locutor ou é apreendido pelo Destinatário, ele funciona geralmente apontando para um *elemento do mundo*, isto é, uma entidade ou um fato que pertence ao mundo real ou imaginário. Este elemento do mundo para o qual aponta um enunciado linguístico denomina-se *referente* do enunciado em questão.

Para captar bem a diferença entre o sentido de um enunciado e seu referente, consideremos um caso concreto. Seja o curto diálogo a seguir, extraído de uma peça de teatro de B.-M. Koltès:[2]

(5) MÔNICA – Você tem família?
CARLOS – Minha irmã.
MÔNICA – Você a ama?
CARLOS – Ela é esperta. Vai aprender depressa. Vai fazer coisa bem feita se puser o melhor de si.

Quando a personagem chamada Carlos responde à pergunta da personagem chamada Mônica dizendo *Minha irmã*, ela utiliza um enunciado (sintaticamente, um sintagma nominal) por meio do qual ela designa outra personagem, cujo nome não está especificado, mas que vamos designar X.

Deve-se considerar que a ideia associada ao enunciado *Minha irmã*, seu conteúdo, é a própria pessoa X? A resposta é **não**, pois qualquer outra personagem da peça poderia usar esse sintagma para designar um indivíduo que não fosse X, desde que essa pessoa fosse sua irmã. Ora, é exatamente a mesma expressão que é utilizada cada vez; é a mesma associação entre um dado sentido e uma dada forma.

Pode-se descrever o sentido da resposta de Carlos por meio da seguinte paráfrase: 'A pessoa do sexo feminino que tem os mesmos pais que eu'. É este o sentido que se exprimirá sempre ao dizer *Minha irmã* quando se falar de alguém; e é este sentido que está linguisticamente associado ao enunciado em questão. A pessoa que pode ser designada por meio de *Minha irmã* não é, portanto, o sentido desse enunciado. Ela é seu referente, isto é, um elemento externo, implicado em uma dada situação de utilização do enunciado.

> O *referente* de um enunciado linguístico é um elemento do mundo que esse enunciado permite designar em um dado contexto de fala (isto é, de utilização da língua).

O sentido pertence à língua, ao passo que o referente só existe na fala: somente quando se considera uma instância particular de utilização ou de manifestação de um enunciado é possível identificar um determinado referente.

Observe-se que, quando se descreve o sentido das lexias, descrevem-se ao mesmo tempo, até certo ponto, seus possíveis referentes. Dessa forma, quando o *Petit Robert* (2017) define assim o sentido de GUERRA: 'Luta armada entre grupos sociais, e ESPECIALMENTE entre Estados, considerada como fenômeno social', ele caracteriza ao mesmo tempo o tipo de situação concreta que se poderá chamar *guerra*.

Para concluir quanto à noção de referente, examinaremos o caso particular de certas lexias denominadas *dêiticos*.[3] São lexias cujo sentido só se pode descrever mencionando uma entidade envolvida na situação de comunicação linguageira.

Citam-se, a seguir, três casos, selecionados entre os mais típicos:

- o pronome de primeira pessoa, EU, tem como sentido unicamente a designação do Locutor (a pessoa que diz *eu*);
- o pronome de segunda pessoa, TU, tem como sentido unicamente a designação do Destinatário (a pessoa a quem o Locutor diz *tu*);
- o advérbio de tempo AMANHÃ tem como sentido 'o dia seguinte àquele em que eu [= Locutor] falo' (*Venho amanhã ≡ Venho no dia que sucede àquele em que estou falando*), o que quer dizer que o sentido de AMANHÃ implica a designação do dia em que é enunciada a frase que contém *amanhã*.

Os dêiticos são muito interessantes, na medida em que exemplificam signos linguísticos intermediários: símbolos que são também, em parte, índices. É preciso lembrar aqui a noção de signo indicial, introduzida no capítulo "Signo linguístico": um índice é um signo que implica uma relação de contiguidade entre sua manifestação e o conteúdo que ele expressa. Ora, um dêitico só adquire seu verdadeiro sentido em um contexto de comunicação determinado, lá onde há, de fato, um Locutor, um Destinatário e um momento de fala. É, portanto, um signo híbrido. Havíamos mencionado no capítulo "Signo linguístico" o caso das onomatopeias, signos linguísticos e, por isso mesmo, simbólicos, que são ao mesmo tempo altamente icônicos. Os dêiticos ilustram o outro tipo de hibridização: signos linguísticos, portanto simbólicos, que funcionam em parte como índices.

Os dêiticos pronominais EU e TU são as exceções que confirmam a regra, no que concerne à distinção fundamental entre sentido e referente. Esses lexemas bem específicos parecem carregar um sentido que é indissociável de seu referente na fala. Mais precisamente, um lexema como EU não pode ser definido por meio de uma paráfrase; as únicas maneiras de se proceder para dar conta de seu sentido são: 1) a pessoa que fala usar uma expressão como *A pessoa que fala neste momento* ou 2) a pessoa que fala apontar o dedo para si mesma.

Detivemo-nos longamente na distinção entre sentido e referente, porque ela é muitas vezes problemática. A tendência geral, quando se fala do sentido dos enunciados (e, portanto, das lexias), parece ser a de fazer um amálgama entre sentido e referente. Isso se deve, provavelmente, ao fato de que o sentido é uma entidade totalmente abstrata, dificilmente apreensível. Unificar sentido e referente é uma maneira cômoda de ancorar o sentido em uma realidade perceptível. No entanto, a única técnica linguística que permite trazer a lume e modelizar o sentido de uma expressão linguística consiste, sempre, em parafraseá-la. Voltaremos detalhadamente a esse ponto essencial no capítulo "Análise do sentido", quando tratarmos da definição lexical.

Acrescentaremos, agora, algumas palavras sobre uma abordagem "concorrente" da modelização do sentido: a abordagem lógica.

Sentido lógico (ou valor de verdade)

Não se deve confundir o sentido linguístico com a intepretação lógica que as expressões linguísticas podem receber – aquilo que poderíamos chamar seu *sentido lógico*. Com efeito, de um ponto de vista lógico, a interpretação do sentido reduz-se a uma interpretação inteiramente baseada nestes dois *valores de verdade*: verdadeiro ou falso. Assim, duas proposições têm o mesmo sentido (lógico) se elas têm o mesmo valor de verdade. Não existe outra maneira de se confrontar o sentido lógico de duas proposições a não ser verificando se ambas são verdadeiras, se ambas são falsas ou se uma delas é verdadeira e a outra, falsa.

Quando alguém postula uma equivalência entre sentido dos enunciados e sentido lógico, ele se defronta com uma incoerência, pois, em um determinado contexto de fala, dois enunciados podem perfeitamente ser verdadeiros sem constituírem, por isso, paráfrases – isto é, sem terem o mesmo sentido linguístico.

(6)   a. *Você está lendo uma obra de Lexicologia.*
        b. *Você compreende o português.*

Estes dois enunciados são verdadeiros no presente contexto; eles têm, portanto, o mesmo sentido lógico. Mas fica claro que eles não têm, de maneira alguma, o mesmo sentido linguageiro. É claro que, para utilizar o sentido lógico em semântica, se dirá que o que distingue os enunciados (6a) e (6b) é o fato de que eles não são substituíveis em todos os contextos mantendo o mesmo valor de verdade. Se você vê na rua alguém falando português com um amigo e lhe diz *Você compreende o português*, a frase que você enuncia é verdadeira. Este não é o caso se você optar por dizer *Você está lendo uma obra de Lexicologia*. Fica, pois, comprovado que existe uma diferença de sentido entre as duas expressões, se se recorrer à noção de sentido lógico. No entanto, essa maneira de proceder não constitui uma verdadeira descrição, uma explicitação, do sentido linguístico. Ademais, com esse método não se conseguirá jamais demonstrar uma identidade de sentido linguístico, pois seria necessário, para tanto, ser capaz de testar a equivalência de sentido lógico em todos os contextos de fala possíveis e imagináveis. A impossibilidade de se detectar qualquer diferença de sentido lógico, no caso de um determinado par de enunciados, não permite, portanto, deduzir que os dois enunciados em apreço tenham o mesmo sentido linguístico. Para tanto, é necessário recorrer à percepção intuitiva da relação de paráfrase, como dissemos no início deste capítulo.

A Lógica, e especialmente a Lógica Formal, é uma ferramenta muito potente de modelização dos conhecimentos, e é importante poder inspirar-se nela em Linguística. No entanto, o sistema da Lógica Formal é, acima de tudo, um instrumento de modelização dos diferentes tipos de **raciocínio** – ou inferências lógicas –, e não um instrumento de modelização do sentido linguístico. Por isso, não nos deteremos mais nessa questão.

> O fato deste livro não incluir uma verdadeira introdução às noções de Lógica Formal não significa que elas sejam dispensáveis. Julgamos, ao contrário, que elas são extremamente importantes e úteis no âmbito de estudos avançados em Linguística (e em muitas outras disciplinas). Considerando o contexto de nossa exposição, tomamos a liberdade de apresentá-las aqui de forma sucinta. Recomendamos, por isso, enfaticamente ao leitor que se familiarize, se já não o tiver feito, com as noções básicas da Lógica. Você encontrará duas referências bibliográficas sobre esse assunto no final deste capítulo.

Sentido e sua relação com o mundo

Os sentidos linguísticos desenham um mapa do mundo, tal como o vemos.

Que condições precisam ser preenchidas para que os signos linguísticos, limitados em número, designem a realidade, que é infinita? A primeira condição é que a realidade deve ser segmentada. Quando manipulamos um objeto, separamo-lo de seu ambiente. Parte do ato de separá-lo é o ato de nomeá-lo: uma nuvem cúmulo, uma parede, uma vara, uma risada. A linguagem oferece-nos um mapa da realidade em que tudo está coberto, mas muito detalhe fica de fora. (Bolinger, 1968: 221)

D. Bollinger enuncia, na citação, duas verdades fundamentais:

1. os signos linguísticos mantêm uma relação estreita com o mundo (extra-linguístico) pelo viés do seu sentido, embora, como vimos na seção sobre o referente, o sentido de um enunciado não deva, de modo algum, ser confundido com o segmento do mundo que esse enunciado designa na fala;
2. o conjunto dos sentidos linguísticos representa um marco analítico que molda nossa percepção do mundo.

Observe-se que essas reflexões são válidas para os sentidos dos signos linguísticos tomados em sua acepção ampla, e não somente para os sentidos das lexias. Com efeito, os sistemas de categorias flexionais, as significações derivacionais etc., que cada língua possui, também repercutem na maneira como a língua em questão nos faz conceitualizar o mundo. Convém acrescentar que as lexias da língua influenciam nossa maneira de ver o mundo, não somente através de seu sentido como também através de suas possíveis conotações.

> A *conotação* de uma lexia é um conteúdo informacional associado a essa lexia que, contrariamente ao seu sentido, não é necessariamente expresso quando essa lexia é utilizada.

Assim, LEÃO conota em português a ferocidade, o que transparece em expressões metafóricas como *feroz como um leão* ou *lutar como um leão*[4] (quando se fala de um soldado, de um combatente etc.). No entanto, pode-se perfeitamente falar de um leão covarde, que se esconde na vegetação ao menor ruído.

O sentido 'feroz', portanto, não faz parte do sentido de LEÃO, ao contrário de 'animal', que é um de seus componentes básicos.[5] Quando se diz:

(7)   *Vi um leão.*

diz-se **necessariamente** que se viu um animal, mas não necessariamente que era um animal feroz.

> As expressões do tipo *feroz como um leão* e *lutar como um leão* são **evidências linguísticas** que demonstram que a lexia portuguesa LEÃO conota ferocidade. É essencial que se possam apresentar tais evidências para sustentar a identificação de uma conotação ou, mais geralmente, de uma característica semântica de uma lexia que se queira descrever.

Encerra-se, assim, nossa apresentação da noção de sentido e das demais noções correlatas. Examinaremos, a seguir, o problema da classificação dos sentidos linguísticos. Veremos, de início, a distinção entre duas grandes famílias de sentidos linguísticos: os sentidos lexicais e os sentidos gramaticais. Em seguida, estudaremos a subdivisão dos sentidos lexicais em predicados semânticos, nomes semânticos e quase predicados.[*]

CLASSIFICAÇÃO DOS SENTIDOS LINGUÍSTICOS

Sentidos lexicais e sentidos gramaticais

Podem-se distinguir dois tipos de sentidos contidos nos recursos semânticos de qualquer língua:

1. os *sentidos lexicais*, que são geralmente expressos por meio de lexias da língua e que se descrevem satisfatoriamente por meio das definições-padrão dos dicionários;
2. os *sentidos gramaticais*, que não estão associados às lexias da língua – exceto no caso das palavras gramaticais (cf. capítulo "Estrutura do léxico") – e que os dicionários tendem a descrever recorrendo a noções metalinguísticas e remetendo diretamente à gramática da língua.

Para se compreender bem a diferença entre sentido lexical e sentido gramatical, sugerimos que se compare a relativa facilidade com que se pode parafrasear um lexema como VIZINHO em (8a) e a dificuldade de fazer o mesmo com o artigo definido O[1]**l.2** [*Ela procura o gato.*][6] em (8b):

(8) a. *vizinho* [*de X*] ≡ *pessoa que mora perto da residência de X.*
      b. *o* [*X*] ≡ [*X*] *no qual você pode estar pensando neste momento.*[7]

A tentativa de parafrasear (8b) baseia-se, evidentemente, na oposição *o X ~ um X.*[8] Ela é percebida como menos satisfatória do que (8a), porque o sintagma proposto como semanticamente equivalente à lexia definida não pode substituí-la em qualquer frase sem que isso resulte em um enunciado agramatical, cf. (9a-b), contrariamente à paráfrase proposta para descrever o sentido da lexia VIZINHO, cf. (9c-d):

---

[*] N.T.: No verbete QUASE do *Dicionário Houaiss* (2011), acerca da forma como devem ser grafadas as palavras compostas com *quase*, consta o seguinte: "[...] por consenso com a ABL [Academia Brasileira de Letras], este dicionário passou a registrar as palavras compostas com *quase* como locuções; o Acordo Ortográfico de 1990 não menciona regra para esse uso."

(9)   a. **O gato** está doente.

b. *__Gato no qual você pode estar pensando neste momento__ está doente.

c. *O vizinho de Marcos* está doente.

d. *A pessoa que mora perto da residência de Marcos* está doente.

A insubstituibilidade exemplificada por (9a-b) é uma das razões pelas quais os dicionários geralmente não parafraseiam as lexias de sentido gramatical nos artigos lexicográficos que lhes são consagrados. Os dicionários preferem remeter diretamente a noções metalinguísticas, como ilustra a descrição de O¹l.2 (em francês, LE¹l.2) do *Petit Robert* (2017), que reproduzimos a seguir:

> [...] "artigo de notoriedade", diante de um substantivo que designa um objeto único bem conhecido, o que está de acordo com a norma, o que é do conhecimento do interlocutor ou o que se deseja apresentar como um tipo (uso "típico"). *Le Soleil* [*O Sol*]. *La Lune* [*A Lua*]. *Fumer la pipe* [*Fumar cachimbo*]. *Garder la chambre* [*Ficar de cama*]. *Jouer la comédie* [*Fazer uma encenação*]. *Avoir la fièvre* [*Ter febre*] (valor possessivo). *Baisser les yeux* [*Baixar os olhos*]. *Il s'est cassé la jambe* [*Ele quebrou a perna*].

Em qualquer língua, os sentidos lexicais constituem a esmagadora maioria dos sentidos disponíveis. São eles, por excelência, os sentidos que se procuram transmitir. Em confronto com estes, os sentidos gramaticais existem em número muito reduzido (variável de acordo com as línguas) e sua expressão pode ser imposta pela língua (no caso da flexão). A Lexicologia concentra-se sobretudo, é claro, no estudo dos sentidos lexicais.

Predicados, nomes e quase predicados semânticos

A maioria dos sentidos lexicais são o que denominamos de **sentidos ligantes**, isto é, sentidos que, graças à sua estrutura interna e ao comportamento, na frase, das lexias que os carregam, são feitos para se combinarem com outros sentidos. Assim, o sentido da lexia DAR requer naturalmente três outros elementos de sentido para formar uma espécie de micromensagem:

1. aquele que dá;
2. aquilo que se dá;
3. aquele a quem se dá.

Em contrapartida, o sentido de POSSUIR requer apenas dois outros sentidos:

1. aquele que possui;
2. aquilo que se possui.

Existem na língua também **sentidos não ligantes**, isto é, sentidos que parecem ser blocos fechados em si mesmos. Por exemplo, o sentido do substantivo COLINA é não ligante.

Veremos que os sentidos lexicais se distribuem em três classes principais, conforme sejam ou não ligantes: predicados semânticos, nomes semânticos e quase predicados semânticos. Essa classificação é primordial, porque tem repercussão direta na maneira com que o sentido linguístico deve ser modelizado, como teremos repetidamente a oportunidade de verificar.

Predicados semânticos. Os *predicados semânticos* são os sentidos ligantes típicos, pois denotam fatos. Um fato é "algo que acontece"; por exemplo:

- uma ação (comer, caminhar, perguntar...);
- um estado (amar, sofrer, estar doente, lembrar-se...);
- um evento (explodir, cair, nascer...) etc.

Enquanto sentidos ligantes que denotam fatos, os predicados implicam pelo menos um participante do fato em questão, denominado *actante* (do predicado). Os actantes de um predicado são habitualmente designados por variáveis X, Y, Z etc.: 'X come Y', 'X dá Y a Z', 'X é pequeno', 'amor de X por Y'...

Os verbos são os predicados semânticos por excelência, e um verbo é sempre um predicado semântico. No entanto, os adjetivos e os advérbios também são predicados. Lexemas como RABUGENTO e MALDOSAMENTE significam necessariamente 'alguém é rabugento' e 'algo é feito maldosamente'.

Verifica-se, pois, que o fato de ser um predicado é uma propriedade semântica destas três partes do discurso: verbo, adjetivo e advérbio. No entanto, também os nomes podem ser predicados; e eles o são até muito frequentemente. Assim, quando se emprega o lexema AMOR, subentende-se, cf. (10a), ou enuncia-se explicitamente, cf. (10b), haver dois actantes desse predicado: a pessoa que sente amor e aquela pela qual se sente esse amor:

(10) a. *É um amor platônico.*
       b. *O amor de Caio por Lisete é platônico.*

Embora nem Caio nem Lisete sejam mencionados em (10a), sabe-se que dois participantes estão necessariamente envolvidos na situação em apreço. Essa informação nos é passada pelo próprio sentido do lexema AMOR, que tem como uma de suas características ser um predicado de dois actantes. Confrontemos a estrutura predicativa de 'amor' com a de outro predicado nominal, este com quatro actantes: 'venda'.

(11)   a. *A venda ocorreu na parte da manhã.*
       b. *A venda pela agência* $_{[= X]}$ *de uma casa* $_{[= Y]}$ ao cliente $_{[= Z]}$ *por uma vultosa soma* $_{[= W]}$ *ocorreu na parte da manhã.*

Como se verá mais adiante, por ocasião do estudo da estrutura das definições lexicais (capítulo "Análise do sentido"), é impossível descrever corretamente um sentido lexical sem levar em conta sua natureza de predicado semântico. Mais precisamente, se um sentido é um predicado, faz-se necessário precisar quantos actantes ele controla para se poder deduzir o que chamaremos de componentes de sua definição. Ademais, uma parte considerável das conexões lexicais semânticas ou das conexões pertinentes à combinatória restrita somente pode ser bem modelizada após ter sido evidenciada a natureza predicativa das lexias em questão. O papel exercido pela estrutura predicativa das lexias na análise desse tipo de fenômeno será claramente explicitado no próximo capítulo.

Observe-se, finalmente, que existe uma família especial, bastante para-doxal, de predicados semânticos: os ***predicados não actanciais***. Trata-se de sentidos nitidamente predicativos, que denotam fatos, mas para os quais não se identifica nenhum actante evidente: eles são não ligantes. Citemos, para exemplificar, os verbos impessoais ditos *meteorológicos*, tais como CHOVER [*É preciso fechar a janela, porque chove*], VENTAR [*Venta muito esta manhã*], e outros como RELAMPEJAR, TROVEJAR, NEVAR etc. Esses verbos levantam um problema teórico interessante, por serem predicativos, mas não ligantes. O leitor encontrará algumas observações a esse respeito na leitura complementar sobre a noção de predicado semântico proposta no fim do capítulo (Mel'čuk e Polguère, 2008).

Nomes semânticos. A segunda classe de sentidos lexicais, que passamos a examinar agora, caracteriza-se simplesmente por oposição à classe dos predicados semânticos: os ***nomes semânticos*** são sentidos lexicais que denotam ***entidades*** e que são sentidos não ligantes. As entidades, "coisas que existem", opõem-se aos fatos, "coisas que têm lugar". Uma entidade pode ser:

• um objeto físico (seixo, planeta...);
• uma substância (areia, água...);
• um indivíduo (Joana d'Arc, Dom Pedro II...) etc.

A parte do discurso típica das lexias cujo sentido é um nome semântico é a dos nomes (nomes comuns, nomes próprios e pronomes). Lembremos, porém, que os nomes podem ser também, semanticamente, predicados (AMOR, VENDA...). Além disso, numerosíssimos sentidos lexicais não predicativos habitualmente considerados como nomes semânticos pertencem, de fato, à terceira classe que nos resta examinar: a dos quase predicados semânticos.

Quase predicados semânticos. Certas lexias nominais que denotam entidades possuem ao mesmo tempo um sentido ligante. Assim, a lexia NARIZ denota claramente uma entidade física: uma parte do rosto. No entanto, um nariz é necessariamente o nariz de alguém, e a menção da pessoa a quem ele pertence – como no sintagma *o nariz de* **Cleópatra** – permite designar um actante evidente ligado ao sentido em questão. Esse actante correponde a um participante obrigatório da situação "ter um nariz". Os sentidos desse tipo não são nomes semânticos, pois são ligantes; tampouco são predicados semânticos, pois denotam entidades, e não fatos. Como, porém, seu comportamento na língua está muito próximo do dos predicados, justifica-se chamá-los de *quase predicados semânticos*.

Cumpre observar que as lexias nominais que denotam entidades são bem mais frequentemente quase predicados do que nomes semânticos. Assim, as famílias semânticas a seguir reúnem lexias nominais que, semanticamente, são todas quase predicados:

- lexias que denotam indivíduos que têm uma determinada propriedade (física, intelectual etc.) – [um] GIGANTE, [um] FALADOR...;
- lexias que denotam indivíduos que têm uma certa relação com um outro – MARIDO, IRMÃ, VIZINHO... [de alguém];
- lexias que denotam *artefatos*, isto é, objetos que têm uma função particular – MARTELO [que alguém utiliza para bater em algo], MALA [que alguém utiliza para transportar algo]...;
- lexias que denotam partes – EXTREMIDADE, LADO, FUNDO... [de algo] etc.

Estes são apenas alguns exemplos de famílias de quase predicados. Eles servem para ilustrar o fato de que, afinal de contas, é bastante difícil reunir uma grande variedade de verdadeiros nomes semânticos entre os nomes comuns. Muitas vezes, os exemplos que acreditamos ter encontrado correspondem, na verdade, a casos que, quando analisados, comprovam ser quase predicados. Pode-se, então, dizer que as línguas põem à nossa disposição sentidos lexicais que são, em sua imensa maioria, sentidos ligantes: predicados ou quase predicados.

Como a natureza predicativa de uma lexia tem consequências diretas sobre sua combinatória sintática restrita – ver, adiante, a noção de regência –, está-se lidando com um fenômeno que concerne não somente à Semântica, mas também à Sintaxe. No contexto do estudo da interação entre Semântica e Sintaxe, tem-se denominado **valência** de uma lexia a estrutura de actantes que ela controla. Esse termo, que se baseia em uma analogia entre o comportamento ligante de certas lexias e a valência química – número de conexões que um átomo pode estabelecer com outros –, surgiu simultaneamente na tradição gramatical americana (Hockett, 1958) e europeia (Tesnière, 1959).

Alerta quanto à noção de actante. Veem-se não raro contrapostas as noções de predicado e de actante. Assim, temos ouvido inúmeras vezes perguntas do tipo: *Este sentido é um predicado ou um actante? Neste exemplo, quantos são os predicados e quantos são os actantes?*

Tais perguntas são infundadas, uma vez que as duas noções em apreço remetem a fenômenos não comparáveis:

* ser um (quase) predicado é uma propriedade intrínseca de um sentido na língua;
* ser um actante de um predicado ou de um quase predicado é um papel semântico de um sentido em uma determinada mensagem linguística; não é, de maneira alguma, uma propriedade intrínseca desse sentido.

Perguntar se um sentido é um predicado ou um actante é tão estranho quanto perguntar se uma lexia é um nome comum (propriedade intrínseca da lexia no léxico) ou um complemento de objeto direto (papel sintático que a lexia pode exercer em uma determinada frase).

Batendo na mesma tecla, vamos considerar um exemplo concreto:

(12) *Leo quer encontrar Bete.*

O sentido 'encontrar' é um predicado semântico que requer dois actantes ('X encontra Y'). Os dois actantes, em (12), são os sentidos 'Leo' e 'Bete'. Todavia, neste exemplo, 'encontrar' também é, por sua vez, o segundo actante do predicado 'querer', cujo primeiro actante é 'Leo'. O actante de um predicado pode, pois, perfeitamente ser também um predicado![9]

Observemos ser possível recorrer ao termo *predicado* para designar um papel semântico, tendo, porém, o cuidado de encaixá-lo em uma expressão como *ser o predicado de.* Pode-se, assim, dizer legitimamente que, na frase (12), o sentido 'querer' **é o predicado de** 'Leo' e de 'encontrar'.

REPRESENTAÇÃO DO SENTIDO DOS ENUNCIADOS

Será útil dispor de meios formais de visualização do conteúdo das mensagens linguísticas quando, como no caso do exemplo (12) da seção anterior, se devem analisar configurações complexas de sentidos. Existe, para tanto, um formalismo gráfico muito potente chamado *rede semântica*. Assim, a configuração de sentidos lexicais expressa em (12) pode ser visualizada por meio da seguinte rede semântica:

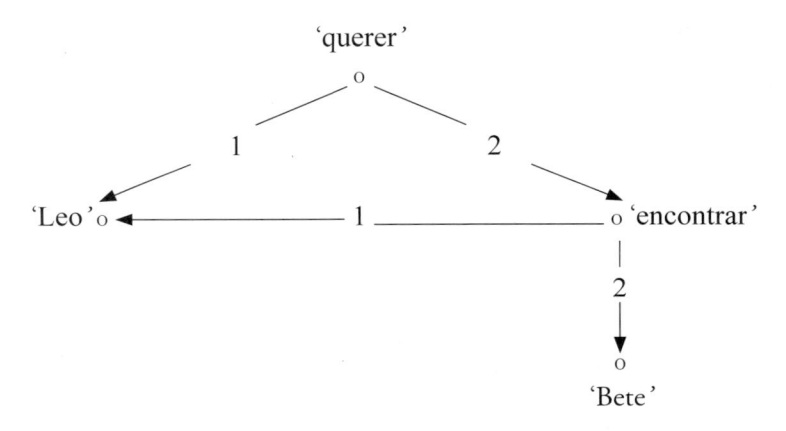

Nesta figura, uma estrutura 'S_1 –n→ S_2' representa o fato de que o sentido 'S_2' é o enésimo actante do sentido 'S_1'. Por exemplo, 'querer –**2**→ encontrar' é a representação do fato de que, na frase (12), 'encontrar' é o segundo actante de 'querer'.

> Uma rede semântica é, portanto, uma figura constituída principalmente de setas que representam relações predicado-actante, que interconectam os sentidos lexicais expressos em um enunciado. Os pontos interconectados pelas setas e etiquetados pelos sentidos lexicais são denominados *nós* da rede, e as setas, *arcos*. Também é possível representar em uma rede semântica os sentidos **gramaticais** expressos em um enunciado (tempo gramatical, singular e plural dos substantivos etc.). Para simplificar a apresentação, não consideraremos aqui esse tipo de sentido.

É importante ressaltar que o formalismo das redes semânticas é a contrapartida semântica do formalismo das árvores sintáticas de dependência, introduzido no capítulo "Unidade lexical ou lexia". Esse formalismo permite trazer a lume, de maneira muito clara, a estrutura semântica das frases. Ele permite, ademais, que se estude melhor a correspondência entre estruturas semânticas e sintáticas, graças à sua proximidade formal com as árvores sintáticas de dependência: ambos os formalismos são o que se denomina de *grafos*.

Um grafo G é matematicamente definido por dois conjuntos:

1. um conjunto de entidades E – os nós do grafo;
2. um conjunto de relações entre essas entidades R – os arcos do grafo.

Cada relação – isto é, cada elemento do conjunto R – é definida como um par de entidades (= nós) do conjunto E. Por exemplo, o par "(e_1, e_2)" define uma relação que une a entidade e_1 à entidade e_2 do grafo.

À guisa de ilustração, pode-se considerar o grafo G_{ilustr}, definido da seguinte maneira:

1. $E_{ilustr} = \{a, b, c, d\}$;
2. $R_{ilustr} = \{(a,c), (b, c), (b, d), (c, d)\}$.

Para uma introdução à *teoria dos grafos*, sugerimos consultar o seguinte manual (em distribuição livre):

Müller, Didier. *Introduction à la théorie des grafes*, collection "Cahiers de la CRM", n. 6, 2012, Comission Romande de Mathématique, Le Locle. [Solution des exercices dans le n. 6bis de la série.]

Os grafos anteriormente definidos como entidades matemáticas são originalmente concebidos, é óbvio, como **entidades visuais**. Um grafo é visualizado por meio de um conjunto de pontos – os nós – conectados por arcos – as arestas. A figura a seguir é a visualização do grafo G_{ilustr}, matematicamente definido anteriormente.

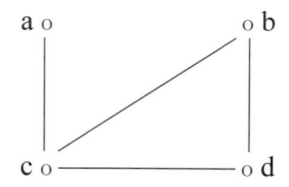

Enquanto grafos, as redes semânticas e as árvores sintáticas de dependência possuem as duas seguintes características formais:

- São grafos *orientados*, isto é, seus arcos são orientados: são representados por setas, e não por simples traços, como no caso do grafo G_{ilustr}.
- São grafos *etiquetados*, isto é, seus arcos não correspondem todos a uma mesma relação; por isso, eles são diferenciados na visualização por meio

de etiquetas que identificam a relação correspondente: relação predicado-actante, no caso das redes semânticas, e relação de dependência sintática, no caso das árvores sintáticas.

Em nossas redes semânticas, somente levamos em conta as conexões predicado-actante. O formalismo de base apresentado aqui pode, porém, ser ampliado para modelizar, entre outras, a estrutura comunicativa dos enunciados (ver seção "Noções semânticas elementares"). Não enveredaremos por esse gênero de considerações, pois o estudo da estrutura comunicativa concerne sobretudo à organização semântica da frase e extrapolaria os limites deste livro.

Vejamos, a partir de um exemplo um pouco mais complexo do que (12), como proceder metodicamente para representar o conteúdo de uma frase por meio de uma rede semântica.

Seja a frase (13), a seguir:

(13)   *Leo telefona seguidamente a seu amigo José.*

A melhor maneira de empreender a análise semântica desta frase é identificar:

1. seu sentido central, isto é, o sentido em torno do qual gravita toda a mensagem expressa em (13);
2. a valência desse sentido.

O sentido central é, obviamente, 'telefonar'. Trata-se de um predicado semântico que requer dois actantes ('X telefona a Y'), o que pode ser visualizado assim:

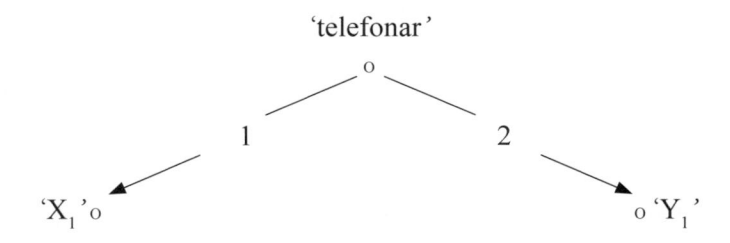

Acrescentamos aqui índices às variáveis actanciais, porque teremos que nomear mais adiante os actantes de outros sentidos predicativos. Utilizaremos, portanto, X_1, X_2..., Y_1, Y_2...

Quem é X_1? A pessoa que telefona é designada em (13) com o nome próprio LEO, que é um nome semântico (ele é não ligante). Pode-se, pois, substituir 'X_1' na figura acima por 'Leo'.

Quem é Y_1? O leitor poderia ser tentado a dizer que é José e, portanto, substituir 'Y_1' por 'José' nessa rede em construção. No entanto, a frase que analisamos não é *Leo telefona seguidamente a José, que é seu amigo*, mas *Leo telefona seguidamente a seu **amigo** José*. O que se comunica com a frase (13) é o fato de telefonar a um amigo, chamado *José*, e não o fato de telefonar a José, caracterizado como sendo o amigo de Leo. O sentido 'amigo' é, pois, o segundo actante de 'telefonar'.

Neste ponto, é preciso estar consciente de que 'amigo' não é um nome semântico. É um quase predicado que requer dois actantes: 'X é um amigo de Y'. Esbocemos, então, visando a maior clareza, a configuração do sentido que identificamos até o momento:

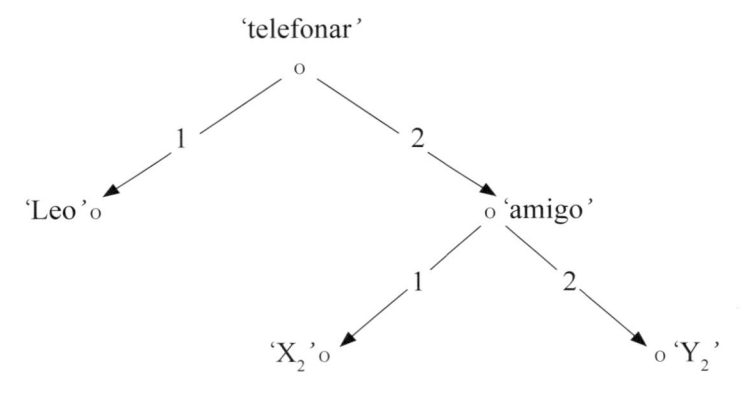

Note-se que esta rede semântica não contém nenhum nó associado à preposição A (*telefonar **a** alguém*). Na verdade, essa é uma palavra gramatical, que não tem sentido lexical. Ela é utilizada na frase (13) simplesmente para estabelecer a conexão sintática entre TELEFONAR e seu complemento AMIGO. Seu uso é exigido pela combinatória restrita do verbo TELEFONAR, e não decorre da necessidade de expressar qualquer sentido particular, associado à preposição A. Se se optasse por utilizar o lexema de sentido sinônimo CONTATAR (por telefone), em vez de TELEFONAR, seria dispensado o emprego dessa preposição, uma vez que a combinatória restrita de CONTATAR especifica que esse verbo é transitivo direto: *Leo contata José*.

> Denomina-se **regência** de uma lexia o componente de sua combinatória restrita que reúne o conjunto das restrições que essa lexia impõe à expressão sintática de seus actantes. Um **sintagma regido** é, portanto, um sintagma cuja estrutura é condicionada pela lexia que o rege (sintagma sujeito, objeto direto, objeto indireto etc.). Lembramos que a noção de regente sintático foi apresentada no capítulo "Unidade lexical ou lexia".

Retomemos agora nossa análise. O valor de Y_2 (em 'X_2 é o amigo de Y_2') nos é fornecido pelo pronome *seu*, que se refere em (13) ao nome *Leo*. Podemos, então, fazer coincidir o nó etiquetado como 'Y_2' com o nó 'Leo'. Isso se faz simplesmente apagando 'Y_2' e ligando ao nó 'Leo' o arco etiquetado "2" que ligava 'Y_2' a 'amigo'. Quanto ao valor de 'X_2', este é, evidentemente, 'José' (José é o amigo a quem Leo telefona seguidamente). Obtém-se, com isso, a seguinte rede:

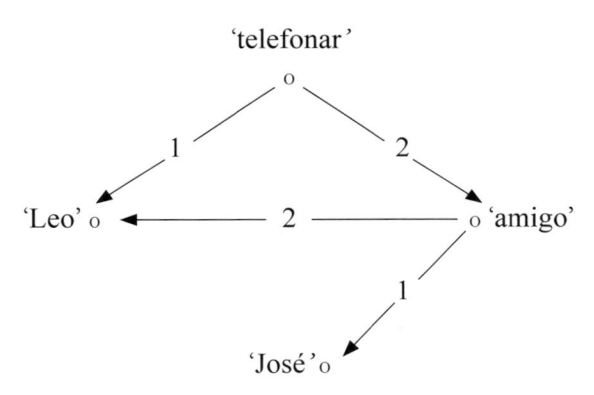

Resta-nos somente resolver a questão do sentido do lexema SEGUIDAMENTE. Trata-se de um advérbio que, como todos os advérbios, é um predicado semântico: 'X ocorre seguidamente'. São os telefonemas que são caracterizados como frequentes em (13); 'telefonar' é, portanto, em nosso exemplo, o actante de 'seguidamente'.

Podemos agora desenhar a rede semântica completa associada à frase (13):

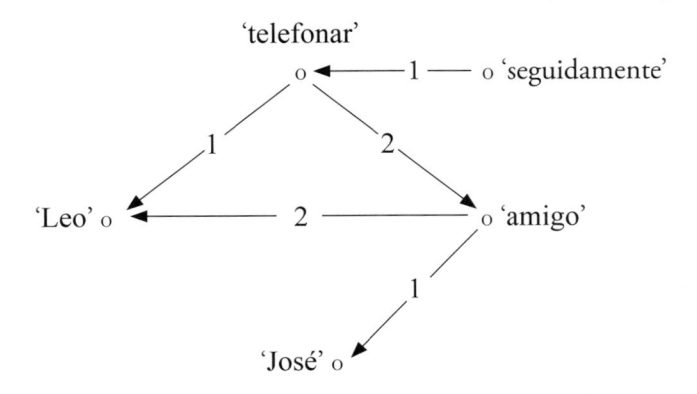

Ao detalhar a análise deste exemplo, nossa intenção foi demonstrar que a rede semântica associada a um enunciado – e, portanto, seu conteúdo – não é jamais algo evidente, nem mesmo para uma pessoa treinada para realizar análises semânticas. Deve-se realmente avançar etapa por etapa para ter condições de desvendar a estrutura semântica, esse dado oculto que se manipula inconscientemente em situação de fala.

Encerra-se aqui o primeiro capítulo dedicado ao estudo do sentido linguístico. Agora que a noção de sentido foi caracterizada, passaremos ao estudo das relações semânticas e de combinatória que interconectam as lexias da língua.

LEITURAS COMPLEMENTARES

> PICOCHE, Jacqueline. Le lexique et l'univers. In: _____. *Précis de lexicologie française*. Paris: Nathan, 1977, pp. 30-44.

A leitura deste excerto do manual de Lexicologia de J. Picoche vale pela apresentação das noções de sentido e de valor do signo linguístico. Encontram-se neste texto também reflexões sobre a relação entre a língua e o mundo real.

> HALLIDAY, Michael A. K; MATTHIESSIEN, Christian M. I. M. Clause as Message. In: _____. *An Introduction to Functional Grammar*. London: Hodder Arnold, 2004, pp. 38-67.

Este texto[10] trata da modelização da estrutura comunicativa dos enunciados especialmente por meio das noções de tema e rema. Estudar este texto é uma boa maneira de estabelecer uma ponte entre a Semântica Lexical, que está no centro de nossas preocupações neste livro, e a organização semântica da frase, em cujo estudo não iremos realmente nos aprofundar. A abordagem linguística em que M. Halliday se apoia é a teoria da gramática sistêmico-funcional, da qual ele é o criador. As noções que ele apresenta aqui já são adotadas pela maioria das escolas linguísticas.

> LYONS, John. Référence, sens et dénotation. In: _____. *Éléments de sémantique*. Paris: Larousse, 1978, pp. 143-86.

É necessário dominar numerosíssimas noções básicas para levar a termo o estudo do léxico. Essas noções só serão utilizáveis, no contexto de aplicações da Lexicologia, se elas formarem um **sistema**. Elas devem estar interconectadas e completar-se reciprocamente. É por isso que optamos por limitar ao máximo, aqui, a discussão das diferentes abordagens linguísticas e das terminologias de que elas se servem. Julgamos ser preferível dominar bem, inicialmente, um todo nocional coerente para, a seguir, relativizá-lo, confrontando-o com abordagens complementares ou contraditórias. Desse ponto de vista, o texto de Lyons completa muito bem este capítulo. Seu autor discute de maneira bastante detalhada as diferentes terminologias linguísticas relacionadas com a noção de sentido.

JAKOBSON, Roman. Embrayeurs et autres structures doublés. In: _____. *Essais de linguistique générale.* Paris: Les Éditions de Minuit, 1963, pp. 176-81. (Arguments)

Este talvez seja o texto de referência mais frequentemente citado a propósito da noção de dêitico. Os dêiticos são aqui chamados de *embreantes*, tradução do termo inglês *shifter*, utilizado pelo autor na versão original de seu artigo. Encontra-se nestas páginas uma apresentação clara dos dêiticos em uma perspectiva semiótica, como signos linguísticos de caráter indicial. R. Jakobson emprega o termo *índice* – os embreantes são símbolos-índice –, na esteira da terminologia do semioticista americano Charles Peirce.

GRIZE, Jean-Baptiste. Logique: Historique. Logique des classes et des propositions. Logique des prédicats. Logiques modales. In: PIAGET, Jean (Dir.). *Logique et connaissance scientifique.* Paris: Gallimard, 1967, pp. 135-289. (Encyclopédie de La Pléiade)

Este texto constitui uma excelente introdução às diferentes lógicas formais. Recomendamos sua leitura particularmente por sua grande profundidade. Note-se que a noção de predicado semântico utilizada na Linguística foi tomada de empréstimo da Lógica. A contrapartida lógica do termo *actante* é *argumento*, por vezes também utilizado em Semântica.

MOESCHLER, Jacques; REBOUL, Anne. Opérateurs et connecteurs logiques et non logiques. In: _____. *Dictionnaire encyclopédique de pragmatique.* Paris: Seuil, 1994, pp. 179-200.

Texto introdutório, cuja leitura é recomendada pela comparação que o autor estabelece entre o semantismo dos operadores lógicos e o das expressões linguísticas às quais eles são habitualmente associados.

MEL'ČUK, Igor; POLGUÈRE, Alain. "Prédicats et quasi-prédicats sémantiques dans une perspective lexicographique". *Revue de Linguistique et de Didactique des Langues* (*Lidil*), v. 37, "Syntaxe et sémantique des prédicats", Zlatka Guentchéva e Iva Novakova (Dirs.), pp. 99-114, 2008.

Leitura complementar sobre a noção de predicado semântico, que inclui, especialmente, uma apresentação detalhada da distinção entre predicado, nome e quase predicado semânticos.

> POLGUÈRE, Alain. Le sens linguistique peut-il être visualisé? In: LAGORGETTE, Dominique; LARRIVÉE, Pierre (Dirs.). *Représentations du sens linguistique*. Munich: Lincom Europa, 2002, pp. 89-103. (Lincom Studies in Theoretical Linguistics, 25)

O texto trata da representação gráfica das estruturas semânticas dos enunciados realizada por meio de formalismos do tipo redes semânticas.

EXERCÍCIOS

▪ EXERCÍCIO 1

Reveja a citação apresentada como epígrafe no início deste capítulo. Dupont diz realmente "mais" do que Dupond em sua réplica? Lembre as noções de paráfrase e de estrutura comunicativa.

▪ EXERCÍCIO 2

Em francês quebequense, soltar um palavrão é considerado uma blasfêmia (por ofender o sentimento religioso das pessoas). *Blasfemar* significa 'proferir uma blasfêmia'. Com base nas noções de sentido e de referente, explique o que é engraçado na maneira como Michel Tremblay, jovem criança, responde à sua mãe no final da citação que segue.

> – Não quero mais ler! Chega!
> – Vamos lá! Ele não quer mais ler! Você mal chegou à página nove do seu primeiro livro! Faça mais uma forcinha, meu Deus, você vai acabar se acostumando! De qualquer jeito, não é você quem vai mostrar à condessa de Ségur como escrever livros, varrasco!
> Ela levou uma mão à boca, a outra ao coração.
> – É isso aí, ele me fez blasfemar em plena manhã de Natal!
> – Vó Tremblay disse, outro dia, que "varrasco" não era uma blasfêmia! Um varrasco é um porco reprodutor, e isso não pode ser uma blasfêmia!
>
> TREMBLAY, Michel. *Un ange cornu avec des ailes de tôle*. Montreal: Leméac, 1994, p. 40. Adaptado.

▪ EXERCÍCIO 3

As duas frases a seguir têm o mesmo sentido linguístico? Elas têm o mesmo sentido lógico? Que conclusão se pode tirar daí?

(14)   a. *Este homem está vivo ou morto.*
       b. *Ou chove ou não chove.*

▪ EXERCÍCIO 4

Pode-se dizer que 'astuta' faz parte do sentido de RAPOSA?

▪ EXERCÍCIO 5

As lexias que seguem têm sentidos ligantes? Se sim, descreva sua valência.

*   DORMIR [*Júlio está dormindo há três horas*]
*   EMPRESTAR [*Júlio emprestou seu livro*]
*   SONO [*Ele dorme um sono profundo*]
*   PARTIDA [*A partida vai ocorrer às três horas*]
*   LUA [*Vai ser Lua cheia esta noite*]
*   DIFERENTE [*Júlio é muito diferente de Jaime*]
*   GARGALO [*Ela bebeu este excelente Salton diretamente no gargalo*]

▪ EXERCÍCIO 6

Traduza para o francês a frase inglesa a seguir. Pode-se constatar algo de especial no que se refere ao funcionamento dos predicados semânticos inglês e francês envolvidos aqui?

(15) *I miss you.*

▪ EXERCÍCIO 7

Indique a rede semântica que corresponde ao sentido de (16):

(16) *Encontrar Bete transtornou a vida de Leo.*

NOTAS

[1] Por exemplo, as lexias DESEJO, ANGÚSTIA e ALÍVIO **denotam**, todas elas, sentimentos.
[2] Bernard-Marie Koltès, *Quai ouest*, Paris, Les Éditions de Minuit, 1985, p. 51.
[3] O caso dos dêiticos já foi mencionado de passagem na correção de um exercício do capítulo "Noções preliminares": ver o exercício 2. Encontra-se a referência de um pequeno texto de R. Jakobson sobre este tema na lista de leituras complementares deste capítulo.
[4] Note-se que essas duas expressões são colocações (cf. capítulo "Unidade lexical ou lexia"), cuja base é, respectivamente, *feroz* e *lutar*.
[5] Veremos em detalhes a noção de componente do sentido de uma lexia nos capítulos "Relações lexicais" e "Análise do sentido".
[6] Utilizamos aqui a numeração lexical do *Petit Robert* (2017).
[7] A razão pela qual recorremos a variáveis do tipo X, Y... nas análises semânticas será explicitada na próxima seção.
[8] Que se poderia tentar parafrasear por *X no qual você sem dúvida não está pensando neste momento.*
[9] Propomos na próxima seção uma visualização do sistema complexo de conexões predicado-actante descritas aqui.
[10] Extraído da 3ª edição da obra publicada originalmente em 1985, que tinha M. Halliday como único autor.

Relações lexicais

A guerra explode
É só o que ela sabe fazer
As bombas arrasam
É só o que elas sabem fazer
Brigitte Fontaine, "Il Pleut".

No capítulo precedente, dedicamo-nos a descrever a natureza do sentido linguístico. Passaremos a examinar agora os diferentes tipos de ***relações lexicais*** – relações semânticas e de combinatória – que podem existir entre duas lexias. Procederemos, para tanto, em três etapas:

1. modelização das relações semânticas por comparação dos sentidos lexicais vistos como conjuntos de sentidos mais simples (*grosso modo*, inclusão e interseção de sentidos);
2. apresentação das relações semânticas fundamentais que estão na base da estruturação semântica do léxico;
3. modelização das relações lexicais por meio de uma ferramenta descritiva formal chamada *função lexical*.

Noções introduzidas: *relação semântica lexical*; *componente semântico*; *identidade, interseção, inclusão, disjunção de sentidos*; *sentido mais simples*; *semantema*; *hiperonímia e hiponímia*; *sentido mais rico*; *hierarquia semântica das lexias*; *co-hiponímia*; [!] *sinonímia exata ou aproximativa*; *antonímia*; *contrastividade*; *conversividade*; *homonímia*; *homografia*; *homofonia*; *polissemia*; *copolissemia*; *causatividade*; *função lexical* (= **f**); *aplicação de* **f**; *argumento de* **f**; *valor de aplicação de* **f**; **f** *paradigmática*; *derivação semântica*; **f** *sintagmática*; *intensificador*; **f** *simples* vs. *complexa*; *fusão*; *verbo-suporte*.

SENTIDO LEXICAL
COMO CONJUNTO ESTRUTURADO DE SENTIDOS

Pode-se representar o sentido de uma lexia como um conjunto estruturado de outros sentidos. Por exemplo, o sentido 'cama' [*dormir em uma cama grande*] contém os sentidos 'móvel' (uma cama é um móvel), 'deitar-se' (ela é concebida para as pessoas se deitarem nela), 'dormir ou descansar' (é utilizada, acima de tudo, para dormir ou descansar) etc.

É relativamente fácil demonstrar a inclusão de sentidos. Assim, 'móvel' está incluído em 'cama', porque o sintagma *esta cama* denota necessariamente um móvel, não sendo verdadeiro o inverso: o sintagma *este móvel* pode denotar uma poltrona, um armário etc. Além disso, 'deitar-se' também está incluído em 'cama': *esta cama* denota um móvel que serve para as pessoas se deitarem, mas *Eu me deito* não denota uma situação em que se usa necessariamente uma cama.

> Quando um sentido está incluído em outro, diz-se que ele é um ***componente*** seu. Ele também é, por isso mesmo, um componente da definição da lexia correspondente: por exemplo, 'móvel' é um componente da definição de CAMA.

Considerando-se os sentidos lexicais como conjuntos, podem logicamente existir quatro tipos de relações semânticas entre dois sentidos.

1. ***Identidade de sentido*** – 'cão' ≡ 'cachorro':

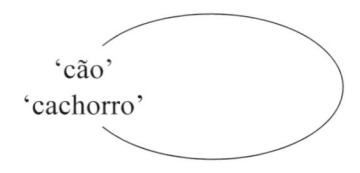

2. ***Interseção de sentido*** – 'cachorro' ∩ 'peixe' = 'animal':

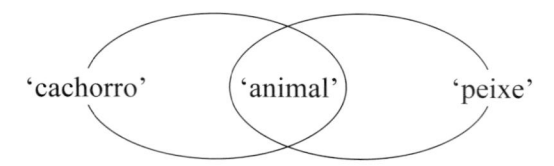

3. **Inclusão de sentido**[1] – 'animal' ⊂ 'cachorro':

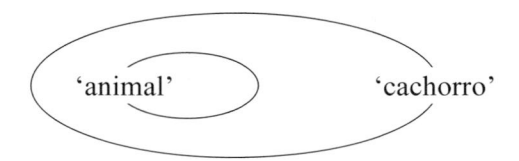

4. **Disjunção de sentido** – 'cachorro' ∩ 'sonhar' = Ø:

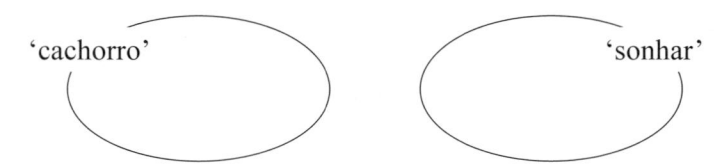

Os diagramas anteriores são, sem dúvida, bem bonitinhos, mas só servem para conferir um caráter superficialmente "científico" à descrição das relações semânticas lexicais. Não dizem quase nada quanto à verdadeira natureza semântica das relações em apreço. Para retomar um exemplo mencionado anteriormente, 'cama' contém não somente 'móvel', mas também 'deitar-se' e 'dormir ou descansar': uma cama é um móvel sobre o qual as pessoas se deitam para dormir ou descansar. Ora, a relação que 'cama' mantém com 'móvel' é muito diferente daquela que ela mantém com 'deitar-se' e 'dormir ou descansar'.

A descrição das relações semânticas exclusivamente do ponto de vista da inclusão de sentidos não permite dar conta desses fenômenos. Voltaremos a esse problema no fim do capítulo. O objetivo desta primeira seção foi, acima de tudo, demonstrar que é pertinente considerar que um sentido **contém** outros. Na verdade, a inclusão e a identidade de sentidos são as relações semânticas primeiras; é nelas que se assentam, direta ou indiretamente, todas as demais relações semânticas fundamentais, como se verá a seguir.

Quando um sentido 'S_1' está incluído em um sentido 'S_2', diz-se que 'S_1' é **mais simples** do que 'S_2'. O uso desta expressão justifica-se por que o sentido 'S_1' entra, de alguma forma, na composição de 'S_2'; ele é um de seus elementos constitutivos.

É evidente que, no caso de nenhuma relação de inclusão poder ser estabelecida entre dois sentidos, passa a ser absurdo falar de sentido mais simples. Assim, não seria pertinente perguntar se 'nadar' é mais simples do que 'poltrona'.

RELAÇÕES LEXICAIS FUNDAMENTAIS

As relações lexicais que serão apresentadas nesta seção são consideradas fundamentais, porque formam o arcabouço da estruturação semântica do léxico de qualquer língua. Cada lexia posiciona-se na rede lexical da língua em função, primordialmente, dessas relações.

> As relações abordadas a seguir são, acima de tudo, relações **semânticas** entre unidades lexicais. Passaremos a denominar doravante *semantema* um sentido lexicalizado, isto é, exprimível por uma lexia da língua. As relações lexicais serão, assim, caracterizadas em função da relação que com elas mantêm os semantemas que elas colocam em jogo.

Hiperonímia e hiponímia

A *hiperonímia* e a *hiponímia* são duas relações semânticas lexicais conversas, que constituem um caso particular de inclusão de sentidos.

> A lexia L_1 é um *hiperônimo* da lexia L_2 se essas duas lexias estão unidas por uma relação semântica que possua as seguintes propriedades: (i) o semantema 'L_1' está incluído no semantema 'L_2'; (ii) 'L_2' denota um caso particular de 'L_1'.
> A lexia L_2, por sua vez, é chamada *hipônimo* de L_1.

Retomando um exemplo já examinado anteriormente, diremos que ANIMAL é um hiperônimo de CACHORRO e que CACHORRO é um dos numerosos hipônimos de ANIMAL – com outras lexias, tais como GATO, CAVALO, DROMEDÁRIO, TUBARÃO...

Nossa definição dá a entender que um hiperônimo tem, necessariamente, um sentido mais simples do que o(s) seu(s) hipônimo(s). No entanto, como a hiperonímia e a hiponímia remetem a uma situação muito mais específica do que a simples inclusão de sentidos, evitaremos doravante falar, em semelhantes casos, de sentido mais (ou menos) simples. Diremos que o sentido de um hipônimo é *mais rico* do que o de seu hiperônimo e, inversamente, que o sentido de um hiperônimo é menos rico do que o de seu(s) hipônimo(s).[2]

É interessante assinalar que, se L_{hipo} é um hipônimo de L_{hiper}, o conjunto dos referentes possíveis de L_{hipo} está incluído no conjunto dos referentes possíveis de

L_{hiper}; em contrapartida, o sentido de L_{hiper} está incluído no sentido de L_{hipo}. Assim, CACHORRO é definido como 'animal doméstico...' – portanto, o semantema 'animal' está incluído no semantema 'cachorro' –, mas o conjunto de todos os cachorros do mundo está incluído no conjunto dos animais. Essa relação inversa é visualizada na figura a seguir.

Correspondência inversa entre inclusão de sentidos e inclusão de referentes

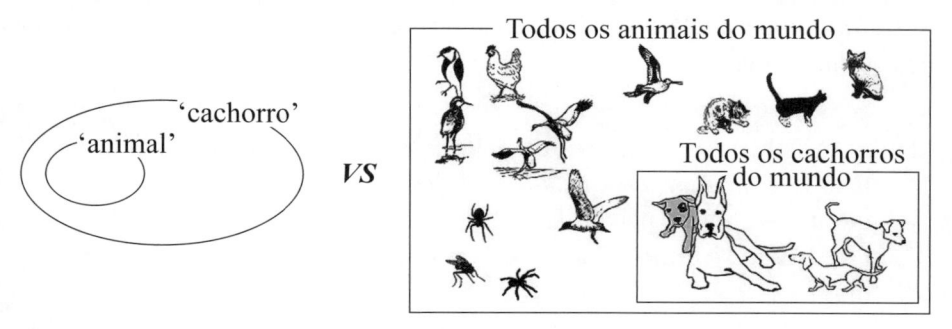

Esta condição elucida bem uma das distinções que existem entre a noção de sentido e a de referente (ver capítulo precedente, seção "Referente").

A relação de hiperonímia-hiponímia é transitiva[3] e permite, por isso, a construção de uma **hierarquia semântica das lexias**, hierarquia essa representável sob a forma de "árvore".

Extrato da hierarquia semântica das lexias (centrado em torno de ANIMAL)

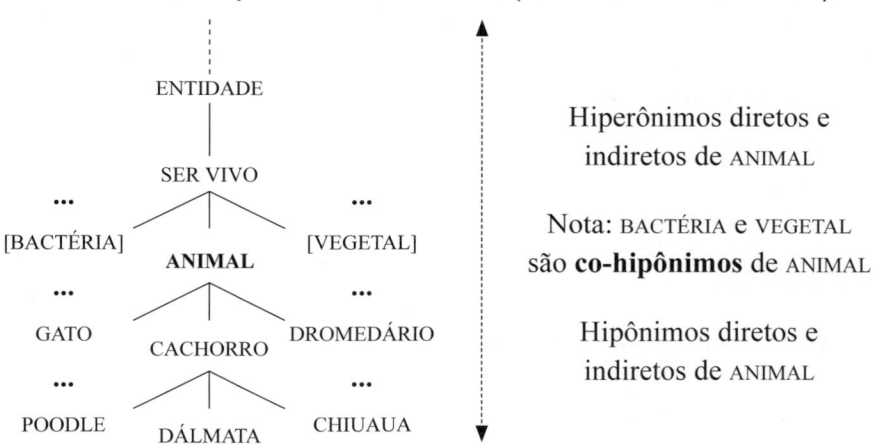

Em geral, não se ligam por relação de hiperonímia (e de hiponímia) a não ser lexias que pertençam à mesma parte do discurso. Seria, porém, admissível considerar, por exemplo, o substantivo SENTIMENTO um hiperônimo, não somente do substantivo AMOR, como também do verbo AMAR. O caso muda completamente de figura no que tange às demais relações que ainda nos resta examinar: estas só valem para lexias que pertençam a uma mesma parte do discurso.

Sinonímia

A *sinonímia* é a relação lexical semântica por excelência. Distinguem-se dois tipos de sinonímia.

> Sejam duas lexias, L_1 e L_2, pertencentes à mesma parte do discurso:
> 1. L_1 e L_2 são *sinônimos exatos* (ou sinônimos absolutos) se elas têm o mesmo sentido ('L_1' $\equiv$ 'L_2');
> 2. L_1 e L_2 são *sinônimos aproximativos* se seus sentidos são muito próximos ('L_1' $\cong$ 'L_2').
> Neste último caso, há quer interseção, quer inclusão de sentidos, de modo que as lexias L_1 e L_2 podem ser consideradas dotadas de um valor semântico suficientemente próximo para que se possa, utilizando uma ou outra, expressar sensivelmente a mesma coisa.

É essencial observar que a sinonímia exata é raríssima. Citam-se quase sempre os mesmos exemplos para ilustrar esse fenômeno; em francês: VÉLO ~ BICYCLETTE,[4] AUTOMOBILE ~ VOITURE etc.; em português: CÃO ~ CACHORRO, AUTOMÓVEL ~ CARRO etc. A sinonímia lexical é, acima de tudo, uma sinonímia aproximativa. Pode-se testá-la efetuando substituições em contexto, como sugerem as definições 1 e 2, acima. Em outros termos:

> L_1 e L_2 são consideradas sinônimos se, substituindo em um enunciado L_1 por L_2, se obtém um novo enunciado semanticamente (mais ou menos) equivalente, isto é, uma paráfrase (aproximativa).[5]

Por exemplo:

(1)   *Nestor sente*   **ódio**   *por Bianca.*
$\cong$
Nestor sente **aversão** *por Bianca.*

As duas lexias, ÓDIO e AVERSÃO, além de serem sinônimos aproximativos, são também co-hipônimos de SENTIMENTO. Sua interseção de sentido é, *grosso modo*: 'sentimento negativo intenso que uma pessoa experimenta por alguém'.

Pode ocorrer também, como implica nossa definição de sinonímia, que um hiperônimo de uma lexia seja ao mesmo tempo um de seus sinônimos aproximativos (inclusão do sentido de uma lexia no de um de seus sinônimos). É o que ilustramos com o exemplo a seguir, em que se verifica que a lexia CHUVA pode ser empregada como paráfrase de seu hipônimo DILÚVIO.

(2)   *O **dilúvio** de ontem à noite prejudicou a colheita.*

   ≅

 *A **chuva** de ontem à noite prejudicou a colheita.*

Mas esse não é sempre o caso, sobretudo se se considerar um hiperônimo indireto, isto é, que não se encontra imediatamente acima da lexia em apreço na hierarquia semântica das lexias. Assim, seria bem estranho se alguém afirmasse que (3b), a seguir, é uma paráfrase de (3a).

(3)   a. *Olhe este **dálmata!***
  b. *Olhe este **ser vivo!***

A diferença de sentido entre DÁLMATA e SER VIVO é demasiadamente grande para que se possam considerar essas duas lexias como sinônimos aproximativos.

Os sinônimos aproximativos distinguem-se, em geral, não somente por seu sentido – que não é exatamente idêntico –, mas também por sua combinatória restrita. Portanto, não se pode esperar que o teste que consiste em substituir uma lexia por seu sinônimo em um enunciado para ver se se obtém uma paráfrase (cf. anteriormente) seja aplicável a qualquer contexto. Por exemplo, TRABALHO [*Helena tem um trabalho interessante*] e EMPREGO [*Helena tem um emprego interessante*] são claramente sinônimos aproximativos. No entanto, sua combinatória restrita não é idêntica, como mostram os exemplos a seguir:

(4)   a. *ocupar um emprego ~ *ocupar um trabalho*
  b. *perder seu emprego ~ perder seu trabalho*
  c. *criar um emprego ~ *criar um trabalho*
  d. *um emprego/trabalho de contador*
  e. *os empregos de contador *os trabalhos de contador*

Os sinônimos não são, portanto, automaticamente, intercambiáveis em todos os contextos. Basta, porém, encontrar contextos em que a substituição parafrástica seja possível para que a relação de sinonímia seja estabelecida.

Antonímia

Embora a ***antonímia*** se oponha naturalmente à sinonímia, esses dois tipos de relação estão, no fim das contas, muito próximos entre si, pois ligam lexias que apresentam um forte parentesco semântico.

> Duas lexias, L_1 e L_2, que pertencem à mesma parte do discurso são ***antônimas*** se os semantemas 'L_1' e 'L_2' se distinguem pela negação ou, mais geralmente, pela oposição contrastiva de um de seus componentes.

Como no caso dos sinônimos, podem-se distinguir os antônimos exatos, (5a), e os antônimos aproximativos, (5b).

(5)   a. *Esta rua fica **perto/longe** de nossa residência.*
      b. *Ela **adora/detesta** queijo.*

Propomos deixar a análise destes exemplos para um exercício no final do capítulo (exercício 5).

É possível identificar diferentes tipos de antônimos, de acordo com a natureza da oposição semântica em jogo na relação de antonímia que lhes diz respeito. Assim, encontram-se frequentemente citados na literatura, como exemplos de antônimos, pares de lexias ditas ***reversivas***, tais como:

- ABOTOAR ~ DESABOTOAR;
- COLAR ~ DESCOLAR;
- CONSTRUIR ~ DESTRUIR.

Também existe a antonímia dita ***escalar***, que liga lexias que denotam valores opostos em uma escala de valores:

- QUENTE ~ FRIO;
- GRANDE ~ PEQUENO.

A antonímia abrange, portanto, conexões lexicais muito variadas, e nós nos ateremos a esboçar aqui uma caracterização mínima dessa noção.

> Atenção! Não se deve confundir a relação de antonímia com a de ***contrastividade***.

Assim, BRANCO e PRETO estão em oposição contrastiva na língua, como comprovam as expressões *pôr o preto no branco* [registrar por escrito], *fotografia em preto e branco, filme em preto e branco, "branco ou preto, um pouco é um pouco"* [adágio] etc. Essas lexias, porém, não são antônimos: dizer (6b), a seguir, não equivale a **expressar** o oposto de (6a).

(6) a. *Seu casaco é **preto**.*
     b. *Seu casaco é **branco**.*

A frase (6a) significa que o casaco em questão é de uma cor particular, especialmente associada à noite (à ausência de luz), ao passo que (6b) significa que o casaco é de uma outra cor particular, associada à neve ou ao leite.

A oposição contrastiva é, sem dúvida, uma relação lexical semântica. No entanto, contrariamente à oposição antonímica, a oposição contrastiva não repousa inteiramente sobre uma comparação semântica direta das lexias em causa. Assim, decompondo-se o sentido de dois verdadeiros antônimos, como QUENTE e FRIO, é possível comprovar a relação de antonímia. Basta mostrar que a única diferença existente entre as duas decomposições é a negação ou a oposição de um componente de sentido:

• '[algo] quente' ≅ '[algo] cuja temperatura é **mais** elevada que a normal';
• '[algo] frio' ≅ '[algo] cuja temperatura é **menos** elevada que a normal'.

A oposição contrastiva, em contrapartida, não pode ser demonstrada por meio da análise dos semantemas, por ser em grande parte convencional. Ela se justifica pela presença de expressões fraseológicas que implicam uma oposição e que são evidências linguísticas da presença de uma relação contrastiva entre duas dadas lexias, como no caso de BRANCO e PRETO, mencionado antes. Lembramos que a noção de evidência linguística foi introduzida no capítulo anterior, quando se buscou encontrar uma maneira de demonstrar a presença de conotações associadas às lexias da língua.

Conversividade

Para se compreender bem a ***conversividade***, é preciso recorrer à modelização dos sentidos lexicais enquanto predicados ou quase predicados semânticos, apresentada no capítulo precedente.

> Duas lexias pertencentes à mesma parte do discurso são **conversivas** se:
>
> 1. são quer predicados semânticos que denotam uma mesma situação (cf. (7a-b), a seguir), quer quase predicados semânticos que denotam duas entidades implicadas em uma mesma situação (cf. (8a-b)); e se
> 2. esses (quase) predicados se expressam na frase com uma inversão da ordem sintática de pelo menos dois de seus actantes.

Os pares de conversivos podem pertencer a qualquer parte do discurso, desde que os conversivos que os compõem sejam predicados ou quase predicados semânticos que possuam ao menos dois actantes. Pode tratar-se de verbos:

(7) a. *X emprega Y.*
  b. *Y trabalha para X.*

como também de substantivos:

(8) a. *X é o empregador de Y.*
  b. *Y é o empregado de X.*

As frases dos pares (7a-b) e (8a-b) estão, todas elas, unidas pela relação de paráfrase. Isso exemplifica bem a equivalência semântica (aproximativa) que une dois conversivos: ver a identidade de denotação mencionada na definição anterior. Observe-se, no entanto, que nossa definição de conversividade tem o cuidado de tratar de maneira distinta os verdadeiros predicados e os quase predicados, pois esses dois tipos de sentidos ligantes não têm as mesmas denotações: fatos *vs.* entidades. O caso dos quase predicados é ilustrado pelo segundo par de exemplos (8a-b). Seria falso afirmar que as lexias EMPREGADOR e EMPREGADO têm a mesma denotação; no entanto, elas denotam dois indivíduos distintos que estão, ambos, implicados em uma mesma situação: o fato de uma pessoa ser empregada por outra.

Agora que a noção de conversividade foi introduzida, podemos voltar ao exercício 6 do capítulo precedente. Se se aceita ampliar a conversividade para inter-relacionar lexias pertencentes a línguas diferentes, pode-se dizer que a lexia inglesa MISS$_V$ [*I miss you.*] funciona como um conversivo interlinguístico da lexia francesa MANQUER [*Tu me manques.*] e da lexia portuguesa SENTIR FALTA (de) [*Eu sinto falta de você*], e vice-versa.

Inúmeras línguas, entre as quais o português, disponibilizam um recurso gramatical para efetuar uma paráfrase baseada na inversão da ordem sintática dos actantes: a voz passiva. É o que elucidam as frases a seguir, em que a conversão é efetuada, primeiro, gramaticalmente (9b), depois, lexicalmente (9c).

(9)   a. *Esta fábrica* **emprega** *trinta operários.*
      b. *Trinta operários* **são empregados** *por esta fábrica.*
      c. *Trinta operários* **trabalham** *nesta fábrica.*

Por fim, vale ressaltar que as relações de antonímia e de conversividade não se excluem mutuamente. Por exemplo, as locuções prepositivas ACIMA DE e ABAIXO DE [*acima/abaixo da linha*] são antônimos aproximativos, pois 'X está acima de Y' é, *grosso modo*, o oposto de 'X está abaixo de Y'. No entanto, essas duas lexias também são conversivas, pois 'X está acima de Y' é semanticamente equivalente a 'Y está abaixo de X' (inversão dos actantes).

Não se deve deduzir daí que os conversivos se encontram sempre mais ou menos em relação de antonímia. *Empregar alguém*, por exemplo, não significa de modo algum o oposto de *trabalhar para alguém*. Não obstante, não raro a conversividade é apresentada equivocadamente como um caso particular de antonímia nas obras de Lexicologia ou de Semântica.

Homonímia

A **homonímia** já foi mencionada no capítulo "Unidade lexical ou lexia". É um caso muito particular de disjunção de sentidos.

> Duas lexias são **homônimas** se elas se expressam por meio dos mesmos significantes, mas sem possuir nenhuma interseção significativa de sentidos.

Verifica-se, pois, que a homonímia encontra seu lugar entre as relações se-mânticas fundamentais, mais ou menos como a antítese dessas relações: é uma ausência de relação semântica vista como notável, porque ela coabita com uma identidade de forma.

> Em todo sistema semiótico, espera-se, por padrão, que uma identidade de forma seja o índice de uma identidade ou de uma proximidade de conteúdo.

Assinalamos que se podem distinguir dois casos de homonímia, segundo o tipo de significante que se leva em consideração.

Em primeiro lugar, há **homografia** quando as duas lexias estão associadas aos mesmos significantes **escritos**, sem intersecção significativa de sentidos; por exemplo:

(10) a. *Falou-me da* **venda** *de seu carro.*
b. *Tinha uma* **venda** *nos olhos.*

Tal como indicado no capítulo "Unidade lexical ou lexia", distinguimos neste livro os nomes de lexias homógrafas por meio de números sobrescritos: VENDA[1] *vs.* VENDA[2].

Em segundo lugar, há **homofonia** quando as duas lexias estão associadas aos mesmos significantes **sonoros** sem interseção significativa de sentidos; por exemplo:

(11) a. *A prefeitura* **cassa** *a licença de bares transgressores.*
b. *Faz tempo que ele deixou de ir à* **caça**.

Uma homografia pode coincidir com uma homofonia; é o caso de VENDA[1] e VENDA[2] mencionado anteriormente. Mas nem sempre é assim:

(12) a. *Ela adora* **colher** *flores.* [Pronunciar /koʎeɾ/]
b. *Ela gosta de comer massa com a* **colher**. [Pronunciar /koʎeɾ/]

Verifica-se, pois, que a homonímia não é uma relação lexical verdadeiramente semântica. É, antes, uma relação de forma muito forte, uma identidade de significantes que é peculiar justamente porque vem desacompanhada de uma relação semântica.

Polissemia

A **polissemia** não constitui, estritamente falando, uma relação de sentidos entre lexias, mas uma característica de um vocábulo.

> Um vocábulo é **polissêmico** se ele contém mais de uma lexia.

Deriva-se, entretanto, da polissemia uma noção relevante que é, esta sim, uma relação semântica verdadeira: a **copolissemia**. Assim, pode-se dizer que a lexia VI-DRO 2 [*Ela prepara uma compota de figos em um vidro*] é um **copolissema** da lexia

VIDRO **1** [*O vidro é um material transparente*] no âmbito do vocábulo polissêmico VIDRO. Mas não existe, em português, termo de uso corrente para designar o fato de várias lexias serem copolissemas, e a *copolissemia* adquire ares de neologismo. Em compensação, como veremos logo a seguir, dispomos de termos para designar as relações semânticas específicas entre lexias, relações essas que unem frequentemente as lexias de um mesmo vocábulo.

A maior parte dos vocábulos comuns da língua são polissêmicos. No âmbito do estudo semântico, não podemos nos furtar a examinar os diferentes esquemas de polissemia, geralmente baseados em relações semânticas diferentes daquelas vistas até o presente. A fim de não sobrecarregar este capítulo (já bastante consistente), vamos ater-nos a abordar a relação semântica de ***causatividade***.

> A lexia L_1 é um ***causativo*** da lexia L_2 se 'L_1' ≡ 'causar L_2'.

A causatividade está muitas vezes implicada nas relações semânticas entre lexias de um mesmo vocábulo.

(13) a. *A sopa está **aquecendo** [há dez minutos]*.
  b. *Eu **aqueço** a sopa*.

Embora alguns talvez prefiram dizer *fazer aquecer a sopa* a dizer *aquecer a sopa*, a frase (13b) continua sendo correta. Pode-se compará-la com (14b), que, por sua vez, não é aceitável.

(14) a. *A sopa **ferve** na panela*.
  b. **Eu **fervo** a sopa na panela*.

A causatividade, evidentemente, também pode ligar lexias que não pertençam ao mesmo vocábulo, com presença ou não de uma relação morfológica entre as duas lexias em questão.

(15) a. *O bebê **dorme***.
  b. *Eu **adormeço** o bebê*.
(16) a. *César **morre***.
  b. *Brutus **mata** César*.

Voltaremos a tratar muito mais detalhadamente da causatividade e de outros tipos correntes de relações semânticas entre lexias de um mesmo vocábulo polissêmico no próximo capítulo (ver a seção "Estrutura semântica dos vocábulos").

É importante observar que a noção de polissemia é absolutamente central em Lexicologia e que a literatura sobre esse assunto é gigantesca. Como se trata de uma noção muito debatida e que é pertinente a um fenômeno que está longe de ser simples, propomos, no final deste capítulo, uma leitura que objetiva completar a presente introdução: Kleiber (1999).

Encerramos aqui a apresentação das relações semânticas fundamentais. Lembramos que toda lexia se posiciona na rede lexical da língua antes de mais nada em função dessas relações, como ilustra a figura a seguir.

Relações semânticas fundamentais que situam uma lexia na rede lexical da língua

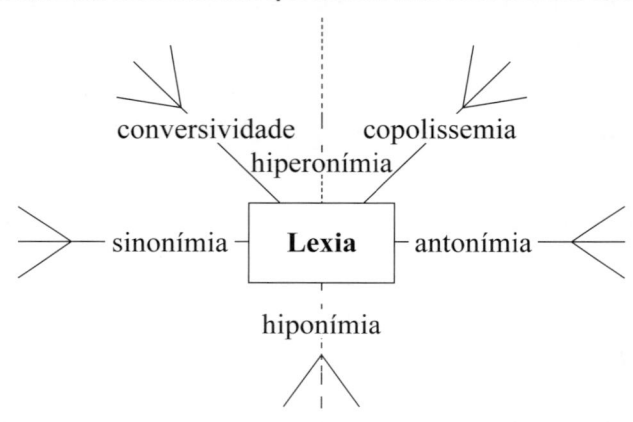

Há inúmeras outras relações lexicais semânticas recorrentes na língua, e poderíamos dedicar uma obra inteira ao seu estudo. O exame detalhado das relações lexicais extrapola em muito os limites deste livro. No entanto, é importante, uma vez atingido este estágio da exposição, mostrar que a estrutura semântica do léxico, por mais complexa e irregular que seja, pode ser estudada e modelizada de forma sistemática. É o que faremos na próxima seção.

MODELIZAÇÃO FORMAL DAS RELAÇÕES LEXICAIS

Estudaremos agora as funções lexicais, ferramenta que permite modelizar as relações entre lexias. Podem-se distinguir dois aspectos do estudo das funções lexicais: a noção em si e sua formalização. Mesmo que sejam introduzidos aqui elementos de formalização, procuraremos sobretudo fazer compreender a noção de função lexical enquanto tal e mostrar como ela explica os diferentes tipos de relações que podem unir os elementos da rede lexical da língua.

Noção de função lexical

Como visto na seção anterior, as relações lexicais tais como a sinonímia e a antonímia inter-relacionam lexias que podem ser substituídas uma pela outra em uma frase, por pertencerem à mesma parte do discurso.

- Sinonímia: *Marcos possui um* $\begin{bmatrix} carro \\ automóvel \end{bmatrix}$ *vermelho.*

- Antonímia: *Marcos é* $\begin{bmatrix} pequeno \\ grande \end{bmatrix}$ *para sua idade.*

É possível, no entanto, conceber outros tipos de relações lexicais, que liguem lexias pertencentes a diferentes partes do discurso. Vejamos dois exemplos.

1. Duas lexias podem pertencer a partes diferentes do discurso e, no entanto, ter ainda um sentido idêntico, como demonstram os dois pares verbo-nome a seguir:
   - CORRER [*correr depressa*] → CORRIDA [*corrida rápida*];
   - DORMIR [*dormir bem*] → SONO [*sono bom*].

2. Certas lexias predicativas (certos verbos, especialmente) estão ligadas de maneira privilegiada a lexias nominais que correspondem ao nome-padrão de um de seus actantes:
   - CORRER ['X corre'] → CORREDOR ['X que corre'];
   - JOGAR ['X joga'] → JOGADOR ['X que joga'];
   - ROUBAR ['X rouba Y de Z'] → LADRÃO ['X que rouba'], ROUBO ['Y que foi roubado'] e VÍTIMA ['Z de quem Y foi roubado'].

É evidente que uma vítima não é necessariamente a vítima de um roubo. Além disso, a lexia ROUBO quer dizer mais do que simplesmente 'algo que foi roubado'. O fato é que a maneira padrão para se referir aos actantes de ROU-BAR é utilizando as lexias mencionadas anteriormente, como mostra o breve texto a seguir:

(17) *Um colar de valor inestimável **foi roubado** ontem. O **ladrão** fugiu com o **roubo*** sem que a **vítima**, a Sra. Bianca C., pudesse reagir.*

---

* N.T.: De acordo com o *Dicionário Houaiss*, o substantivo *roubo*, em sua terceira acepção, significa 'aquilo que foi roubado; produto do roubo'.

A família de relações examinada aqui pode igualmente unir duas lexias que pertencem à mesma parte do discurso: a relação que existe entre ROUBAR e LADRÃO é a mesma que existe entre ROUBO e LADRÃO; a que existe entre JOGAR e JOGADOR é idêntica àquela existente entre JOGO e JOGADOR etc.

Foi proposto, no quadro da teoria linguística Sentido-Texto (ver as leituras complementares sugeridas no fim deste capítulo), que se descrevam todas as relações lexicais paradigmáticas e sintagmáticas por meio de uma ferramenta formal concebida segundo o modelo das funções matemáticas: as funções lexicais.

Uma dada *função lexical* f descreve uma relação existente entre uma lexia L – chamada *argumento* de f – e um conjunto de lexias ou de sintagmas chamado *valor da aplicação* de f à lexia L. A função lexical f é tal que:

1. a expressão f (L) representa a aplicação de f à lexia L;
2. cada elemento do valor de f (L) está ligado a L (mais ou menos) da mesma maneira.

Existem tantas funções lexicais quantos forem os tipos de relações lexicais, e cada função lexical é identificada por um nome particular: Syn (para a sinonímia), Anti (para a antonímia) etc.

Esta definição, sem dúvida bastante abstrata, deve ser abonada por casos precisos de modelização de ligações lexicais. É o que passaremos a fazer agora. No estudo de exemplos concretos de funções lexicais, será importante reportar-se regularmente à definição anterior, para compreender bem a natureza teórica dessa noção.

Funções lexicais paradigmáticas

Mostraremos de início que cada uma das relações lexicais examinadas até o momento neste capítulo pode ser modelizada por meio de uma função lexical particular. Lembremos que, em todos os casos, se trata de relações lexicais paradigmáticas (cf. capítulo "Estrutura do léxico"): o estabelecimento de uma relação entre lexias com base em uma vinculação semântica (sinonímia, antonímia etc.) que as interconecte na rede lexical da língua. As funções lexicais que modelizam esse tipo de relação são chamadas, de maneira absolutamente lógica, *funções lexicais paradigmáticas*. Veremos mais adiante que as funções lexicais também permitem modelizar as relações sintagmáticas.

Serão introduzidas, a seguir, cinco funções lexicais paradigmáticas: Syn, Anti, S_0, V_0, S_i.

1. Syn é a função lexical que associa a uma lexia seus sinônimos exatos ou aproximativos.[6]

Syn (*carro*)   = *automóvel*, **fam.** *auto*
Syn (*indivíduo*) = **fam.** *sujeito*, **fam.** *cara*, **fam.** *tipo*
Syn_C (*avião*)   = *aparelho* [*voador*]

APARELHO [*O aparelho pousou na pista*] é um sinônimo menos rico (e um hiperônimo) de AVIÃO: seu sentido está incluído no de AVIÃO, como indica o símbolo de inclusão colocado no índice em Syn_C.

$Syn_\supset$ (*aparelho* [*voador*]) = *avião*

Por outro lado, AVIÃO é um sinônimo mais rico (e um hipônimo) de APARELHO: seu sentido inclui o de APARELHO, como indica o símbolo de inclusão inversa em $Syn_\supset$.

$Syn_\cap$ (*brincar*) = *divertir-se*

DIVERTIR-SE é um sinônimo com interseção de BRINCAR: seu sentido possui uma interseção significativa com o de BRINCAR, como indica o símbolo de interseção em $Syn_\cap$. Isso é comprovado pelo fato de que, embora as lexias BRINCAR e DIVERTIR-SE possam ser substituídas uma pela outra em numerosos contextos, é indubitavelmente possível brincar sem se divertir e, inversamente, divertir-se sem brincar. Há, portanto, neste ponto, uma interseção, e não uma inclusão de sentidos.

> Observe-se que, por convenção, grafamos em itálico argumento e valor nas fórmulas que descrevem aplicações de funções lexicais.

2. Anti é a função lexical que associa a uma lexia seus antônimos.

Anti (*saber*$_V$)   = *ignorar*
Anti (*pequeno*$_{Adj}$) = *grande*$_{Adj}$

3. S_0 é a função lexical que associa a uma lexia verbal, adjetival ou adverbial sua contraparte nominal.

S_0 (*correr*) = *corrida*
S_0 (*dormir*) = *sono*

Trata-se da modelização, por meio de uma função lexical, do caso n° 1 examinado no início da seção precedente.

O símbolo "S" remete ao termo *substantivo* (cf. capítulo "Estrutura do léxico"). Ele constitui a base do nome de várias funções lexicais que têm como valores nomes ou expressões nominais (ver especialmente S_i, a seguir).

4. V_0 é o correspondente verbal de S_0; ele associa a uma lexia nominal, adjetival ou adverbial sua contraparte verbal.

V_0 (*corrida*) = *correr*
V_0 (*sono*)   = *dormir*

5. S_i liga uma lexia predicativa ao nome-padrão de seu "i-enésimo" (1°, 2°, 3°...) actante.

S_1 (*correr*)   = *corredor*
S_1 (*jogar*)   = *jogador*
S_1 (*roubar* [*algo*]) = *ladrão*
S_2 (*roubar* [*algo*]) = *roubo, produto de um roubo*
S_3 (*roubar* [*algo*]) = *vítima*

Trata-se da modelização, por meio de funções lexicais, do caso n° 2 examinado no início da seção precedente.

Os diferentes exemplos de S_i, visto antes, mostram claramente que uma aplicação de função lexical, **f**(L), dá um valor que é um conjunto. Esse conjunto pode conter um único elemento, como S_1 (*roubar* [*algo*]), dois elementos, como S_2 (*roubar* [*algo*]), ou mais. Mas o valor também pode ser o conjunto vazio. Comparemos, a título de exemplo, as duas seguintes aplicações de S_0:

S_0 (*deslocar-se*) = *deslocamento*
S_0 (*despachar-se*) = $\emptyset$

Apesar da existência de lacunas lexicais, a língua raramente deixa o Locutor completamente desmuniciado. Assim, para expressar a nominalização do sentido veiculado por DESPACHAR-SE, pode-se tanto recorrer ao procedimento regular de nominalização por meio de "*o fato de* V" (*o fato de se despachar*) quanto fazê-lo por intermédio de um quase sinônimo de DESPACHAR-SE, que, por sua vez, possua um S_0:

S_0 (*apressar-se*) = *pressa*

Observe-se, para concluir a exposição sobre as funções lexicais paradigmáticas, que estas permitem modelizar um verdadeiro sistema de relações lexicais recorrentes. Essas relações estruturam o léxico de uma maneira que lembra a derivação morfológica (ver capítulo "Elementos de Morfologia"); por exemplo:

S_0 (*estocar*) = *estocagem*
estoc- + *-agem* → *estocagem*
S_1 (*cantar*) = *cantor*
cant- + *-or* → *cantor*

O sistema das funções lexicais, no entanto, vai mais fundo, pois uma relação paradigmática codificada por uma função lexical não vem necessariamente acompanhada de uma relação morfológica correspondente:

S_0 (*enganar-se*) = *erro*
S_1 (*acidente*) = *vítima*

> Denomina-se ***derivação semântica*** o tipo de relação codificada pelas funções lexicais paradigmáticas.
> Toda derivação morfológica (sincrônica) é uma derivação semântica, mas o inverso não é verdadeiro.

Aqui se encerra a apresentação das funções lexicais paradigmáticas. Mas as funções lexicais permitem também explicar as relações lexicais **sintagmáticas**: as funções lexicais permitem modelizar uma parte da combinatória restrita das lexias, codificando as afinidades peculiares que uma lexia pode manter com outras lexias dentro de colocações. Lembramos que a noção de colocação foi introduzida no capítulo "Unidade lexical ou lexia", no âmbito de estudo da fraseologia.

> Antes de iniciar a leitura da próxima seção, talvez seja útil reler a apresentação da fraseologia proposta no capítulo "Unidade lexical ou lexia".

Funções lexicais sintagmáticas

Lembremos que uma colocação – *grande* **alegria**, *falsa* **alegria**, *transbordar de* **alegria**, *gritos de* **alegria**, *a* **alegria** *explode...* – é um sintagma semifraseológico constituído de uma base (*alegria*) que controla, por suas propriedades de combinatória restrita, a seleção pelo Locutor de um colocado (*grande, falsa...*) para exprimir um determinado conteúdo junto à base em questão.

Uma observação muito importante deve ser feita a propósito dos conteúdos expressos pelos colocados.

> Certos conteúdos linguísticos muito gerais, expressos universalmente nas mais diversas línguas, tendem a exprimir-se fraseologicamente dentro de colocações.

As colocações engendradas pela expressão desses sentidos serão descritas por meio de *funções lexicais sintagmáticas*. Para não saturar este capítulo com um número demasiado elevado de noções novas, vamos ater-nos a apresentar algumas poucas funções lexicais deste tipo.

Uma colocação caracteriza-se em função de dois eixos: o sentido expresso pelo colocado, é claro, mas também o papel sintático que o colocado exerce junto à base. Para ilustrar adequadamente a riqueza tanto semântica quanto sintática dos fenômenos colocacionais, examinaremos funções lexicais sintagmáticas que expliquem colocações que contenham os dois seguintes tipos de colocados:

1. colocados modificadores sintáticos de sua base;
2. colocados do tipo verbos-suporte, que são regentes sintáticos de sua base.

Colocados modificadores sintáticos de sua base. Entende-se por *modificador sintático* um elemento do sintagma colocacional que funciona junto à base como um adjetivo epíteto, se a base é nominal, ou como um advérbio, se a base é verbal ou adjetival. Estamos, pois, na presença de estruturas sintáticas do seguinte tipo, as quais implicam a dependência sintática do **modificador**.[7]

(18) a. *corrida* —modif.→ *desenfreada*
  b. *correr* —modif.→ *à rédea solta*
  c. *sujo* ←modif.— *olhar*
  d. *ruim* —modif.→ *como a peste*

Veremos duas funções lexicais que descrevem colocações deste tipo: Magn e Bon.

1. A função lexical Magn (nome tirado do latim *magnus* 'grande, considerável') associa a uma lexia o conjunto das lexias ou expressões linguísticas que funcionam junto a ela como ***intensificadores***, isto é, como modificadores sintáticos que exprimem o sentido geral 'intenso', 'muito' etc.

A intensificação é um sentido muito vago, que pode combinar-se com pratica-mente qualquer outro sentido e que tende universalmente a se exprimir de maneira fraseológica. Vejamos alguns exemplos retirados do português.

Magn (*respirar*) = *alto, arquejantemente, ofegantemente*
Magn (*roncar*) = *ruidosamente, forte < como um porco, como uma locomotiva, como um trovão*
Magn (*correr*) = *como uma lebre, depressa < à rédea solta, a toda brida, até perder o fôlego, como um doido, desabaladamente*
Magn (*vento*) = *forte, poderoso, desenfreado < furioso, impetuoso, uivante, violento*
Magn (*chuva*) = *densa, intensa, forte, grossa, pesada, copiosa < volumosa, abundante, terrível, diluviana, violenta, torrencial*

Nos exemplos anteriores, o símbolo "<" ('inferior a') indica uma gradação dos diferentes elementos de valor. Assim, um vento forte é "menos intenso" que um vento furioso.

2. A função lexical Bon (nome tirado do latim *bonus* 'bom') associa a uma lexia o conjunto das lexias ou expressões linguísticas que exprimem junto a ela o sentido geral 'bom', 'bem' ... – isto é, que assinalam a avaliação positiva ou a aprovação do Locutor.

Bon (*remédio*) = *santo*
Bon (*decisão*) = *bela, feliz*

As funções lexicais apresentadas até aqui são ditas **simples**, por não serem decomponíveis em outras funções lexicais. Essas funções podem combinar-se para formar funções lexicais ditas **complexas**, como AntiMagn (combinação de Anti com Magn, isto é, o contrário de um intensificador) ou AntiBon.

AntiMagn (*desgosto*) = *pequeno*
AntiBon (*cumprimento*) = *inadequado, desajeitado, inconveniente*

O quadro que segue oferece outros exemplos de valores obtidos em português para Magn, Bon, AntiMagn e AntiBon. Esses exemplos patenteiam a grande riqueza dos dados que tais funções lexicais sintagmáticas permitem modelizar. A numeração das lexias é tirada do *Petit Robert* (2017).

Exemplos de valores de Magn, Bon, AntiMagn e AntiBon

Lexia	F. Lexical	Valor (extrato)
LATIDO 1 [latidos de um cãozinho]	Magn AntiMagn AntiBon	furiosos, ferozes fracos, tímidos incômodos, chatos
DERROTA 1 [derrota militar]	Magn	grave, séria < esmagadora, terrível < completa, total; pungente; vergonhosa, humilhante
	Bon	honrosa
CERIMÔNIA 2 [cerimônia oficial]	Magn AntiMagn	imponente < grandiosa, pomposa discreta, íntima, sóbria
GOSTO I.2 [gosto açucarado de uma fruta]	Magn AntiMagn Bon AntiBon	nítido, forte, marcado leve, vago bom, delicioso, saboroso **fam**. nojento, ruim, mau
OLHAR I.1 [olhar alguém/um quadro]	Magn AntiMagn AntiBon	intensamente, fixamente; dentro dos olhos discretamente, de soslaio, de relance insidiosamente, atravessado

Nem todas as opções sugeridas para um mesmo valor de uma função lexical são estritamente equivalentes. *Olhar intensamente* não quer dizer exatamente a mesma coisa que *olhar fixamente* ou *olhar dentro dos olhos*. É por isso que, por convenção, utilizamos às vezes ponto e vírgula para sinalizar diferenças semânticas não desprezíveis entre os diferentes elementos de valor de uma aplicação de função lexical. O que importa é que todas as realizações propostas sejam interpretáveis como casos particulares de expressão da função lexical correspondente.

> A etiquetagem de uma ligação base-colocado por meio de um nome de função lexical não propicia uma descrição semântica perfeita da ligação em questão. Viabiliza, no entanto, uma generalização que permite classificar as colocações, antecipá-las quando se descreve uma dada lexia (Quais são seus Magn, AntiMagn...?), prever problemas de aprendizagem lexical etc.

Antes de passar à apresentação do segundo tipo de colocados (os verbos-suporte), mencionaremos um caso particular de valores que podem ocorrer em concomitância com as aplicações de funções lexicais sintagmáticas: os valores ditos *fusionados*.

> Um ***valor fusionado*** da aplicação de uma função lexical sintagmática f a uma lexia **L** é uma lexia que exprime simultaneamente (= de maneira fusionada) o sentido de **L** e o de **f**. A ***fusão*** é indicada pelo símbolo "//".

A aplicação de Magn a seguir exemplifica esse fenômeno:

(19) Magn (*pobreza*) = *crassa, grande* < *absoluta*; //*miséria*.

A lexia POBREZA mantém na realidade dos fatos uma relação paradigmática com a lexia MISÉRIA (que é um de seus sentidos Syn⌐); mas dizer *pobreza* é aproximadamente equivalente a empregar a colocação *grande pobreza*. Trata-se, portanto, de uma das opções que se oferecem ao Locutor quando ele quer exprimir a intensificação do sentido 'pobreza'. É o que formaliza a equação (19).

A possibilidade de expressão fusionada dos sentidos colocacionais é uma das razões pelas quais se deve considerar que **não existe fronteira estanque entre as relações lexicais paradigmáticas e sintagmáticas**. É também uma das razões pelas quais o sistema das funções lexicais, por seu caráter unificador, é uma ferramenta teórica e descritiva particularmente potente para modelizar a estrutura relacional do léxico.

Colocados do tipo verbos-suporte. Um ***verbo-suporte*** é um colocado verbal semanticamente vazio no contexto da colocação, cuja função linguística é "verbalizar" uma base nominal, isto é, fazê-la funcionar na frase como se ela fosse um verbo.

(20) a. *sentir* $\xrightarrow{\text{complemento de objeto}}$ *inveja* ≡ *invejar*
      b. *dar* $\xrightarrow{\text{complemento de objeto}}$ *um golpe* ≡ *golpear*
      c. *fazer* $\xrightarrow{\text{complemento de objeto}}$ *um projeto* ≡ *projetar*

Considera-se que o verbo-suporte é semanticamente vazio no contexto da colocação, pois ele não é utilizado pelo Locutor para expressar um determinado sentido que já não esteja contido na base. Assim, todos os sentidos lexicais contidos na frase (21a), a seguir, também estão contidos no sintagma nominal (21b), onde não aparece o verbo-suporte SENTIR:

(21) a. *João sente inveja.*
      b. *a inveja de João*

As únicas diferenças semânticas perceptíveis entre (21a) e (21b) devem-se à estrutura comunicativa (ver capítulo "Sentido linguístico") e ao tempo gramatical, não expresso em (21b). As mesmas observações são válidas para os pares *dar um golpe* ~ *golpear* e *fazer um projeto* ~ *projetar*, cf. (20b-c).

Para ilustrar a noção de verbo-suporte, mencionam-se geralmente as construções com verbo-suporte em que a base é um complemento do verbo colocado (como nos exemplos anteriores). Um verbo-suporte pode, no entanto, combinar-se com uma base da colocação que esteja em posição de sujeito; por exemplo:

(22)   a. *Um perigo* ←──sujeito── *ameaça João*.
       b. *Aplausos* ←──sujeito── *fazem-se ouvir*.

Esta oposição – base complemento *vs.* base sujeito do verbo-suporte – permite-nos introduzir aqui duas novas funções lexicais sintagmáticas: $Oper_i$ e $Func_i$.

1) A função lexical $Oper_i$ (do latim *operari* 'trabalhar, fazer') associa a uma lexia predicativa nominal L o conjunto dos verbos-suportes que tomam a expressão do "i-ésimo" (1°, 2°, 3°...) actante de L como sujeito e L como complemento de objeto.

Essa caracterização de $Oper_i$ mostra que, para se compreender bem o funcionamento dessa função lexical, é necessário ter uma visão clara das estruturas semânticas **e** sintáticas que por ela são postas em situação de correspondência. O formalismo gráfico das redes semânticas, introduzido no capítulo precedente, bem como o das árvores sintáticas de dependência, introduzido no capítulo "Unidade lexical ou lexia", vão nos permitir visualizar essa correspondência entre as configurações semântica e sintática.

Correspondência semântico-sintática que define $Oper_i$

Semântica	Sintaxe
'L'	$Oper_i$

Vejamos de imediato um exemplo. Seja a frase a seguir, onde uma colocação aparece em negrito:

(23) *Nicolau **dá um golpe** em Alceu*.

Uma rápida análise semântica dos elementos desta colocação autoriza-nos a fazer as três seguintes constatações:

1. a lexia GOLPE é, semanticamente, um predicado com três actantes: 'golpe de X em Y com Z';
2. em (23), *Nicolau* é a expressão do 1º actante semântico de GOLPE, e *Alceu*, a expressão de seu 2º actante;
3. *dar* é utilizado como verbo-suporte (semanticamente vazio); ele tem *Nicolau* (1º actante de *golpe*) como sujeito e *golpe* como complemento de objeto direto.

Tudo isso nos remete à correspondência semântico-sintática que define a função lexical $Oper_i$ e que está representada graficamente na figura anterior.

Como o sujeito do verbo-suporte é o 1º actante da base da colocação, estamos mais precisamente na presença de um colocado do tipo $Oper_1$.

$Oper_1$ (*golpe*) = **form.** *administrar, infligir, aplicar, dar, desfechar, desferir,* **infrm.** *assentar, largar*

A noção de $Oper_i$, tal como foi definida, faculta-nos avançar a hipótese de que a lexia GOLPE também poderia possuir várias $Oper_2$, isto é, ser a base de colocações do mesmo tipo, nas quais, porém, o sujeito do verbo-suporte seria a expressão do 2º actante da lexia. E é isso realmente o que ocorre:

$Oper_2$ (*golpe*) = **fam.** *levar,* **fam.** *receber, tomar, apanhar*

Passemos agora à segunda função lexical sintagmática de verbo-suporte que decidimos introduzir aqui.

2) A função lexical $Func_i$ (do verbo latino hipotético *functionare* 'funcionar') associa a uma lexia predicativa nominal L o conjunto de verbos-suporte que tomam L como sujeito gramatical e a expressão do "i-ésimo" (1º, 2º, 3º...) actante de L como complemento de objeto. Quando esses verbos não têm complemento, a função lexical é chamada $Func_0$.

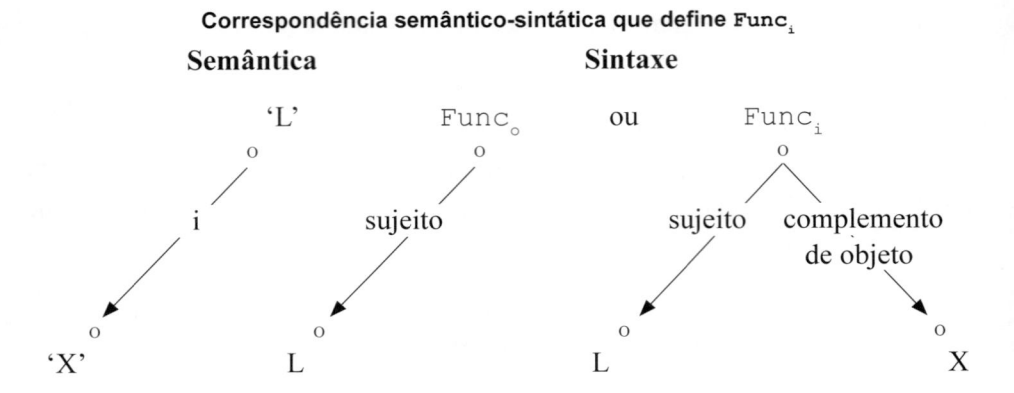

Correspondência semântico-sintática que define $Func_i$

Seguem alguns exemplos de $Func_i$. Cabe ao leitor analisá-los semântica e sintaticamente, para certificar-se de que eles correspondem de fato a uma das duas correspondências descritas na figura anterior.

$Func_0(aplausos)$ = *soar, ecoar*
$Func_1(exclamação)$ = *escapar* [*a* X]
$Func_2(acusação)$ = *pesar* [*sobre* Y]

Encerra-se aqui nossa apresentação das funções lexicais sintagmáticas. Como se verifica, embora as colocações sejam utilizadas de maneira automática, sua modelização e sua compreensão requerem um excelente domínio de um conjunto significativo de noções linguísticas básicas. Para compreender o funcionamento de uma colocação, é preciso ser capaz de analisar em profundidade as estruturas semântica e sintática que ela põe em jogo.

À GUISA DE TRANSIÇÃO...

O sistema das funções lexicais da língua é riquíssimo: mais de seis dezenas de funções lexicais simples, que muitas vezes podem se combinar. Seria pertinente dedicar todo um curso de semântica a essa noção (a seus fundamentos, a sua utilização potencial em Lexicologia, no ensino de línguas etc.). Devemos, porém, parar por aqui. Encontram-se no fim do capítulo várias sugestões de leituras que darão uma ideia mais concreta da vasta gama de fenômenos que são modelizados pelas funções lexicais. Encontram-se também nos exercícios várias questões que permitirão ir além dos poucos casos que acabamos de abordar.

De modo mais geral, concluímos neste momento o exame da modelização das relações lexicais. Fica claro que modelizar as relações entre lexias, mesmo utilizando uma ferramenta tão potente como as funções lexicais, não basta para se **descrever** realmente o sentido das lexias em questão. Seria, antes, até o contrário.

> Uma verdadeira análise dos sentidos lexicais é indispensável se se deseja ser capaz de identificar claramente as relações semânticas entre as lexias.

Retomemos o caso do semantema 'cama', mencionado no início deste capítulo. Sua representação segundo a lógica dos conjuntos, sob a forma de diagrama, se assemelharia a algo como (24).

(24)

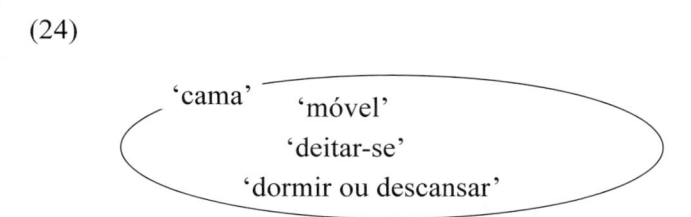

No entanto, esta visualização do sentido evidencia somente a relação de inclusão. Falta a modelização da organização interna do sentido, algo semelhante ao diagrama (25).

(25)

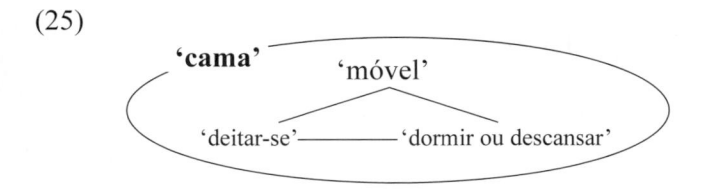

O que a figura (25) procura modelizar (mediante o uso de negrito e de caracteres de tamanhos diferentes) é, na verdade, a estrutura da **definição** da lexia CAMA. A definição do sentido de uma lexia não se reduz ao rol de todos os sentidos mais simples que a constituem; mas é uma "fórmula" que torna explícita a organização interna desse sentido.

Somente as modelizações estruturadas dos sentidos lexicais, sob a forma de verdadeiras definições, permitem explicitar as relações lexicais do tipo daquelas que foram estudadas neste capítulo. Assim, para poder demonstrar por que existe uma relação $Syn_\cap$ entre CAMA e MACA, mas não entre CAMA e MESA DE OPERAÇÃO (embora também esteja presente, neste segundo caso, uma interseção de sentido importante), é preciso dispor de uma representação estruturada dos sentidos.

Na verdade, para ser bem utilizado, todo o sistema das funções lexicais pressupõe nossa capacidade de levar a termo uma análise semântica das lexias. A função lexical Magn, por exemplo, corresponde necessariamente, em um caso determinado de Magn(L), à intensificação de um componente semântico peculiar do sentido da lexia L, componente esse que precisamos estar em condições de identificar. Seguem, a título de ilustração, duas séries de empregos de Magn (*epidemia*), retirados da internet, cada uma das quais vem ancorada em um componente particular do sentido dessa lexia.

(26) *Em 1894, uma **assustadora** epidemia de peste se alastra. Os planaltos eram uma área saudável, sem malária, até 1978, quando estourou uma epidemia **mortífera**.*
→ Magn intensifica o componente de sentido 'doença'.

(27) *É uma das **maiores** epidemias de peste. Há vários anos, o país está enlutado por uma **gravíssima** epidemia de difteria.*
→ Magn intensifica o 'conjunto de pessoas'.[8]

As observações que acabamos de fazer demonstram que está na hora de abordar o problema central da Semântica Lexical: a análise do sentido. É o que faremos no próximo capítulo.

LEITURAS COMPLEMENTARES

PALMER, Frank R. Lexical Semantics: Sense Relations. In: _____. *Semantics*. Cambridge: Cambridge University Press, 1981, pp. 83-108.

Sugerimos a leitura deste texto por duas razões. Por um lado, ele é muito bem redigido e apresenta claramente as noções centrais estudadas neste capítulo. Por outro, ele é escrito em inglês e traz exemplos nesta língua. Com efeito, sempre é bom debruçar-se sobre exemplos emprestados de outra língua para compreender bem os problemas de Semântica. Distanciamo-nos facilmente de uma segunda língua; é mais fácil considerá-la unicamente como objeto de estudo. Encontrase neste texto também um esboço de formalização da representação do sentido por meio da linguagem da Lógica Formal. Embora não seja necessário assimilar completamente esse método de descrição do sentido, sempre será útil entender seu funcionamento, para confrontá-lo especialmente com o formalismo das redes semânticas, introduzido no capítulo anterior (ver seção "Representação do sentido dos enunciados").

> KLEIBER, Georges. *Problèmes de sémantique*: la polysémie en questions. Villeneuve d'Ascq: Presses Universitaires du Septentrion, 1999. (Sens et Structure)

Texto de referência, que faz uma revisão das principais abordagens linguísticas do fenômeno da polissemia. Esta obra é uma verdadeira mina de informações sobre a questão. Pode-se completar essa leitura com Cruse (1995), texto proposto como leitura suplementar no fim do capítulo "Análise do sentido".

> MEL'ČUK, Igor. *Vers une linguistique Sens-Texte*: leçon inaugurale. Paris: Collège de France, 1997, pp. 41-57.
> _____. Collocations dans le dictionnaire. In: SZENDE, Thomas (Dir.). *Les écarts culturels dans les dictionnaires bilingues*. Paris: Champion, 2003, pp. 19-64.

Estes dois textos propiciam uma apresentação relativamente completa da noção de função lexical.

> MEL'ČUK, Igor; POLGUÈRE, Alain. Lexique actif du français. L'apprentissage du vocabulaire fondé sur 20.000 dérivations sémantiques et collocations du français. Bruxelles: De Boeck et Larcier, 2007. (Champs linguistiques)

Obra de caráter didático já mencionada no capítulo "Unidade lexical ou lexia". Contém uma introdução às noções de derivações semânticas e colocações, bem como uma amostra de dicionário, em que cada lexia é descrita em função das relações paradigmáticas e sintagmáticas que ela controla.

> GALISSON, Robert. *Inventaire thématique et syntagmatique du français fondamental*. Paris: Hachette; Larousse, 1971. (Le français dans le monde – B.E.L.C.)

Este volume retoma os dados do francês fundamental (capítulo "Estrutura do léxico"), estruturando-os de modo a ressaltar as relações sintagmáticas (colocacionais) que unem as lexias deste vocabulário básico. Encontram-se ali também modelizadas, em parte, as relações paradigmáticas, uma vez que as lexias são agrupadas por temas, que correspondem aproximadamente ao que denominamos de *campos semânticos* no próximo capítulo.

EXERCÍCIOS

▪ EXERCÍCIO 1

Qual é a relação de conjunto existente entre o sentido da lexia LIVRO [*Li um livro apaixonante*] e o da lexia POETA [*Os poetas nem sempre gostam de falar de sua obra*]? De que ponto de vista a caracterização das relações semânticas com base em relações de conjunto é pouco satisfatória?

▪ EXERCÍCIO 2

Apresente todos os hiperônimos (diretos e indiretos) de ÁRVORE [*uma árvore com raízes profundas*]. Cite cinco de seus hipônimos.

▪ EXERCÍCIO 3

Descreva a relação semântica existente entre ALIMENTAR-SE [*José alimenta-se pouco*] e COMER [*José come pouco*].

▪ EXERCÍCIO 4

Demonstre que A CAMINHO [*O ônibus está a caminho do fim da linha*] é um antônimo de NA PARADA [*O ônibus está na parada*]. Por que se deve considerar que essas duas lexias são antônimos aproximativos? (Pense no número de actantes dos respectivos predicados correspondentes.)

▪ EXERCÍCIO 5

Com referência aos exemplos (5a) e (5b), explique por que PERTO e LONGE são antônimos exatos, ao passo que GOSTAR e DETESTAR são antônimos aproximativos.

▪ EXERCÍCIO 6

A lexia FOGO [*Aqueles homens pré-históricos já haviam domesticado o fogo*] é um antônimo da lexia ÁGUA [*A água é necessária à vida*]? Justifique sua resposta.

▪ EXERCÍCIO 7

Leia atentamente a citação a seguir. Como se poderia caracterizar a relação semântica existente entre OLHO [*ter um cisco no olho*] e OLHAR [*lançar um olhar estranho*]? Como esta relação é explorada aqui por A. Nothomb?

> Os olhos dos seres vivos possuem a mais espantosa das propriedades: o olhar.
> Não existe nada mais singular. Não se diz das orelhas das criaturas que elas têm
> um "escutar", nem de suas narinas que ela têm um "cheirar" ou um "fungar".
>
> NOTHOMB, Amélie. *Métaphysique des tubes.* Paris: Albin Michel, 2000, p. 37.

▪ EXERCÍCIO 8

Descreva as colocações a seguir por meio de funções lexicais. Justifique suas respostas.

(28) a. *Este é um dos meus **primos afastados**.*
      b. *Um **sério desacordo** os opõe.*
      c. *Um **leve desacordo** os opõe.*
      d. *Marcos **dorme a sono solto**.*
      e. *Marcos **dorme com um olho só**.*
      f. *Marcos **dorme como um anjo**.*

▪ EXERCÍCIO 9

Complete as fórmulas a seguir apresentando da maneira mais completa possível os valores de cada uma das aplicações das funções lexicais. Propomos, para cada caso, um exemplo que permite identificar a acepção que deve ser considerada.

Syn (*comer [Ela come um bife malpassado]*)   = ...
Anti (*permitir [Eu lhe permito usar a minha bicicleta]*)   = ...
S_0 (*cair [Ele caiu no chão]*)   = ...
S_2 (*comprar [Ele comprou uma camisa nova]*)   = ...
Magn (*chorar [Todos choramos quando ele partiu]*)   = ...
AntiMagn (*apetite [Esta corrida me abriu o apetite]*)   = ...
Bon (*tempo [Como está o tempo?]*)   = ...
AntiBon (*tempo*)   = ...

▪ EXERCÍCIO 10

Identifique as colocações presentes no texto a seguir e descreva-as por meio de funções lexicais.

> Um calor sufocante reinava naquela peça, que ele conhecia como a palma de sua mão. Ele esboçou um sorriso sardônico e disse com sua vozinha fanhosa: "Sei que você está aí!".

▪ EXERCÍCIO 11

A expressão *satisfazer uma vontade* é uma colocação. Por que ela não exemplifica um caso de $Oper_1$?

▪ EXERCÍCIO 12

Releia a citação que serve de epígrafe para este capítulo.

- Parafraseie em termos muito simples e muito gerais *explode* em *A guerra explode*.
- Seria possível descrever esta colocação usando as funções lexicais introduzidas neste capítulo?
- O trocadilho lúgubre *As bombas arrasam* não é, evidentemente, uma colocação do português. Tente explicar por quê.
- Quais são, em contrapartida, as colocações disponíveis em português para expressar o que as bombas "fazem"?

NOTAS

[1] Uma inclusão de sentido é um caso particular de interseção de sentidos, onde a interseção corresponde a um dos dois sentidos em questão.

[2] Enquanto uma lexia normalmente só tem um hiperônimo direto (uma única lexia da qual ela é um "enriquecimento" semântico), ela pode perfeitamente possuir mais de um hipônimo. Certas lexias semanticamente classificantes, como ANIMAL ou SENTIMENTO, por exemplo, chegam a ter um número elevado de hipônimos.

[3] Se ANIMAL é um hiperônimo de CACHORRO e CACHORRO um hiperônimo de DÁLMATA, então ANIMAL é um hiperônimo de DÁLMATA.

[4] Sylvain Kahane assinala que o par VÉLO ~ BICYCLETTE é, na verdade, discutível e que essas lexias são, sem dúvida, sinônimos aproximativos. De fato, pode-se falar sem problema de um *vélo* de três rodas para descrever um triciclo, ao passo que é muito mais difícil dizer que esse veículo é uma *bicyclette* de três rodas.

[5] Voltaremos a tratar do teste de substituição em contexto no capítulo "Análise do sentido", que trata da análise semântica lexical. Lembramos que a noção de paráfrase já foi abordada no capítulo precedente.

[6] As marcas de uso, como **fam.** (linguagem familiar), foram introduzidas no capítulo "Estrutura do léxico".

[7] Sobre a noção de dependência sintática, ver capítulo "Unidade lexical ou lexia".

[8] Uma epidemia é a manifestação de uma doença em um conjunto numeroso de pessoas.

Análise do sentido

— *Mas que quer dizer "efêmera"? – repetiu o pequeno principezinho, que jamais desistira de uma pergunta que tivesse feito.*
– Quer dizer "ameaçada de desaparecer em breve".
– Minha flor está ameaçada de desaparecer em breve?
– Sem dúvida.
"Minha flor é efêmera", pensou o pequeno príncipe, "e não tem mais que quatro espinhos para defender-se do mundo! E eu a deixei sozinha!"

Antoine de Saint-Exupéry, *O pequeno príncipe.*
(trad. Dom Marcos Barbosa)

Esta citação de Saint-Exupéry ilustra perfeitamente os dois fatos a seguir, que constituirão o ponto de partida deste capítulo:

- para fazer entender o sentido de uma lexia (como EFÊMERO), é preciso analisá-la;
- uma análise típica consiste em decompor o elemento analisado em elementos "mais simples" que o constituem.

O objetivo deste capítulo é propiciar uma boa visão de conjunto do método a ser utilizado para analisar os sentidos lexicais e dos problemas específicos que este tipo de análise levanta.

Procederemos em três etapas:

1. estudo da ferramenta privilegiada de análise semântica das lexias: a definição lexical;
2. exame de um método concorrente de análise do sentido: a análise sêmica;
3. estudo das relações semânticas entre copolissemas (lexias de um mesmo vocábulo), relações que as definições lexicais devem evidenciar.

Noções introduzidas: *definição lexical*; *componentes centrais* vs. *componentes periféricos de uma definição*; *gênero próximo e diferenças específicas*; *definição analítica* (= *definição por gênero próximo e diferenças específicas*); definiendum *e* definiens; *teste de substituição em contexto; círculo vicioso; campo semântico; campo lexical; ambiguidade lexical e sintática; zeugma; vagueza; análise sêmica; traço distintivo; sema; semema; lexia de base (de um vocábulo); metonímia; sinédoque; metáfora; figura de estilo (= de retórica); figura livre* vs. *figura lexicalizada; extensão de sentido; padrão de polissemia; polissemia regular.*

DEFINIÇÃO LEXICAL: FERRAMENTA DE ANÁLISE DO SENTIDO

Definição por gênero próximo e diferenças específicas

Existem vários métodos de análise dos sentidos lexicais. O método de análise semântica mais comumente utilizado assenta-se na elaboração de *definições lexicais* que apresentem as três seguintes características.

1. Propõem uma paráfrase do sentido da lexia definida.
2. São formuladas mediante o uso de lexias semanticamente mais simples do que a lexia definida.
3. Subdividem-se em duas partes: (i) um *componente central* construído em torno de um sentido chamado *gênero próximo* ou *sentido genérico* da lexia definida, componente esse que é uma paráfrase aproximativa mínima do sentido da lexia definida; (ii) um conjunto de *componentes periféricos* chamados *diferenças específicas*, que caracterizam o sentido da lexia definida em relação ao seu gênero próximo e ao sentido de todas as demais lexias da língua que tenham o mesmo gênero próximo.

A última característica mencionada empresta seu nome ao tipo de definição que vamos estudar: a *definição por gênero próximo e diferenças específicas.*

A definição (1), a seguir, é uma definição por gênero próximo e diferenças específicas, tal como poderia ser encontrada em um dicionário comum de língua.

(1) LABOR: *trabalho* [gênero próximo] *longo e penoso* [diferenças específicas]

Ao contrário, (2) não é propriamente uma definição, mas uma simples enumeração de sinônimos aproximativos.

(2) LABOR: *trabalho, corveia, faina.*

A maioria dos dicionários de língua propõe definições por gênero próximo e diferenças específicas, mas nem sempre o fazem de maneira sistemática, como se verá no capítulo "Lexicologia descritiva".

O termo *definição por gênero próximo e diferenças específicas* é muito antigo: as noções de *gênero* e de *diferenças específicas* foram propostas por Aristóteles (384-322 a.C.) para fundamentarem sua teoria da definição, exposta em *Tópicos* (para uma referência exata, ver a lista de leituras no fim do capítulo). Note-se que o termo *diferença específica*, no singular, aparece frequentemente na literatura linguística. Em nosso entender, entretanto, é preferível o uso do plural, na medida em que ele dá conta do fato de nos encontrarmos aqui, normalmente, diante de um conjunto de componentes semânticos que caracterizam a lexia definida. De qualquer forma, este detalhe terminológico não terá nenhuma consequência sobre o que segue, pois, para tornar mais leve a exposição, denominaremos doravante as definições em questão de ***definições analíticas***.

Antes de passarmos à metodologia de elaboração das definições analíticas, convém observar que certas lexias são relativamente difíceis de definir desta maneira, o que buscamos comprovar com dois exemplos.

Em primeiro lugar, as lexias que veiculam um sentido gramatical, tais como os artigos ou os verbos auxiliares, não são parafraseáveis por fórmulas que possam substituí-las a contento na frase – ver a discussão desta questão no capítulo "Sentido linguístico". Por isso, não é prática corrente defini-las nos dicionários por meio de definições analíticas.

Em segundo lugar, as interjeições (OH!, ORA BOLAS!...) são lexias singulares, cuja paráfrase por meio de definições analíticas também levanta problemas técnicos. O leitor poderá reportar-se ao pequeno texto citado no exercício 2 do capítulo "Sentido linguístico", em que justamente a dificuldade de parafrasear uma imprecação quebenquense – VERRAT! [VERRASCO!] – pode explicar a relativa falta de jeito com a qual uma criança tenta contorná-la.

Aprender a definir

Aristóteles, que estabeleceu de maneira explícita os fundamentos teóricos da noção de definição analítica, indicou muito claramente a grande dificuldade inerente ao ato de definir: "Que é mais difícil formular uma definição do que destruí-la, isso se verá claramente pelo que vamos dizer" (Aristóteles, *Tópicos*, livro VII, capítulo 5).

É preciso compreender que toda a atividade científica se baseia na construção e na utilização de definições. Tanto na elaboração de noções científicas quanto em sua aplicação propriamente dita, a refutação é sempre um exercício mais fácil do que a construção. Isso, sem dúvida, vale igualmente para a definição lexical. Um corolário da mencionada citação de Aristóteles é que é mais simples elaborar um método que permita falsear uma definição do que elaborar um que permita definir bem.

> É através da aquisição de um conjunto de técnicas bem precisas e através da prática da descrição lexicográfica (capítulo "Lexicologia descritiva") que se aprende a definir adequadamente as lexias.

Neste capítulo, procederemos, portanto, sobretudo analisando exemplos e limitando ao máximo a apresentação de noções novas ou de abordagens teóricas.

Método para esboçar definições analíticas

É impossível estudar aqui detalhadamente todos os problemas levantados pela construção de definições lexicais. Nesta seção, vamos ater-nos a propor um método para esboçar boas definições analíticas. Este método é bastante rudimentar; ele nos oferece, porém, uma grade de análise semântica sólida, aplicável a todas as lexias da língua.

Examinaremos o caso da lexia ENCARAR [*Ele me encarava com uma expressão maldosa*], cuja definição construiremos em cinco etapas:

1. identificação da natureza predicativa da lexia;
2. identificação de seu gênero próximo;
3. caracterização semântica de seus actantes (o que inclui uma primeira série de diferenças específicas);
4. identificação das demais diferenças específicas;
5. validação da definição.

1. **Identificação da natureza predicativa da lexia**. A primeira operação a ser efetuada é determinar se a lexia que está sendo definida é um predicado ou quase predicado semântico e, se for o caso, verificar quantos actantes ela controla. A lexia ENCARAR, enquanto verbo, é evidentemente um predicado, e pode-se avançar a hipótese de que ele controle dois actantes: X que encara e Y que é encarado.

> Portanto, o que se procurará definir a partir de agora não é simplesmente *encarar*, mas o padrão de frase *X encara Y*, da qual nossa definição analítica deverá constituir uma paráfrase.

É necessário introduzir um mínimo de formalização na formulação das definições lexicais. Estruturaremos nossas definições em três partes, respeitando certas convenções de escrita:

1. O *definiendum* – literalmente, o que deve ser definido – é uma expressão constituída da lexia definida acompanhada das variáveis que identificam os actantes que ela controla (no caso de uma lexia predicativa). O *definiendum* é grafado em itálico; assim, o *definiendum* da definição de ENCARAR, que estamos elaborando, é *X encara Y*.
2. O *definiendum* é seguido do símbolo de definição propriamente dito, que será ":", por padrão, e "≅", no caso de se querer assinalar que se trata de uma definição aproximativa.
3. À direita do símbolo de definição, encontra-se a paráfrase definicional propriamente dita: o *definiens* – literalmente, aquele ou aquilo que define. Por convenção, o *definiens* da definição é escrito sem formatação particular (nem itálico, nem aspas semânticas '. . .').

Por exemplo, a definição de LABOR dada anteriormente em (1), pode ser reformulada da seguinte maneira:[1]

> *labor de X* : trabalho longo e penoso efetuado por X

Nossas definições são apresentadas em quadros, a fim de evidenciar sua natureza relativamente formal, que as distingue das definições que se encontram nos dicionários usuais.

2. **Identificação do gênero próximo.** Voltamos agora nossa atenção para a construção do *definiens* da definição de uma lexia, começando pela identificação de seu gênero próximo, que é, como já foi dito, sua paráfrase aproximativa mínima.

No caso de ENCARAR, o problema é de fácil solução: encarar é **olhar** de uma certa maneira. Pode-se, pois, propor uma primeira paráfrase aproximativa que define muito rudimentarmente essa lexia:

(3)

> *X encara Y* ≅ X olha Y de uma certa maneira

Esta definição aproximativa nos diz que OLHAR é um sinônimo menos rico de ENCARAR; em outros termos:

$$\mathrm{Syn}_C \, (encarar) = olhar$$

A conjunção dos dois pontos a seguir justifica tal análise semântica:

1. se se encara alguém, isso quer necessariamente dizer que se olha essa pessoa;
2. pode-se perfeitamente olhar sem encarar.

O primeiro ponto é comprovado pela incoerência semântica da frase (4a), a seguir, e o segundo, inversamente, pela coerência semântica de (4b).

(4) a. #*Zilda encarava Luzia sem olhá-la.*
     b. *Zilda olhava Luzia, sem, porém, ousar encará-la.*

> O símbolo sustenido sobrescrito (#) colocado diante de um exemplo linguístico indica que a frase ou a expressão em questão é semanticamente incoerente.

Será pertinente utilizar aqui um símbolo diferente daquele da agramaticalidade (*) para assinalar que a anomalia contida na frase (4a) é estritamente semântica.

3. **Caracterização semântica dos actantes.** Para abordar a identificação das diferenças específicas, caracterizaremos os actantes do predicado em questão respondendo a duas perguntas:

   1. O que pode encarar?
   2. O que pode ser encarado?

Os exemplos a seguir mostram que o actante X de ENCARAR pode ser ou um indivíduo ou um animal, mas não um objeto, como uma câmera.

(5) a. *O vizinho me encara com uma expressão maldosa.*
     b. *O cachorro do vizinho me encara com uma expressão maldosa.*
     c. #*A câmera de segurança encara os visitantes.*

É interessante comparar o exemplo semanticamente mal formado (5c) com a frase abaixo, que significa metonimicamente que alguém escruta os visitantes por meio de uma câmera:[2]

(6) *A câmera de segurança escruta os visitantes.*

A frase (5c) não deve absolutamente ser vetada. Pode-se até considerá-la bem formulada, mas detecta-se um efeito de estilo no fato de se dizer que uma câmera **encara** os visitantes, o que não ocorre quando se diz que ela **escruta** os visitantes.[3]

Nossa definição deverá assinalar que o primeiro actante de ENCARAR não pode ser um objeto, em um enunciado não marcado estilisticamente, pois isso distingue esta lexia de um sinônimo com interseção ($Syn_\cap$), como ESCRUTAR.

> Por contribuírem para a distinção semântica entre lexias, as características semânticas dos actantes correspondem a uma primeira série de diferenças específicas.

Quanto ao segundo actante, as frases (7a-c), a seguir, mostram que ele deve denotar um indivíduo, e não um animal ou um objeto.

(7) a. *Luzia encara* [provocadoramente] *o vizinho.*
     b. #*Luzia encara** [provocadoramente] *o cachorro do vizinho.*
     c. #*Luzia encara* [provocadoramente] *um quadro de Renoir.*

Note-se que OLHAR não se comporta da mesma maneira que ENCARAR, pois o segundo actante de OLHAR pode ser toda e qualquer entidade visível.

(8) *Luzia olha o vizinho ~ um cachorro ~ um quadro ~ o céu.*

Podemos agora aprimorar nossa primeira definição de ENCARAR da seguinte maneira:

(9) | *X encara Y* ≅ O indivíduo ou o animal X olha
    o indivíduo Y de uma certa maneira

4. **Identificação das demais diferenças específicas.** Cumpre-nos agora substituir o componente 'de uma certa maneira' na definição (9), demasiadamente vago, por um ou mais componentes semânticos que realmente caracterizem o ato de encarar (cf. acepção 3 do *Houaiss*) em relação ao ato de olhar. Com efeito, devemos chegar a uma definição que também distinga ENCARAR (cf. acepção 3 do *Houaiss*) de ESCRUTAR, pois se trata de sinônimos aproximativos, co-hipônimos de OLHAR. De início, verifica-se que ENCARAR (cf. acepção 3 do *Houaiss*) e ESCRUTAR significam ambos 'olhar com certa intensidade'. Seria correto dizer que encarar (cf. acepção 3 do *Houaiss*) é olhar com muita atenção, enquanto escrutar é mais do que isso: é olhar muito atentamente, como se se procurasse encontrar ou ver algo. A frase (10) mostra que é possível encarar simplesmente em sinal de reprovação, sem que se esteja procurando ver algo preciso.

---

* N.T.: De acordo com a acepção 3 do *Dicionário Houaiss*: 'fazer frente a, aceitar o repto de, enfrentar', ou seja, 'encarar provocadoramente'. A incoerência dessa frase está no fato de que dificilmente alguém enfrenta "provocadoramente" um cachorro. Geralmente, enfrenta-se um animal para se defender de um eventual ataque agressivo.

(10) *Silvano estava em sua terceira dose de uísque, e Zilda o encarava com uma expressão ao mesmo tempo surpresa e reprovadora.*

Cumpre salientar outro dado importante com relação a ENCARAR: é que se en**cara** alguém, justamente, olhando para a sua **cara**, para o seu rosto. Isso é confirmado pelo contraste que existe, quanto à coerência semântica, entre os pares de exemplos (11a-b) e (12a-b).

(11)   a. [#]*Zilda encara Silvano da cabeça aos pés.*
        b. [#]*Zilda encara as mãos de Silvano.*
(12)   a. *Zilda escruta Silvano da cabeça aos pés.*
        b. *Zilda escruta as mãos de Silvano.*

No âmbito de uma análise semântica minuciosa, seria necessário avançar mais na investigação, para ver se identificamos de fato todos os componentes do sentido de ENCA-RAR[4] (cf. acepção 3 do *Houaiss*). Consideramos, entretanto, que o trabalho chegou a seu termo e que podemos agora propor uma definição satisfatória completa de nossa lexia:

(13)

X encara Y   :   O indivíduo ou animal X olha
              muito atentamente o rosto
              do indivíduo Y

5.   **Validação da definição.** A última etapa na construção de uma definição consiste em recorrer a certos testes que objetivam verificar sua validade. Propomos aqui o mais conhecido desses testes: o ***teste de substituição em contexto***, que permite verificar se a definição é uma paráfrase válida da lexia definida, substituindo esta por aquela em diferentes contextos. Pode-se, assim, considerar que (14b) é uma boa paráfrase de (14a).

(14)   a. *Zilda encara Silvano.*
        b. *Zilda olha muito atentamente o rosto de Silvano.*

É claro que, ao se efetuar a substituição, deixam-se de lado os componentes não pertinentes da definição. No caso presente, trata-se da caracterização semântica 'indivíduo' dos actantes do predicado, "absorvida" pelas lexias ZILDA e SILVANO (que denotam dois indivíduos).

> Seria possível avançar mais no processo de validação, procurando especialmente exemplos em que ENCARAR apareça em *corpora* linguísticos. Deveríamos, neste caso, assegurar-nos de que nossa definição é compatível com cada um dos contextos semânticos encontrados nesses *corpora*.

Problema dos círculos viciosos

Um dos perigos a serem evitados a qualquer preço quando construímos uma definição analítica é deparar-nos em nossas descrições com casos de circularidade. Estamos nos referindo aos famosos *círculos viciosos*, que voltaremos a abordar em um dos exercícios propostos no capítulo "Lexicologia descritiva" (exercício 4 com relação às definições de dicionários).

Há círculo vicioso na definição de uma lexia L_1 quando essa definição contém uma lexia L_2 que, por sua vez, é definida direta ou indiretamente (isto é, pelo viés da definição de um de seus componentes semânticos) por meio de L_1.

Por exemplo, há um círculo vicioso, assinalado em negrito, nas (infelizes) definições a seguir, das lexias SERRAR e SERRA:

(15) a.

X serra Y	:	X corta Y com uma **serra**

  b.

serra destinada	:	instrumento destinado a ser
a ser utilizada		utilizado por X para **serrar** Y
por X para Y		

Como o *definiens* de uma definição analítica deve ser constituído de componentes semanticamente mais simples do que o *definiendum*, um círculo vicioso é necessariamente o índice de um erro em pelo menos uma definição. Com efeito, para retomar o exemplo anterior, é impossível que o semantema 'serra' seja mais simples do que o semantema 'serrar' – definição (15a) – e que este último sentido seja ao mesmo tempo mais simples do que 'serra' – definição (15b). O exercício 3, no fim do capítulo, propõe trabalhar em uma reformulação dessas definições.

É possível evitar os círculos viciosos que devem sua origem ao componente do gênero próximo das definições se aplicarmos conscienciosamente o método de definição exposto anteriormente (ver a etapa 2, *Identificação do gênero próximo*). Já um caso como o de (15a-b) é mais problemático, pois a fonte do problema se encontra nas diferenças específicas dos *definiens* em questão.

Análise por campos semânticos

Pode-se, sem dúvida, definir uma lexia de maneira isolada. Obtêm-se, no entanto, definições bem melhores procedendo por agrupamentos de lexias aparentadas, como se verá a seguir.

O *campo semântico* de S – campo semântico da culinária, do esporte, dos sentimentos... – é um agrupamento de lexias cujas definições têm em comum o sentido 'S' – 'culinária', 'esporte', 'sentimento'...

As lexias de um determinado campo semântico se agrupam naturalmente na mente do Locutor, porque seus sentidos remetem todos a um mesmo domínio, e formam uma mesma "família semântica". Geralmente, todas as lexias que têm um mesmo gênero próximo – desde que esse gênero próximo não seja um sentido demasiado geral e vago[5] – tendem a agrupar-se em um mesmo campo semântico. Por exemplo:

- As lexias AMOR, ESPERANÇA, ASSOMBRO, LAMENTO... têm todas por gênero próximo 'sentimento' → Elas pertencem ao campo semântico dos sentimentos.
- As lexias MARTELO, FURADEIRA, SERRA, CHAVE DE FENDA... têm todas por gênero próximo 'ferramenta' → Elas pertencem ao campo semântico das ferramentas.

Esse, porém, não é o único caso possível. O componente semântico que identifica um campo semântico para uma determinada lexia pode ocupar uma posição periférica na definição dessa lexia. Assim, a lexia CANETA pode ser considerada como pertencente – juntamente com TINTA, LÁPIS, CARTA... – ao campo semântico da escrita. Portanto, o componente semântico 'escrever/escrita' não ocupa o lugar central na definição de CANETA (este não é o seu gênero próximo), como comprova a definição (16).

(16)

caneta destinada a ser utilizada por X	:	instrumento $_{[= \text{gênero próximo}]}$ destinado a ser utilizado por X para **escrever**, graças à tinta que ele contém

As lexias agrupadas em um mesmo campo semântico não pertencem necessariamente à mesma parte do discurso. Por exemplo, CANETA, TINTA, LÁPIS..., mas também ESCREVER, REDIGIR... pertencem ao campo semântico da escrita.

Além disso, uma lexia pode muito bem ser considerada como pertencente simultaneamente a vários campos semânticos. Assim, a lexia GARAGISTA pertence ao mesmo tempo ao campo semântico das profissões e ao campo semântico do automóvel.

A noção de campo semântico é muito útil na Semântica e na Lexicologia. Com efeito, um estudo da semântica lexical organizado por campos semânticos conduzirá necessariamente a resultados bem melhores do que um estudo que escolhesse uma a uma as lexias de maneira arbitrária (por ordem alfabética, por exemplo). Já tivemos uma percepção desse fenômeno quando confrontamos ESCRUTAR e ENCARAR para construir a definição da segunda dessas lexias. Na verdade, seria preciso considerar simultaneamente **todas** as lexias semanticamente ligadas a ENCARAR – sinônimos aproximativos como ESCRUTAR, mas também lexias como

OLHAR, OBSERVAÇÃO... – para fazer um estudo que revelasse seu verdadeiro valor linguístico (quanto à noção de valor, ver capítulo "Sentido linguístico").

Insistimos em que um campo semântico é um agrupamento de **lexias**. Não teria nenhum sentido agrupar vocábulos em peso em um campo semântico. Por exemplo, QUADRO **III.2** [*Ela registra seus resultados em um quadro com quatro colunas*] do *Petit Robert* (2017) não pertence ao campo semântico da pintura artística, contrariamente a QUADRO **I.1** [O Almoço dos Barqueiros *é um quadro pintado por Renoir*]. Seria, no entanto, útil, para estudar e descrever a semântica lexical, levar também em conta agrupamentos de **vocábulos**, em vez de agrupamentos de lexias. Somos, pois, levados a proceder por campos lexicais.

> O *campo lexical* de S – campo lexical da culinária, do esporte, dos sentimentos... – é um agrupamento de vocábulos cujas lexias de base pertencem ao campo semântico de S.[6]

O estudo do léxico por meio de campos lexicais é particularmente apropriado no âmbito de uma abordagem lexicográfica descritiva, em que somos diretamente confrontados com o fenômeno da polissemia (ver adiante, na seção "Estrutura semântica dos vocábulos"), ao passo que a focalização restrita aos campos semânticos permite justamente que se contorne esse fenômeno.[7]

Observação sobre as noções de ambiguidade e de vagueza

Quando se procura definir uma lexia, a primeira coisa a fazer é isolá-la enquanto elemento distinto do léxico da língua. É por isso que colocamos quase sistematicamente após o nome das lexias sobre as quais trabalhamos um exemplo entre colchetes, o que permite especialmente diferenciar essa lexia das outras acepções deste mesmo vocábulo (ou das lexias homônimas). Trata-se, ao proceder dessa forma, de resolver uma possível ambiguidade.

> Uma forma linguística é dita *ambígua* quando ela pode ser associada a mais de um sentido.

Assim, *encarar* [cf. acepção 3 do *Houaiss*] não é ambíguo, enquanto *escrutar* o é, como demonstram os dois exemplos a seguir:

(17)　a. *Ela se pôs a escrutar a paisagem.*
　　　b. *Devemos escrutar suas intenções antes de convidá-la para ser parceira neste projeto.*

Geralmente, nas obras de Semântica, se estabelece uma distinção entre a ***ambiguidade lexical*** – que decorre da possibilidade de se associar uma determinada forma a mais de uma lexia – e a ***ambiguidade sintática*** – que se manifesta na possibilidade de se realizarem várias análises sintáticas diferentes de uma mesma expressão (normalmente, uma frase). Por exemplo, a frase *Ele me fala do quarto* é sintaticamente ambígua, porque pode ser associada a duas estruturas sintáticas:

1. ou *do quarto* é o complemento de objeto indireto de *fala* → a coisa a respeito da qual ele me fala é o quarto;
2. ou *do quarto* é o complemento circunstancial de *fala* → ele está em uma outra peça, o quarto, de onde ele me fala.

O exemplo analisado coloca em jogo uma diferença de análise sintática acompanhada de uma diferença semântica. É preciso observar, no entanto, que, para certos autores, a noção de ambiguidade sintática não está necessariamente relacionada à presença de interpretações semânticas distintas. Para que uma frase seja sintaticamente ambígua, basta, segundo eles, que possam ser identificadas várias estruturas sintáticas, ainda que as análises sejam comprovadamente equivalentes no plano semântico. Não aprofundaremos esse aspecto da questão e, na sequência da exposição, somente trataremos de ambiguidade lexical.

A ambiguidade é um problema que o lexicólogo deve resolver em sua análise, pois é impossível produzir uma boa definição lexical sem ter isolado antes, da maneira mais precisa possível, a lexia sobre a qual se quer trabalhar.

> A ambiguidade lexical é um fenômeno "parasita" pertinente à fala, no sentido saussuriano. Ela decorre da possível polissemia dos vocábulos (ou da homonímia); não é, de modo algum, uma propriedade de uma lexia. Seria, por exemplo, completamente ilógico dizer a respeito de uma lexia que ela é ambígua: uma lexia está associada a um só e único sentido, e somente as formas podem ser ambíguas.

Nem sempre é fácil determinar se uma forma é ambígua; por isso, devemos deter-nos um pouco nessa questão. Comecemos por examinar os seguintes exemplos:

(18) a. *Ele portava um cravo na lapela.*
      b. *Ele tomou assento ao cravo que estava no canto da sala.*

Não teremos provavelmente nenhum problema para compreender que CRAVO na frase (18a) é uma flor; na frase seguinte, (18b), porém, trata-se de um instrumento musical (18b). É bem possível, sem dúvida, que alguém não saiba que um cravo é um instrumento musical; neste caso, ele poderá achar a segunda frase estranha e talvez chegue a conjeturar que há um sentido de *cravo* que ele não conheça. O que importa, aqui, é que ninguém há de pensar que na duas frases foi empregada a mesma lexia CRAVO, uma vez que fica evidente que, em (18b), não se trata de uma flor. Isso é assim, porque a diferença semântica entre os dois sentidos que a forma *cravo* pode expressar é considerável. Pode-se até mesmo dizer que não existe nenhuma interseção de sentidos significativa entre as duas lexias, CRAVO[1] ('flor') e CRAVO[2] ('instrumento musical').

O diagnóstico pode ser mais difícil de se fazer quando o trabalho é realizado com lexias semanticamente próximas, como nos exemplos (19a-b).

(19) a. *Para **medir** a distância Terra-Lua, envia-se uma radiação luminosa a laser em direção à Lua através de um telescópio óptico.*
b. *É absolutamente necessário **medir** os riscos relacionados a uma tão longa viagem.*

Um lexicólogo experiente poderá avançar incontinente uma hipótese sobre a relação que existe entre as duas ocorrências de *medir* nos exemplos anteriores. Uma das técnicas a seu dispor, para determinar se ele se encontra na presença de duas acepções distintas do vocábulo MEDIR, consiste em construir um zeugma, em que dois sintagmas se encontram ligados a uma única ocorrência de *medir*, correspondendo cada sintagma a uma das leituras, (19a) ou (19b):

(20) [#]*Devemos **medir** precisamente a distância Terra-Lua e os riscos desta viagem interplanetária.*

> Denomina-se ***zeugma*** uma construção sintática em que um elemento linguístico que aparece em um sintagma do enunciado fica subentendido, em vez de ser repetido em outro sintagma paralelo ao primeiro.

O zeugma é impossível **sem trocadilho ou efeito estilístico** quando, justamente, não é o **mesmo** elemento linguístico que está subentendido. O caráter estranho de (20) comprova que a forma *medir* é ambígua e corresponde a pelo menos duas lexias: uma que significa mais ou menos 'calcular um comprimento' e a outra, 'avaliar a magnitude de uma situação'.

O tema da ambiguidade conduz-nos naturalmente a abordar a noção de vagueza. Observemos o seguinte exemplo:

(21) *Vimos o teu primo Marcelo.*

A definição proposta pelo *Petit Robert* (2017) para PRIMO[1] é: 'Descendente de um irmão ou de uma irmã em relação aos descendentes de um irmão ou de uma irmã de um de seus pais (parentes)'. Sem dúvida, PRIMO[1] tem um sentido muito complexo, e podemos utilizar essa lexia para denotar indivíduos de nossa família aos quais estamos ligados de múltiplas maneiras. Assim, nosso primo pode ser o filho do irmão de nossa mãe, ou o filho da irmã de nosso pai etc. Então, por que não considerar que existem várias lexias PRIMO[1]**a**, PRIMO[1]**b**..., cada qual designando um tipo específico de relação familiar? Simplesmente porque *primo* pode ser empregado para denotar simultaneamente todas essas relações familiares. Pode-se, pois, proferir sem trocadilho a frase a seguir, em que *primo* é empregado em um contexto comparável a um zeugma.

(22) *Apresento-te meus dois primos: o filho de meu tio Alfredo e o filho de minha tia Leoni.*

Pode-se, portanto, afirmar que a lexia PRIMO[1] é vaga.

> O sentido de uma lexia (ou de uma expressão) é considerado *vago* se ele pode designar fatos ou entidades que pareçam relativamente distintos, se confrontados com outros sentidos considerados mais específicos. Diz-se indiferentemente que uma lexia é vaga ou que o sentido de uma lexia é vago.

Esta definição explicita o fato de que o caráter vago do sentido de uma lexia é uma propriedade relativa. Consideramos PRIMO[1] uma lexia vaga porque nos parece que ela pode se referir a relações familiares finalmente bastante diferenciadas. Já para um Locutor de uma língua que não dispusesse, por exemplo, de termos distintos para designar primos, primas, irmãos e irmãs, a lexia PRIMO[1] poderia parecer relativamente específica.

É bem natural que alguém se questione sobre o caráter vago de PRIMO[1] porque a definição dessa lexia contém disjunções (cf. *irmão **ou** irmã* na definição do *Petit Robert* (2017), apresentada anteriormente). No entanto, praticamente toda lexia poderia, em um determinado contexto, parecer vaga (ou, pelo contrário, específica). Segue-se daí que, em geral, é difícil dizer que uma lexia é vaga em termos absolutos. Por exemplo, a lexia FALAR [*Ele lhe fala gentilmente*] é vaga se comparada com COCHICHAR, MURMURAR, SUSSURRAR, GRITAR...; pelo contrário, ela é relativamente específica se comparada com COMUNICAR (um hiperônimo).

Para concluir, observemos que, se quase todo mundo concorda que a distinção entre ambiguidade e vagueza é fundamental em Semântica, a modelização desses fenômenos pode variar de modo considerável. É muito raro encontrar explicitamente apresentado, como fizemos aqui, o caráter relativo da noção de vagueza. Ademais, deixa-se muitas vezes de assinalar claramente que a ambiguidade é uma propriedade de **formas** linguísticas, ao passo que a vagueza é uma propriedade relativa do **sentido** das lexias.

ANÁLISE SÊMICA

Examinaremos agora sucintamente uma abordagem da análise dos sentidos lexicais por vezes considerada uma alternativa à definição lexicográfica: a análise sêmica. Esta é eventualmente considerada mais formal e "calculável" (ou informatizável) do que a definição lexicográfica.

A *análise sêmica* (também chamada *análise componencial*) é uma transposição para o plano semântico da caracterização dos fonemas de uma língua por *traços distintivos*. Referimo-nos aqui ao tipo de análise que permite, por exemplo, contrastar os fonemas /b/ e /p/ da seguinte maneira:

$$
\text{/b/:} \begin{bmatrix} - \text{ vocálico} \\ + \text{ oclusivo} \\ + \text{ bilabial} \\ + \textbf{ sonoro} \end{bmatrix} \quad \text{/p/:} \begin{bmatrix} - \text{ vocálico} \\ + \text{ oclusivo} \\ + \text{ bilabial} \\ - \textbf{ sonoro} \end{bmatrix}
$$

Em termos de análise sêmica, os traços distintivos são chamados *semas*; são de natureza semântica (e não de natureza fônica ou articulatória, como ocorre com os traços distintivos dos fonemas). O sentido de uma lexia é modelizado como uma matriz de semas, chamada *semema*,[8] que caracteriza essa lexia em relação às demais lexias de um mesmo campo semântico. O quadro a seguir apresenta cinco análises sêmicas das lexias do campo semântico dos meios de transporte:

Sememas do campo semântico dos meios de transporte (Pottier, 1974)

	por terra	sobre trilhos	duas rodas	individual	pago	4 a 6 pessoas	inter-urbano	transporte de pessoas
carro	+	-	-	+	-	+	~	+
táxi	+	-	-	~	+	+	~	+
ônibus	+	-	-	-	+	-	+	+
trem	+	+	-	-	+	-	-	+
metrô	+	+	-	-	+	-	+	+

Algumas explicações a propósito deste quadro:

- trata-se da reprodução parcial de uma análise apresentada na seguinte obra:

  POTTIER, Bernard. *Linguistique générale*: théorie et description. Paris: Klincksieck, 1974, p. 63;

- reproduzimos as convenções de escrita utilizadas no quadro original: o símbolo "+" indica que o sema correspondente ('por terra', 'sobre trilhos', 'duas rodas'...) se aplica; "-" indica que o sema não se aplica; "~" indica que o sema não é pertinente para o sentido lexical em questão;

- a descrição corresponde ao léxico do português do Brasil.

Poderíamos ser seduzidos pelo aspecto aparentemente formal e bem organizado das análises sêmicas. Elas parecem oferecer um meio simples e claro de inter-relacionar ou de distinguir sentidos aparentados. Por que, então, não utilizar aqui a análise sêmica como método de análise semântica de referência?

Se optamos por articular em torno da definição analítica este capítulo dedicado à análise do sentido, é porque compartilhamos a opinião de inúmeros lexicólogos, para os quais os métodos de análise semântica baseados no recurso a traços distintivos têm apenas aparência de rigor. Tais métodos são na maioria das vezes utilizados *ad hoc* e não permitem construir descrições rigorosas, coerentes e realmente explicativas no nível do conjunto do léxico. Isso se deve especialmente à ausência de fundamentação teórica sólida da noção de traço distintivo (de sema). A prova mais evidente da inadequação dos traços distintivos à análise do sentido é seu caráter binário. Se é fácil, por exemplo, interpretar [+ duas rodas] como significando 'que se desloca sobre duas rodas', é difícil, em contrapartida, decidir qual poderia ser uma boa interpretação de [- duas rodas], utilizado no mesmo quadro: 'que não se desloca sobre duas rodas' parece absurdo. Este traço aplica-se provavelmente ao sentido de CARRO, TÁXI, ÔNIBUS, METRÔ e TREM, porque os veículos designados por essas lexias têm mais de duas rodas. Mas será possível aplicá-lo, por exemplo, ao sentido da lexia TANQUE, uma vez que esta não designa um veículo que se desloca sobre duas rodas, ou deve-se considerar este traço não pertinente em tal caso, porque um tanque roda sobre lagartas?

A lexicóloga J. Picoche resumiu muito claramente, em sua obra *Précis de lexicologie française*,[9] as críticas que se podem endereçar à análise sêmica. Citamos, abaixo, sua argumentação na íntegra.

> A aplicação à Lexicologia dos conceitos elaborados pela Fonologia revela existir entre as duas disciplinas mais uma analogia do que uma correspondência rigorosa. Em primeiro lugar, o número dos fonemas é limitado, o das palavras, ilimitado,

e, se é possível estabelecer rigorosamente o sistema fonológico de um locutor, isso não é possível em relação ao seu sistema lexical. Em segundo lugar, se é correto dizer que os traços pertinentes[10] fônicos são incapazes de realização independente, não se pode, propriamente falando, dizer o mesmo dos traços semânticos, pois, em princípio, uma palavra sempre pode ser comutada com sua definição. Por outro lado, já que se convencionou chamar de *metalíngua*[11] o vocabulário técnico utilizado para falar da língua, pode-se dizer que os traços pertinentes fônicos são definidos por meio de termos de metalíngua claros, pouco numerosos e bem conhecidos; pelo contrário, os traços pertinentes semânticos são designados, na maioria das vezes, de maneira empírica por meio de palavras que raramente são as mais simples possível, que têm um valor classificatório no interior do paradigma escolhido, mas não constituem uma verdadeira metalíngua claramente construída, analisada e unívoca; a atualização dessa metalíngua é até uma das principais tarefas que cabem hoje aos lexicólogos. (Picoche, 1977: 107)

Concluímos que a análise sêmica, longe de propor uma verdadeira análise do sentido lexical que destacaria seus **componentes**, contenta-se com associar-lhe uma matriz de traços que pertencem a uma linguagem descritiva não claramente circunscrita. Em teoria, cada sema poderia ser associado a um componente semântico definicional. No entanto, não se pode testar a pertinência de uma análise sêmica como se procede no caso de uma definição analítica: como realizar um teste de substituição em contexto com uma matriz de traços binários?

Não avançaremos mais na exposição das fragilidades da análise sêmica, pois propomos como leitura complementar um texto de Anna Wierzbicka que faz uma crítica muito bem articulada do recurso aos traços semânticos em Lexicologia. Sem dúvida, a breve apresentação que fizemos é subjetiva; incentivamos, pois, insistentemente o leitor a não se fiar cegamente em nós e a decidir por si mesmo se o método de análise em questão satisfaz ou não as suas necessidades. O leitor poderá, para tanto, reportar-se ao texto de Pottier (1974), anteriormente mencionado, especialmente às páginas 61 a 96 dessa obra.

ESTRUTURA SEMÂNTICA DOS VOCÁBULOS

Quando se define uma lexia, é preciso levar em conta seus sinônimos aproximativos, como foi dito no início deste capítulo. A definição de uma lexia, no entanto, deveria ser feita também paralelamente à definição das lexias que pertencem ao mesmo vocábulo que ela, ou seja, seus copolissemas (cf. capítulo "Relações lexicais"), a fim de que se possa trazer a lume a estrutura semântica de cada vocábulo por meio da definição de suas acepções. Essa é a questão que abordaremos nesta seção, "começando pelo começo": a lexia dita *de base* dos vocábulos.

Lexia de base dos vocábulos

Todas as lexias de um vocábulo partilham componentes semânticos, e suas definições deverão assinalar claramente os "deslizamentos de sentido" que se produzem quando se passa de uma acepção do vocábulo a outra.

> Os copolissemas podem manter entre si relações de sentido muito variadas. Geralmente, é possível identificar em cada vocábulo uma *lexia de base*, cujo sentido é considerado como sendo o primeiro: é a fonte da qual são derivadas semanticamente as demais acepções, de maneira direta ou indireta.

Assim, CAMOMILA **a** 'planta...' é a lexia de base do vocábulo CAMOMILA, lexia da qual é semanticamente derivada a acepção CAMOMILA **b** 'bebida à base de camomila **a**...'.

Nem sempre é fácil determinar qual é, entre todas as acepções de um vocábulo, a lexia de base; este é um problema delicado, que somente afloraremos aqui.

Note-se que o sentido da lexia de base é frequentemente designado como *sentido próprio*, em oposição aos sentidos dele derivados, geralmente chamados de *sentidos figurados*, quando correspondem, por exemplo, a metonímias ou a metáforas (ver adiante).[12]

Acepções metonímicas

Vamos definir a metonímia e, a seguir, a metáfora estritamente enquanto relações semânticas entre lexias, e não, como se faz habitualmente, enquanto figuras de estilo livres. Teremos a oportunidade de examinar um pouco mais a fundo essa relevante distinção (seção "Figuras de estilo livres e lexicalizadas").

> A lexia L_2 está ligada por uma relação semântica de *metonímia* a um copolissema L_1 se ela designa um conceito que é visto como contíguo ao conceito denotado por L_1. Fala-se, então, de contiguidade dos conceitos.[13]

Para exemplificar esta definição, recorremos ao vocábulo CIDADE, avançando a hipótese de que ele contém três lexias:

- CIDADE **1a** 'lugar habitado, de grande extensão, onde estão reunidas numerosas construções...' [*a maior cidade do país*];

- CIDADE **1b** 'o conjunto dos habitantes de uma cidade **1a**...' [*Toda a cidade comenta o caso*];
- CIDADE **2** 'vida em uma cidade **1a**...' [*Não suporto mais a cidade*].

A acepção CIDADE **1a** é a lexia de base, da qual derivam duas acepções metonímicas: CIDADE **1b** e CIDADE **2**. A natureza metonímica destas duas últimas acepções aparece claramente nos esboços de definições propostos anteriormente. Utiliza-se aqui um sistema de numeração à base de números e letras que permite refletir a proximidade semântica relativa entre as três acepções e, mais globalmente, a estrutura semântica do vocábulo.[14] Esta última pode ser visualizada na figura a seguir.

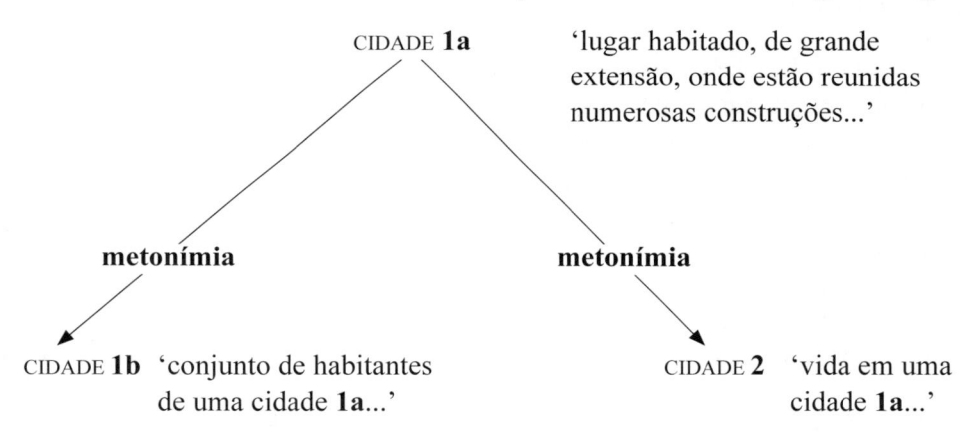

Associa-se não raro a relação de **sinédoque** à de metonímia, da qual consideramos ser a sinédoque um caso particular. Uma acepção L_2 de um dado vocábulo corresponde a uma sinédoque de uma acepção L_1 do mesmo vocábulo se a relação entre os conceitos denotados por L_1 e L_2 é do tipo parte ~ todo (23a-b), elemento ~ conjunto (24a-b) etc.

(23)   a. *Esta vaca tem uma* **cabeça** *enorme.*
       b. *A fazendeira cria um rebanho de 300* **cabeças**.
(24)   a. *Macbeth talvez seja a* **obra** *mais conhecida de Shakespeare.*
       b. *Ele conhece integralmente a* **obra** *de Shakespeare.*

A relação de **causatividade**, que já foi apresentada no capítulo precedente, quando se tratou da polissemia, é outro caso particular de metonímia. Essa relação merece ser examinada um pouco mais detalhadamente, devido à importância (na língua e no raciocínio humano) do conceito muito geral de "causa", em torno do qual ela se articula. Propomos três observações a esse respeito.

1. É fácil encontrar em português exemplos de copolissemas unidos por uma relação de causatividade. Assim, QUEBRAR **a** [*O copo quebrou*] coabita com seu causativo QUEBRAR **b** [*Júlio quebrou o copo*]:

(25) 'quebrar **b** o copo' ≅ '**causar** que o copo quebre **a**'.

2. No entanto, as lexias ligadas por causatividade podem pertencer a vocábulos distintos, frequentemente ligados morfologicamente:

(26)   a. *dormir ~ adormecer*
       b. *nu ~ desnudar*

3. Este tipo de relação está universalmente presente no léxico das línguas, e o sentido 'causar' é, como o sentido 'intenso' – que corresponde à função lexical **Magn** –, um sentido colocacional: ele tende a se exprimir de maneira fraseológica no interior de colocações, como em (27a-b).

(27)   a. ***estimular*** *o apetite*
       'causar o apetite'
       b. ***acender/produzir*** *fogo*
       'causar que o fogo acenda'

Estes fatos justificam que se associe à expressão do sentido 'causar' uma função lexical sintagmática, que é chamada de Caus:

(28)   Caus (*apetite*) = *provocar, estimular, abrir, despertar* [*o apetite*]
       Caus (*fogo*)   = *acender, produzir, atear*
       Caus (*dormir*) = *//adormecer*

O uso do símbolo de fusão (//)[15] evidencia que, embora Caus seja uma função lexical sintagmática, ela participa de maneira natural de conexões lexicais para-digmáticas, como inúmeras outras funções sintagmáticas.

Caus pode servir para codificar uma relação de função lexical simples – como em (28) –, mas também é frequentemente utilizada em combinação com outras funções lexicais para formar funções lexicais complexas. Por exemplo:

(29) CausOper$_1$ (*homicídio*)   = *impelir*   [*alguém ao homicídio*]

A codificação, em (29), da relação entre *homicídio* e seu colocado *impelir* pela fórmula CausOper$_1$ justifica-se da seguinte maneira:

(30) 'impelir alguém ao homicídio'

$\cong$

'causar   [= Caus] que alguém cometa [= Oper$_1$ (*homicídio*)] um homicídio'

Após esta longa digressão sobre a noção de causatividade e sobre a função lexical Caus, retornamos ao estudo da estrutura polissêmica dos vocábulos para examinar (depois da metonímia) um segundo tipo de relação entre copolissemas: a metáfora.

Acepções metafóricas

Como para a metonímia, vamos considerar a metáfora unicamente enquanto relação semântica entre lexias, e não enquanto figura de estilo livre.

> Uma lexia L$_2$ está ligada por uma relação semântica de ***metáfora*** a um copolissema L$_1$ se ela denota um conceito que mantém uma relação de analogia com o conceito denotado por L$_{1.}$[16]

Por exemplo, VÍRUS **I** [*contrair o vírus da gripe*] coabita em português com as duas lexias metaforicamente interligadas: VÍRUS **II** [*contrair o vírus da Linguística*] e VÍRUS **III** [*computador infectado por um vírus informático*].[17]

Para dar conta da relação de analogia existente entre os conceitos denotados por uma lexia-fonte e por seu derivado metafórico, é comum explicitar-se a relação em questão diretamente na definição da lexia metafórica através de fórmulas do tipo *como se..., por analogia com...* A definição (31), a seguir, ilustra esta maneira de proceder.

(31) | *vírus* **II** *de Y que X tem* : interesse muito grande do indivíduo X pela atividade Y, o que leva X a dedicar-se muito a Y, **como se** Y fosse um vírus **I** do qual X não pode ser curado

Observe-se que a relação de metáfora está onipresente no léxico das línguas, pois a metáfora é um dos suportes privilegiados da criação neológica. As disciplinas científicas e técnicas, especialmente, recorrem muito frequentemente à metáfora quando se trata de propor novos termos (Astronomia: *buraco negro*; Medicina: *transplante* [*de órgão*], Geografia: *garganta* [*de desfiladeiro*], Informática: *mouse* [*de computado*r] etc.).

Aqui se encerra nossa apresentação da metonímia e da metáfora enquanto relações semânticas que unem os copolissemas. Os termos *metonímia, sinédoque* e *metáfora* conhecem outra aplicação na literatura linguística. Servem também (e, talvez, sobretudo) para designar as *figuras de estilo* "fabricadas" em situação de fala; são criações individuais do Locutor, e não elementos do código linguístico. Abordaremos, a seguir, o problema da distinção entre figuras ditas livres e figuras lexicalizadas.

Figuras de estilo livres e lexicalizadas

A distinção entre figuras de estilo *livres* (ou figuras de retórica) e figuras de estilo *lexicalizadas* não pode ser ignorada. Com efeito, o primeiro desses tipos de fenômenos é pertinente à Estilística ou Retórica (o estudo dos processos estilísticos), ao passo que o segundo se situa no campo do estudo lexicológico (o estudo da estrutura lexical da língua). Assim, ao dizer, de maneira muito metafórica:

(32) *Este profissional é um dinossauro que não desgruda de sua cadeira bolorenta.*

por estimarmos que o indivíduo em questão não se atualiza em sua disciplina, é ultrapassado e não cede espaço a inovações ou a profissionais inovadores, fazemos prova de criatividade, e o processo ativado interessa muito pouco ao estudo da Semântica Lexical. É evidente que não se pode descrever esse processo sem aludir aos sentidos das lexias sobre as quais ele se assenta. É preciso especialmente saber que o adjetivo BOLORENTO 3 (numeração do *Houaiss*) expressa um tipo de AntiBon de CADEIRA.

A frase a seguir remete-nos a um caso completamente diferente de (32); ela nos permite confrontar metáfora livre e metáfora lexicalizada.

(33) *Eles adquiriram duas cadeiras para assistir ao balé* O Lago dos Cisnes.

O nome CADEIRA 6 (numeração do *Houaiss*, 2011) é uma lexia do português do Brasil, de uso corrente, uma metáfora lexicalizada baseada em uma semelhança de forma entre CADEIRA no sentido 1 (peça de mobília) e os assentos individuais em casas de espetáculos, estádios, ginásios etc., no sentido 5. Mesmo se julgarmos que esses assentos, em teatros, por sua forma, se assemelham mais a poltronas 1 (numeração do *Houaiss*) do que a cadeiras 1 (numeração do *Houaiss*), certamente nunca diremos (34), a menos que pretendamos produzir um efeito de estilo particular.

(34) *Eles adquiriram duas poltronas para assistir ao balé* O Lago dos Cisnes.

Existe, é claro, a lexia PASSE **3** (sempre a numeração do *Houaiss*, 2011), que poderíamos pensar utilizar em (34), mas essa lexia não designa necessariamente "cadeira adquirida". Nesse caso, (34) não seria uma paráfrase de (33).

A distinção entre figura livre e figura lexicalizada, que acaba de ser exemplificada a propósito da metáfora, aplica-se também à metonímia e, é claro, à sinédoque. São dois os motivos pelos quais insistimos tanto sobre essa distinção.

Em primeiro lugar, a distinção em apreço é crucial do ponto de vista da Lexicologia e de seu componente descritivo que é a Lexicografia – a construção de dicionários e de outros modelos lexicais (ver capítulo "Lexicologia descritiva"). É inevitável, no âmbito dessas disciplinas, que se descrevam as metonímias e as metáforas lexicalizadas pelo que elas são: elementos do código linguístico, pertinentes ao conhecimento da língua, e não à criatividade individual.

Em segundo lugar, a menos que se situassem em uma perspectiva claramente lexicológica, os autores sempre têm manifestado a tendência de não se pronunciar sobre a profunda diferença de natureza entre uma figura que se forja e uma figura que se utiliza. Segue, para ilustrar este fato, um excerto da obra de referência de Du Marsais sobre as figuras de retórica.

> Quando, em vez de dizer de um homem que ele gosta de *vinho*, digo que ele gosta da garrafa, isso é uma simples metonímia, é um nome por outro: mas, quando digo *cem velas* por *cem navios*, não somente tomo um nome por outro, mas dou à palavra *velas* uma significação mais ampla do que aquela que ela tem em seu sentido próprio; tomo a parte pelo todo. A sinédoque é, pois, uma espécie de metonímia através da qual se dá uma significação particular a uma palavra, que em seu sentido próprio tem uma significação mais geral; ou, ao contrário, se dá uma significação geral a uma palavra que em seu sentido próprio tem apenas uma significação particular.
> Em suma, na metonímia, tomo um nome por outro, ao passo que, na sinédoque, tomo o *mais* pelo *menos*, ou o *menos* pelo *mais*. (Du Marsais, 1730)[18]

Em sua própria maneira de apresentar a sinédoque, Du Marsais parece referir-se à criação individual: *tomo um nome por outro, dou à palavra "velas" uma significação* etc. No entanto, o exemplo que ele cita remete a uma determinada acepção do vocábulo VELA, acepção já bem estabelecida na época em que ele escreveu seu texto (cf. o *Trésor de la langue française informatisé TLFi*,[19] que a menciona como atestada desde 1369). Trata-se claramente de uma figura lexicalizada, de um elemento do código linguístico. Isso está aparentemente em contradição com a própria maneira como as figuras de retórica são conceitualizadas por Du Marsais, enquanto produto da criação individual.

Voltando à sinédoque, pode-se exemplificar essa figura utilizando expressões que são verdadeiras criações, como no exemplo a seguir:

(35) *Engarrafamento-monstro na periferia de Lyon: mais de 2.000* **capôs** *supe-raquecidos aglutinam-se às portas da cidade sob um sol escaldante.*

Todo dicionário mais ou menos completo do português deve conter a descrição da acepção do vocábulo VELA anteriormente mencionada. É inconcebível, porém, que se inclua nos dicionários a descrição de *capô* tal como utilizado em (35), a menos, justamente, que esse emprego passe a ser comum nos textos e se lexicalize, isto é, que adquira uma especificidade quanto ao seu sentido e à sua combinatória restrita.

Nunca se insistirá demais sobre esta distinção fundamental entre metonímias, sinédoques, metáforas etc., livres ou lexicalizadas. É, afinal de contas, essa distinção que traça a fronteira entre a Lexicologia e o estudo das figuras de estilo, que são produtos da criatividade linguística.

Para concluir nossa exploração da estrutura semântica dos vocábulos, discutiremos sucintamente o tópico das regularidades que se manifestam na polissemia.

Polissemia regular

Certas derivações de copolissemas são relativamente imprevisíveis, porque não se manifestam regularmente no léxico. Assim, a relação – que se pode qualificar de **extensão de sentido** – que une as duas acepções de CARRO, conforme são definidas por Houaiss (2011) e que são exemplificadas em (36), pode ser vista como própria a esse vocábulo, e não necessariamente como generalizável:

(36) a. CARRO **2** [*Estacionar seu carro na calçada de pedestres é acima de tudo um sinal de egoísmo.*]
　　　b. CARRO **3** [*Ela reservou um lugar no primeiro carro do trem de Lisboa para Coimbra.*]

Ao contrário, as derivações baseadas na metonímia ou na metáfora correspondem frequentemente a **padrões de polissemia** correntes. Vejamos dois exemplos.

1) A derivação metonímica "nome de continente → nome de conteúdo" é extremamente regular:

(37)　a. *quebrar um* **copo** *~ beber um* **copo** *de leite*
　　　b. *encher seu* **balde** *~ receber um* **balde** *cheio d'água*
　　　c. *abrir uma* **carteira** *de cigarros ~ fumar uma* **carteira** *por dia*
　　　　etc.

É provável que essa derivação metonímica regular seja, na verdade, **sistemática** em português, isto é, que ela seja sistematicamente aplicável a qualquer nome de continente dessa língua. Disso se conclui que certamente não é necessário descrever a metonímia em questão para cada nome de continente do léxico português e que basta explicitar bem e formular a respectiva regra de derivação.

> Mas, atenção! Mesmo que se consiga estabelecer a sistematicidade da regra contemplada aqui (ou de qualquer regra desse tipo), é importante integrar as acepções derivadas na estrutura polissêmica dos vocábulos quando seu caráter lexicalizado ficar comprovado por sua presença em expressões fraseológicas (locuções, colocações etc.).

Este é o caso, por exemplo, da acepção metonímica da lexia francesa VERRE ('copo'), que significa 'conteúdo de um copo$_{continente}$',[20] uma vez que a encontramos em inúmeras expressões fraseológicas: *un p'tit verre* ('um trago'), *un dernier verre* ('um último copo'), *autour d'un verre* ('em torno de um copo'), *se noyer dans un verre d'eau* ('afogar-se num copo d'água'), *avoir un verre dans le nez* ('estar de pileque'), *le verre du condamné* ('o copo do condenado')...

2) A derivação metafórica "Nome de entidade física → Nome de entidade física que tem uma forma análoga", mesmo sem apresentar a sistematicidade da derivação metonímica examinada anteriormente, também corresponde a um padrão de derivação. Já lembramos na seção precedente o caso da polissemia do vocábulo CADEIRA; seguem alguns outros exemplos de derivações metafóricas baseadas na analogia da forma.

(38)   a. ***árvore*** *frutífera*   ~   ***árvore*** *sintática*
      b. ***curva*** *de frequência* ~ ***curva*** *da estrada*
      c. ***nuvem*** *carregada*   ~   ***nuvem*** *de moscas*

> Denomina-se ***polissemia regular*** o conjunto dos padrões polissêmicos – como foram ilustrados em 1) e 2) – que determinam a derivação de novas acepções no interior dos vocábulos de maneira muito produtiva.

Um bom método para identificar e estudar a polissemia regular no léxico de uma língua consiste em comparar as estruturas de vocábulos polissêmicos cujas lexias de base pertençam a um mesmo campo semântico, isto é, os vocábulos de um mesmo campo lexical.

Pode-se, por exemplo, constatar que os vocábulos do campo lexical dos animais cuja lexia de base denota um certo tipo de animal tendem a possuir uma acepção que denota um indivíduo dotado de certas características normalmente associadas ao animal em questão:

(39)   a. *Meu vizinho é um **porco**.*
       b. *Estes corretores imobiliários são **tubarões**.*

Concluído nosso exame da estrutura polissêmica dos vocábulos, propomos, a seguir, um método de numeração das acepções que permite refletir a proximidade semântica relativa entre os copolissemas, levando em conta o fenômeno da polissemia regular. Esse método repousa em três níveis de numeração:

1.   Os números romanos **I, II, III**... assinalam relações de copolissemia que implicam diferenças semânticas significativas entre acepções: principalmente a metonímia e a metáfora.
2.   Os números arábicos **1, 2** e **3**... assinalam diferenças menos significativas, como as extensões de sentido, a propósito das quais foi analisado anteriormente uma caso, com duas acepções de CARRO.
3.   As letras **a, b, c**... assinalam diferenças leves – *pé de um indivíduo* ~ *pé de um animal*[21] – ou casos de derivação polissêmica muito regular.

Aplicamos anteriormente este método de numeração quando recorremos à nossa própria identificação das acepções, em vez de utilizar o sistema de numeração do *Petit Robert* (2017) e do *Houaiss* (2011). Assim, a numeração romana de VÍRUS **I, II** e **III** reflete a distância metafórica entre essas acepções. Por outro lado, a numeração arábica e literal utilizada para estruturar as diferentes acepções metonímicas de CIDADE leva em conta a relativa regularidade das metonímias presentes na polissemia desse vocábulo.

Assim, encerramos este capítulo crucial dedicado à análise do sentido linguístico. Resta-nos tratar dos dois seguintes pontos:

1.   o estudo da interferência dos fenômenos pragmáticos na Semântica Lexical (capítulo "Interferências pragmáticas");
2.   a Lexicografia, que é a contrapartida descritiva da Lexicologia teórica (capítulo "Lexicologia descritiva").

LEITURAS COMPLEMENTARES

MEL'ČUK, Igor; POLGUÈRE, Alain. La définition lexicographique selon la lexicologie explicative et combinatoire. *Cahiers de Lexicologie*, n. 109, pp. 61-91, 2016.

Este texto apresenta princípios rigorosos de elaboração das definições analíticas no âmbito da Lexicologia Explicativa e Combinatória, teoria lexicológica na qual se apoia este livro. O artigo examina também diferentes tipos de lexias cuja definição é problemática (cf. anteriormente a seção "Aprender a definir").

POLGUÈRE, Alain. Les petits soucis ne poussent plus dans le champ lexical des sentiments. In: BAIDER, Fabienne; CISLARU, Georgeta (Dirs.). *Cartographie des émotions*: propositions linguistiques et sociolinguistiques. Paris: Presses Sorbonne Nouvelle, 2013, pp. 21-41.

Este texto traz um complemento de informação sobre as noções de campo semântico e de campo lexical, bem como sobre seu respectivo papel na Lexicologia e na Lexicografia.

WIERZBICKA, Anna. L'amour, la colère, la joie, l'ennui. La sémantique des émotions dans une perspective transculturelle. *Langages*, n. 89, pp. 97-107, 1988.

Este texto permite compreender como a análise semântica lexical pode ser realizada em uma perspectiva mais etnológica para evidenciar algumas diferenças culturais que se refletem no léxico das línguas.

WIERZBICKA, Anna. Mental Language and Semantic Primitives. *Communication and Cognition*, v. 10, n. 3-4, pp. 155-79, 1977.

Este texto deve ser lido especialmente por sua crítica da análise do sentido lexical baseada na utilização de traços semânticos.

ARISTÓTELES. *Tópicos*. Trad. José António Segurado e Campos. Edição: Imprensa Nacional – Casa da Moeda. Revisão do texto: Levi Condinho. Mar., 2007.

É impossível recomendar apenas um trecho desta obra, que forma um todo coerente. Aristóteles expõe, em *Tópicos,* sua teoria da *dialética*, e são, sem dúvida, os capítulos que tratam especificamente da noção de definição dos conceitos os mais interessantes para nós. Esta é, em nosso entender, uma leitura incontornável para qualquer pessoa interessada em compreender os fundamentos epistemológicos do recurso à definição em Linguística e, mais amplamente, em ciências.

CRUSE, D. Alan. Polysemy and Related Phenomena from a Cognitive Linguistic Viewpoint. In: SAINT-DIZIER, Patrick; VIEGAS, Evelyne (Dirs.). *Computational Lexical Semantics*. Cambridge: Cambridge University Press, 1995, pp. 33-49.

Trata-se de um texto muito denso que, em poucas páginas, abarca grande parte dos problemas teóricos levantados pela polissemia. Ele é mencionado aqui especialmente porque apresenta numerosos exemplos da utilização de construções especiais, tais como os zeugmas, para evidenciar os conteúdos semânticos das lexias. Além disso, é particularmente interessante pela visão nuançada que propõe da polissemia enquanto fenômeno gradual: distinção entre acepções verdadeiras, microssentidos (*sub-senses*) e facetas (*facets*) de um vocábulo. Deve-se atentar para o fato de que o termo inglês *polysemy* é utilizado pelo autor enquanto propriedade de uma parte de um enunciado que deve ser interpretado, e não enquanto propriedade de um vocábulo. Com efeito, o autor assume nitidamente o ponto de vista da decodificação, da compreensão dos textos (ver o uso do termo *reading* [*of an utterance*] ao longo de todo o artigo), mais que o da codificação e da modelização dos conhecimentos lexicais do Locutor.

APRESJAN, Juri D. Regular Polysemy. *Linguistics*, n. 142, pp. 5-32, 1974.

Sugerimos enfaticamente a leitura deste artigo de referência sobre a polissemia regular. Trata-se da tradução de um texto originalmente escrito em russo, razão pela qual a maioria dos exemplos linguísticos são dessa língua.

EXERCÍCIOS

▪ EXERCÍCIO 1

Considere a frase a seguir, que, sem ser realmente incoerente do ponto de vista semântico, pode, de qualquer forma, parecer um tanto estranha:

(40) #*Ela o encarava* [cf. *Houaiss* ENCARAR **3** = enfrentava] *com o canto do olho.*

Utilize este exemplo para aprimorar a definição de ENCARAR **3** proposta em (13).

▪ EXERCÍCIO 2

Elabore uma definição para as lexias ESCRUTAR e FIXAR [*Leo fixava Silvano com seu olhar penetrante*], inspirando-se na definição de ENCARAR (cf. *Houaiss*, ENCARAR **3**) proposta no exercício precedente.

▪ EXERCÍCIO 3

Corrija as definições de SERRA e SERRAR para eliminar o círculo vicioso.

▪ EXERCÍCIO 4

Redija definições analíticas para DESCASCAR **I** [*Ele descascou três quilos de batata.*] e DESCASCAR **II** [*Ela descascou a lenha na amiga por causa de suas declarações políticas.*] (nossa numeração). As definições deverão evidenciar a relação semântica que existe entre estas duas lexias dentro do vocábulo DESCASCAR.

▪ EXERCÍCIO 5

Considere a seguinte definição da lexia ENGOLIR [*João engoliu uma espinha de peixe.*]: 'fato de comer algo'. Por que esta não é uma definição analítica válida?

▪ EXERCÍCIO 6

Arrole dez lexias do campo semântico dos fenômenos atmosféricos. Justifique sua resposta.

▪ EXERCÍCIO 7

Identifique as diferentes lexias do vocábulo QUEIMAR. Que relações semânticas unem essas lexias?

▪ EXERCÍCIO 8

Na frase (41), estamos na presença de uma metáfora livre ou lexicalizada?

(41)   *O belo Fredo devorava Leoni com o olhar.*

▪ EXERCÍCIO 9

Considere a seguinte frase, ouvida no rádio em um programa semanal sobre negócios e economia:

> Fui ver um especialista para saber se esta ponta do *iceberg* é realmente o que ela é, isto é, a ponta de um *iceberg* que se encontra embaixo dela.

A pessoa que enunciou esta frase enrolou-se completamente ao tentar explicar uma locução do português. Identifique com a maior exatidão possível esta locução e elabore sua definição analítica.

NOTAS

[1]   Avançamos a hipótese de que LABOR é um predicado semântico que controla um único actante: X, que efetua o labor.

[2]   A propósito da relação de metonímia, ver a seção "Acepções metonímicas".

[3]   O mesmo tipo de observação se aplica às duas outras frases precedidas de "#" que aparecem adiante: (7b) e (7c).

[4]   Propomos, no fim deste capítulo, um exercício no qual se pede que esta definição seja melhorada (ver o exercício 1).

[5]   Sobre a noção de vagueza, ver, adiante, "Observação sobre as noções de ambiguidade e de vagueza".

[6]   Sugerimos ao leitor que compare esta definição com a da noção de campo semântico apresentada antes.

[7]   A respeito do interesse respectivo dos campos semânticos e dos campos lexicais, ver Polguère (2013) nas leituras complementares sugeridas para este capítulo.

[8]   Atenção! Não se devem confundir estas duas noções próximas: *semema* – matriz de semas – e *semantema* – sentido lexicalizado (cf. capítulo "Relações lexicais").

[9]   Picoche (1977).

[10]   Isto é, os traços distintivos.

[11]   De acordo com nossa terminologia, trata-se aqui antes de uma metalinguagem. Lembramos que as noções de metalíngua e de metalinguagem foram introduzidas no início da presente obra (capítulo 1).

[12]   *Sentido próprio* e *sentido figurado* são mencionados somente a título indicativo, e não fazem parte da terminologia que empregamos na sequência da exposição.

[13]   Lembramos que a distinção entre conceito, termo e noção foi introduzida no início deste livro: "Prefácio". A noção de contiguidade, por sua vez, foi discutida no capítulo "Signo linguístico".

[14]   Teremos a oportunidade de retornar, ainda neste capítulo, ao assunto da numeração das acepções (seção "Polissemia regular").

[15]   Lembrete: a noção de fusão foi introduzida no capítulo precedente.

[16]   A noção de analogia foi introduzida no capítulo "Signo linguístico".

[17]   Recorreremos aqui à nossa numeração pessoal para identificar as acepções do vocábulo VÍRUS, e não àquela do *Petit Robert* (2017).

[18]   Esta citação foi extraída da base de dados textuais Frantext do Laboratório de Análise e Tratamento Informatizado da Língua Francesa (Atilf, CNRS). Permitimo-nos atualizar a ortografia para facilitar a leitura.

[19]   *Trésor de la langue française informatisé TLFi*, Paris, CNRS Éditions, 2004 (disponível em linha no site do Atilf).

[20]   A polissemia do vocábulo COPO foi considerada no capítulo "Unidade lexical ou lexia".

[21]   Trata-se de duas acepções de PIED [PÉ], numeradas, respectivamente, **I.A.1** e **I.B.1** no *Petit Robert* (2017).

Interferências pragmáticas

Nos capítulos precedentes, tivemos sempre o cuidado de situar o estudo dos fenômenos lexicais exclusivamente no âmbito do código linguístico, isto é, restringimo-nos a considerar somente os fenômenos de comunicação pertinentes à língua (no sentido saussuriano). No entanto, certas lexias ou expressões fraseológicas têm propriedades bem particulares, que fazem com que elas não possam ser plenamente caracterizadas sem referência a um conjunto de situações de fala nas quais devem ser utilizadas. Denominamos *interferências pragmáticas* a presença de tais elementos de codificação das situações de fala no léxico das línguas. São essas interferências, que se situam no limite da semântica "pura", que passaremos agora a estudar.

Para apresentar adequadamente as interferências pragmáticas no léxico, faz-se necessário, antes de mais nada, definir a própria pragmática. Uma parte considerável do presente capítulo é dedicada à apresentação da pragmática e à introdução da noção de ato de fala. Feito isso, examinaremos três manifestações das interferências pragmáticas: os verbos performativos, as lexias de conteúdo pressuposicional e os clichês linguísticos.

Noções introduzidas: *pragmática; contexto pragmático; mensagem linguística; ato de fala; litotes; enunciado e verbo performativos; sentido explícito* vs. *sentido implícito; pressuposto; lexia com conteúdo pressuposicional; clichê linguístico; composicionalidade conceitual; pragmatema.*

PRAGMÁTICA

Definição da noção de pragmática

A noção de pragmática que vamos adotar neste capítulo pode ser definida da seguinte maneira:

> A *pragmática* é o conjunto dos fenômenos – ditos *fenômenos pragmáticos* – que relacionam a língua com o contexto de enunciação e de interpretação dos enunciados, chamado *contexto pragmático*.

Levar em conta a pragmática permite especialmente compreender as restrições contextuais que se aplicam à utilização da língua e que fazem com que esta funcione ou não eficazmente como sistema semiótico. Por exemplo, é necessário tomar distância em relação à análise estritamente lexical e gramatical da língua para ser capaz de explicar por que a resposta dada no diálogo a seguir não será julgada adequada em inúmeros contextos de enunciação:

(1)   – *Que animal você tem em casa?*
        – *Um mamífero.*

A análise lexicológica e semântica será muito importante para explicar a disfuncionalidade do diálogo (1), mas não será suficiente.[1] É necessário, por isso, dispor de ferramentas de modelização dos fenômenos pragmáticos.

Opõe-se frequentemente a Pragmática à Semântica, considerada como o estudo semântico das línguas.[2] Mas, neste caso, emprega-se o termo *Pragmática* para designar uma **disciplina** que se dedicasse a estudar os fenômenos pragmáticos. Não estamos convencidos de que uma tal ciência exista, nem que ela possa existir. Na verdade, no momento em que se deixa a descrição da estrutura do código linguístico propriamente dito, entra-se necessariamente em campos de estudo que colocam em jogo fenômenos pragmáticos. Assim, a Linguística aplicada ao ensino ou à aprendizagem, a Sociolinguística etc., constituem, todas elas, ramos "legítimos" da Linguística que requerem que sejam levados em conta fenômenos pragmáticos. Se, porém, procurarmos isolar a Pragmática como disciplina à parte, iremos nos deparar com um campo de estudos vago e híbrido, desprovido da homogeneidade necessária para se definir um ramo específico da Linguística. É por essa razão que empregamos o termo *pragmática* exclusivamente para designar um conjunto de fenômenos, e não um campo de estudos específico.

Natureza das trocas linguísticas

O termo *troca linguística* e colocações como *trocar insultos* ou, em inglês, *to trade insults* comprovam que existe uma tendência de se conceituar a comunicação linguageira como uma transação: um intercâmbio de **mensagens** entre o Locutor e o Destinatário.

A comunicação linguageira poderia ser descrita, de maneira caricatural, como um processo subdividido em, no mínimo, quatro operações sequenciais maiores:

1. construção e codificação linguística da mensagem pelo Locutor;
2. emissão física dessa mensagem pelo Locutor;
3. recepção da mensagem física pelo Destinatário;
4. decodificação da mensagem pelo Destinatário.

As operações 1 e 2 constituem o processo de enunciação, e as operações 3 e 4, o processo de interpretação.

Essa maneira de modelizar a comunicação linguageira é nitidamente insuficiente: ela postula que a interação linguística é bem-sucedida se a mensagem decodificada pelo Destinatário é idêntica àquela que foi codificada pelo Locutor. Ora, a comunicação linguageira não funciona de maneira tão direta assim. Os principais fenômenos dificilmente contemplados pela simples sequência de etapas apresentada anteriormente são, pelo menos, seis:

1. Os enunciados são geralmente ambíguos. Para que a mensagem seja transmitida, cabe ao Destinatário desambiguizar o enunciado ou, pelo menos, conseguir identificar com prioridade seu sentido apropriado. Há, pois, princípios que regem a desambiguização e a compreensão. Esses princípios, porém, não são levados em conta nas etapas arroladas anteriormente, pois ali se entendeu a compreensão como uma simples decodificação, quando se trata, na verdade, antes, de uma **interpretação**.
2. Uma parte da mensagem que o Locutor deseja transmitir pode não estar codificada explicitamente na mensagem transmitida; por exemplo, a identificação do referente exato (cf. capítulo "Sentido linguístico"). Se dissermos:
   (2) – *É o primeiro homem que caminhou na Lua.*
   nosso interlocutor talvez compreenda a mesma coisa que se disséssemos:
   (3) – *É Neil Armstrong.*
   mas não é isso que enunciamos de forma explícita. Afinal de contas, (2) poderia igualmente referir-se a Tintim (cf. *Explorando a lua*, de Hergé).

3. As intenções do Locutor não são necessariamente codificadas diretamente na mensagem. Somente a contextualização permitirá explicitá-las. Por exemplo, se um professor diz a seus alunos:

(4) – *Não se esqueçam de fazer suas leituras!*

isso pode ser tanto para lembrar-lhes um dever quanto para ameaçá-los (*Se vocês não fizerem suas leituras, não se queixem caso forem reprovados no exame*) etc. Ou ainda, alguém poderá dizer:

(5) – *Li todo o Proust.*

não para comunicar a mensagem que a afirmação expressa, mas para procurar impressionar o interlocutor.

É essencial, para que a troca de informação ocorra, que o Destinatário entenda precisamente se o enunciado deve ser interpretado como uma simples transmissão de dados, uma promessa, uma ameaça... Há, portanto, elementos informacionais ativados na comunicação linguageira que não pertencem propriamente à mensagem **linguística** transmitida. É preciso ao menos encarar a possibilidade de uma extensão dessa mensagem ao que não está codificado através da língua para se modelizar o funcionamento da troca linguística.

4. Há casos em que a mensagem que o Locutor deseja transmitir absolutamente não corresponde ao sentido literal do enunciado que ele profere. A mensagem pode até mesmo expressar o oposto desse sentido literal; por exemplo, se a mãe disser:

(6) – *Bonito, hein!*

quando o filho derruba seu copo de suco sobre a toalha da mesa. Na verdade, a mãe quer manifestar descontentamento, mas enuncia uma frase que, **literalmente**, expressa admiração pelo que o filho aprontou.

5. Pode também ocorrer que se expresse mais do que se diz. O exemplo clássico, muitas vezes mencionado em cursos de introdução à Pragmática, é o de alguém que entra em uma sala e diz:

(7) – *Está frio aqui!*

para, na verdade, pedir a seu interlocutor que feche as janelas. O excerto de canção que serve de epígrafe a este capítulo é um exemplo mais sutil deste tipo de fenômeno.

6. Uma enunciação pode não ter como objetivo **primeiro** a comunicação. Ela pode ser o cumprimento de um certo ato social, segundo normas de um ritual; por exemplo:

(8) a. – *Eu vos declaro marido e mulher.*
    b. – *A sessão está aberta.*

A comunicação linguageira é, portanto, bem mais do que uma simples troca de mensagens, do que uma simples transação baseada nas propriedades do código linguístico. Para dar plenamente conta desta forma de comunicação, devem-se levar em consideração ao menos dois tipos de fatores contextuais:

1. os sistemas de convenções sociais e de crenças compartilhadas pelo Locutor e o Destinatário;
2. as inferências feitas pelo Destinatário para interpretar um enunciado e, relacionadas com elas, as hipóteses que o Locutor aventa, consciente ou inconscientemente, sobre os processos inferenciais que seu enunciado vai desencadear na mente do Destinatário.

Teoria dos atos de fala

Não enveredaremos por um estudo profundo das diferentes noções teóricas propostas para modelizar os fenômenos pragmáticos que intervêm na comunicação linguageira. Vamos ater-nos a examinar brevemente a mais conhecida dessas noções, a de ato de fala. Essa noção nos será proveitosa mais adiante neste capítulo, quando estabelecermos a conexão entre pragmática e interferências pragmáticas no léxico.

A **teoria dos atos de fala** (do inglês *Speech Act Theory*), proposta nos anos 1960 pelo filósofo da linguagem John Austin,[3] postula um modelo de comunicação que permite dar conta de alguns dos fenômenos pragmáticos mencionados anteriormente.

Segundo Austin, o fato linguístico se descreve como a realização simultânea de três **atos de fala** (também chamados *atos de linguagem*):

1. um **ato locutório** – a produção de um enunciado linguístico, o fato de enunciar;
2. um **ato ilocutório** – a comunicação linguageira em si, o fato de transmitir uma determinada informação por meio da língua;
3. um **ato perlocutório** – a consecução de objetivos mais distantes da enunciação, que podem escapar ao Destinatário, mesmo quando ele domina e compreende perfeitamente a língua; este ato compreende o ato ilocutório, além de seus eventuais efeitos.

Assim, quando Ximena lança a Dom Rodrigo sua famosa **litotes** (Corneille, *Cid*, Ato III, Cena IV):

(9) – *Pois bem, eu não te odeio.*

ela realiza o ato de enunciar, de emitir esta frase (ato locutório). Ela transmite ao mesmo tempo a Dom Rodrigo uma mensagem linguística (ato ilocutório), mensagem que poderia ser reformulada, com mais palavras e menos elegância, mais ou menos da seguinte forma:

(10) – *Tudo bem, então. Podes ir cumprir teu dever. Aliás, lembra-te, não estou ressentida contigo.*

Este ato ilocutório deve desencadear uma inferência por parte de Dom Rodrigo, para que a troca linguística funcione realmente. Ximena espera que seu interlocutor infira do conteúdo da frase (9), levando em conta a situação dramática em que ela é enunciada, um conteúdo adicional que poderia ser expresso assim:

(11) – *Na verdade, eu até continuo loucamente apaixonada por ti, aconteça o que acontecer.*

Ao desencadear esse processo inferencial, Ximena realiza um ato perlocutório. Ela e Dom Rodrigo se entenderam muito bem, quando este responde a (9) com um fatalista:

(12) – *Mas deves.* [= odiar-me]

que subentende, na verdade:

(13) – *Não deves mais me amar, porque isso em breve já não será possível.*

Todas essas sutilezas da comunicação linguageira, ativadas cada vez que se emprega uma figura do tipo litotes, devem poder ser modelizadas. A teoria dos atos de fala é um primeiro passo nesta direção. Não trataremos das diferentes abordagens da modelização dos fenômenos pragmáticos. O leitor interessado pelos processos de inferência que intervêm na comunicação linguageira poderia começar estudando a modelização da ***lógica conversacional*** de Paul Grice. Para uma introdução aos trabalhos de Grice, aconselhamos que se consulte o capítulo 2 de Reboul e Moeschler (1998), mencionado adiante na lista das leituras complementares.

Passemos sem maiores delongas ao exame do que denominamos de *interferências pragmáticas no léxico*, isto é, aos casos em que se levam em consideração fatores pragmáticos no componente lexical do código linguístico.

CODIFICAÇÕES LEXICAIS
DOS FATORES PRAGMÁTICOS

Estudaremos três tipos de entidades lexicais[4] dentro das quais se manifestam interferências pragmáticas:

1. os verbos performativos;
2. as lexias de conteúdo pressuposicional; e
3. os clichês linguísticos.

Os clichês linguísticos são expressões fraseológicas de um tipo particular. Não os mencionamos em nossa apresentação da noção de fraseologia (capítulo "Unidade lexical ou lexia"), pois eles encontram mais naturalmente seu lugar no contexto do estudo da pragmática lexical.

Verbos performativos

Os atos perlocutórios são "menos linguísticos" do que os atos ilocutórios. Estes, com efeito, estão diretamente relacionados aos recursos lexicais ou gramaticais utilizados nos enunciados. Podem-se, assim, conectar os diferentes tipos de atos ilocutórios (afirmações, pedidos, perguntas...) a lexias específicas da língua (AFIRMAR, PEDIR [pedir a alguém que faça algo], PERGUNTAR...) e a tipos específicos de frases (frases declarativas, imperativas, interrogativas...).

No que concerne à modelização da realização de atos perlocutórios, esta se concretiza sobretudo em uma modelização da realidade extralinguística e de certos processos de inferência que não estão necessariamente relacionados com a língua.

É, pois, com base na noção de ato ilocutório que poderemos estabelecer uma conexão direta entre o léxico e os fenômenos pragmáticos. Comecemos, para tanto, apresentando a noção de enunciado performativo, proposta por Austin.

Um enunciado é dito ***performativo*** se possui as duas seguintes propriedades:
1. ele denota uma ação realizada pelo Locutor no momento da enunciação; por exemplo:
   (14) – *Eu aceito.*
   denota uma ação particular (a aceitação de um fato pelo Locutor);
2. sua enunciação serve para a realização dessa ação; ao enunciar (14), o Locutor realiza, *ipso facto*, a ação de aceitar algo.

Pode-se também comparar o enunciado performativo (14) com um enunciado estruturalmente próximo, mas não performativo, como:

(15) – *Eu reflito.*

Este enunciado denota uma ação do Locutor, e este pode, evidentemente, estar refletindo no momento em que enuncia (15). No entanto, não é a enunciação desta frase que faz com que o Locutor reflita. O caso é completamente diferente no primeiro exemplo: a enunciação de (14) permite realmente ao Locutor realizar a ação de aceitar algo.

Existem pelo menos dois tipos de enunciados performativos:

1. os performativos explícitos, que contêm uma ou várias lexias diretamente associadas, por seu semantismo, ao ato realizado – em negrito em (16a-c):

(16)   a. – *Eu vos **declaro** marido e mulher.*
       b. – *Eu **declaro** aberta a sessão.*
       c. – *Eu vos **ordeno** que vos retireis.*

2. os performativos implícitos, que não contêm tais lexias:

(17)   a. – *Xeque-mate!*
       b. – *Bom dia!*
       c. – *Obrigado!*

Os performativos explícitos são particularmente interessantes para o estudo da Semântica Lexical, pois existem em todas as línguas verbos, ditos **verbos performativos**, que podem orientar a construção de tais enunciados. O emprego performativo de um verbo é feito necessariamente na primeira pessoa do singular do presente do indicativo. Essa restrição, é claro, vale para o francês, para o português, e para todas as línguas que possuam um sistema semelhante de tempos gramaticais. Para as línguas que não o possuem, deve-se considerar o emprego de verbos em formas equivalentes à primeira pessoa do singular do presente do indicativo.

Para compreender bem o funcionamento tão particular dos verbos performativos, comparemos os dois exemplos a seguir:

(18)   a. – *Eu te peço/te suplico/te ordeno que te retires.*
       b. – *Eu te pergunto qual é a tua idade.*

A frase (18b) só pode ser utilizada para constatar um fato, e não para perguntar. Ela pode aparecer nos seguintes contextos:

(19)   a. – *Eu te pergunto qual é a tua idade, e tu te irritas!*
       b. – *Ei, oi, responde! Estou te perguntando a tua idade!*

A frase (18a), em contrapartida, é empregada muito naturalmente para expressar um pedido: o Locutor pede a seu interlocutor (suplica-lhe, ordena-lhe) que se retire.

Consequentemente, pode-se dizer que PEDIR, SUPLICAR e ORDENAR são verbos performativos, **nas acepções consideradas anteriormente**. O verbo PERGUNTAR, ao contrário, não é um verbo performativo. Note-se, a esse respeito, que a acepção de PEDIR, que é um sinônimo aproximado de PERGUNTAR, tampouco é performativa. Um locutor brasileiro não perguntará a qualquer pessoa sua idade proferindo (20a), mas, sim, fazendo uma pergunta como (20b):

(20)   a. – *Eu pergunto tua idade.*
       b. – *Que idade você tem?*

Não há nenhuma razão lógica para que seja assim. Até mesmo um Locutor que tenha o português como língua materna deve testar o emprego performativo de um determinado verbo – como fizemos em (18a) e (18b) – antes de poder decidir com certeza se esse verbo é performativo ou não. Isso faz com que o caráter performativo que possuem determinados verbos seja um fenômeno eminentemente linguístico, pertinente, sem dúvida alguma, ao estudo lexicológico.

Lexias com conteúdo pressuposicional

Examinaremos agora um segundo caso de interferência pragmática no léxico: o das lexias cujo sentido contém um ou mais pressupostos. Para apreender bem a noção de pressuposto, é preciso, antes, caracterizar a noção de sentido implícito, já lembrada quando tratamos dos performativos.

Sentido explícito e sentido implícito dos enunciados. Podem-se identificar dois tipos de conteúdos semânticos veiculados pelos enunciados:

1. o *sentido explícito*, que é aquilo que o Locutor comunica "ostensivamente" por meio do enunciado em questão;
2. o *sentido implícito*, que é aquilo que o Locutor comunica "de maneira oculta" por meio do enunciado.

O sentido implícito de um enunciado faz parte de seu sentido literal. Sua expressão é o resultado direto do emprego de elementos específicos do código linguístico. Não é um elemento de informação que, para ser captado pelo Destinatário, requer que este efetue inferências de natureza não linguística.

A distinção entre sentido explícito e sentido implícito remete à maneira como o Locutor apresenta ao Destinatário a informação transmitida. Essa distinção advém, portanto, da estruturação comunicativa dos enunciados, noção que já vimos várias vezes, especialmente no capítulo "Sentido linguístico".

Definição da noção de pressuposto. Uma vez caracterizada a noção de sentido implícito, podemos examinar o funcionamento do ***pressuposto***, que é um caso particular de sentido implícito.

Imaginemos que foi cometido um roubo e que o ladrão tem motivos para acreditar que ele é suspeito pela polícia. Um de seus amigos, que não sabe de sua culpa, pergunta-lhe por que ele está nervoso; inadvertidamente, o ladrão se trai respondendo:

(21) *A polícia sabe que sou o culpado.*

Se se pode dizer que o indivíduo em questão *se traiu* em sua resposta, é porque esta contém uma informação que, embora implícita, é perfeitamente identificável: trata-se do pressuposto 'Eu sou o culpado'.

Apreendemos esse pressuposto de maneira imediata, sem que precisemos deduzir o que quer que seja das palavras ouvidas. Esse pressuposto é, por natureza, inteiramente linguístico e faz parte do sentido literal de (21). Com efeito, ao enunciar *X sabe que Y*, o Locutor informa **necessariamente**, de maneira implícita, 'Eu digo que Y [é verdadeiro]'.

Devem-se distinguir dois tipos de pressupostos: os pressupostos lexicais e os pressupostos de enunciado.

1. Um pressuposto lexical tem sua origem no emprego de uma determinada lexia, que o veicula intrinsecamente. É o caso exemplificado por (21), acima, onde a presença do pressuposto resulta diretamente do emprego da lexia SA-BER. Pode-se, assim, comparar a frase inicial com aquela que o ladrão deveria ter empregado para não se trair:

(22) *A polícia **pensa** que sou o culpado.*

2. Um pressuposto de enunciado é o resultado da estrutura global da mensagem expressa pelo enunciado em questão; é impossível associá-lo ao emprego de uma lexia particular. A frase a seguir exemplifica esse tipo de pressuposto:

(23) *Ela está falando com um admirador.*
→ pressuposto = 'Ela tem um admirador'

É, sem dúvida, acima de tudo, o fenômeno dos pressupostos lexicais que nos interessará, uma vez que, neste livro, nos concentramos no estudo da semântica **lexical**.

Enquanto sentidos implícitos, os pressupostos são muitas vezes difíceis de identificar. É preciso, para tanto, recorrer a testes linguísticos. Utiliza-se geralmente a resistência à negação como critério para evidenciar os pressupostos: estes se caracterizam especialmente por continuarem sendo válidos quando o enunciado que os contém é negado. Pode-se, assim, confrontar a frase (21) com sua negação (24), que veicula o mesmo pressuposto:

(24) *A polícia não sabe que sou o culpado.*
→ pressuposto = 'Eu sou o culpado'

Essa propriedade dos pressupostos é notável e é muitas vezes tida como definitória. Diremos, pois, que o pressuposto de um enunciado E é um sentido veiculado por E que continua válido quando E é negado. Uma tal definição não nos parece, porém, inteiramente satisfatória; e isso, por duas razões.

Em primeiro lugar, o que acaba de ser dito a propósito da negação vale igualmente para a pergunta. A frase

(25) *A polícia sabe que sou o culpado?*

tem o mesmo pressuposto que (21) e (24). Seria, pois, necessário completar a definição de pressuposto dizendo que ele também resiste à pergunta.

Em segundo lugar, a definição baseada na resistência à negação, tal como formulada anteriormente, ressalta o teste de identificação do pressuposto, **e não o seu valor pragmático**. Seria, porém, necessário que a definição salientasse sobretudo que o fato de comunicar algo como pressuposto de um enunciado impõe restrições muito fortes ao que o Destinatário, ou o próprio Locutor, pode fazer, uma vez produzido o enunciado. Assim sendo, é bem mais difícil, em situação de diálogo, contestar uma informação pressuposta do que uma informação transmitida explicitamente. Basta, para nos convencermos disso, comparar as duas perguntas a seguir, imaginando que elas são feitas a um chefe de governo em campanha eleitoral.

(26)   a. *O senhor acredita que seu governo saberá evitar repetir os graves erros do passado?*

b. *Seu governo cometeu graves erros no passado; o senhor acredita que saberá evitar repetir os mesmos erros?*

A primeira pergunta (26a) é seguramente mais insidiosa. Ela arma uma cilada ao Destinatário, que deve de qualquer forma evitar de responder com *Sim* ou com *Não*, ainda que a pergunta o force a isso. Com efeito, qualquer uma dessas respostas equivaleria a uma aquiescência frente ao pressuposto: 'seu governo cometeu graves erros'. A pergunta (26b), ao contrário, veicula essa mesma afirmação de maneira explícita, o que daria mais liberdade ao Destinatário que desejasse contestá-la.

Esse exemplo mostra a que ponto a transmissão de uma informação sob a forma de pressuposto equivale a uma tomada de controle parcial da sequência do intercâmbio linguístico por parte do Locutor. Por isso, é incontestavelmente legítimo falar-se de *ato ilocutório de pressuposição*, como faz O. Ducrot – ver Ducrot (1972) nas leituras complementares deste capítulo.

As falhas constatadas na definição clássica de pressuposto, especialmente a demasiado pouca importância que ela dá ao aspecto pragmático dessa noção, são suficientemente graves para que ela seja descartada. Propomos que se adote a definição a seguir, de O. Mørdrup, que nos parece, sob todos os aspectos, excelente.

P pressupõe Q [= P tem como pressuposto Q (nota do autor)] se e somente se, cada vez que P é afirmada, negada ou formulada como pergunta, o Locutor não pode negar Q sem se contradizer.

MØRDRUP, Ole. Présuppositions, implications et verbes français. *Revue Romane*. v. x, n. 1, p. 128, 1975.

Descrição dos pressupostos lexicais. Como vimos, os pressupostos lexicais estão relacionados de maneira intrínseca a lexias específicas da língua: as ***lexias de conteúdo pressuposicional***. Eles funcionam como restrições ao tipo de interação que poderá decorrer da utilização de tais lexias em situação de fala. Seria, portanto, sempre desejável que se assinalasse explicitamente a natureza pressuposicional deste ou daquele componente de sentido nas definições lexicais.

Tomemos como exemplo o caso da lexia LAMENTAR. *X lamenta Y* pressupõe a verdade da informação correspondente ao segundo actante, Y. Isso é demonstrado pelas seguintes frases, que têm todas o mesmo pressuposto: 'Heitor chegou atrasado'.

(27) a. *Heitor lamenta ter chegado atrasado.*
b. *Heitor não lamenta ter chegado atrasado.*
c. *Heitor lamenta ter chegado atrasado?*

Uma excelente maneira de ressaltar a natureza pressuposicional de um componente de sentido dado é atribuir-lhe uma posição particular na definição lexical; por exemplo:[5]

(28)
X lamenta Y ≅ X fez Y, mas X pensa que ele não deveria ter feito Y

Esta definição, sem dúvida, não é perfeita; ela tem, no entanto, o mérito de isolar claramente o pressuposto do verbo LAMENTAR. Pela maneira como está estruturada, (28) nos alerta sobre o fato de que 'X fez Y' é informado por LAMENTAR de maneira particular, impondo de certa forma ao Destinatário que aceite essa proposição como um fato real.

Deixemos agora esse assunto inesgotável que é a pressuposição e voltemos nossa atenção para um último caso de interferência pragmática no léxico.

Clichês linguísticos

Cada língua contém um número elevado de enunciados pré-fabricados – cada um deles codificado como um todo no léxico –, aos quais o Locutor deve recorrer em determinadas situações para efetuar um ato ilocutório dado. Comparemos alguns casos desse tipo em francês, em inglês e em português.

(29)

Francês	Inglês	Português
– Quel âge as-tu ?	– How old are you?	– Que idade você tem?
– À la prochaine !	– See you!	– Até a vista!
– Comment ça va ?	– How are you doing/keeping?	– Como vai [você]?
– Désolé d'être en retard.	– Sorry I am late.	– Lamento pelo atraso.
– Après vous.	– Go ahead.	– Passe, por favor.

Estes enunciados são notáveis porque, mesmo sendo fraseológicos e funcionando cada um como um todo, eles são semanticamente composicionais (cf. capítulo "Unidade lexical ou lexia"). São, portanto, muito diferentes das locuções e não podem ser considerados lexias da língua. Denominaremos ***clichê linguístico*** esse tipo de enunciado.

Um *clichê linguístico* é um enunciado fraseológico semanticamente composicional, mas restrito em seu conteúdo e em sua forma, que o Locutor deve utilizar para cumprir um determinado ato ilocutório.

Os clichês linguísticos, contrariamente às locuções, não necessitam de definição lexical, pois são perfeitamente composicionais no plano semântico. No entanto, é correto dizer que eles não manifestam *composicionalidade conceitual*, pois o próprio conteúdo da mensagem que veiculam é pré-fabricado na língua: é a língua que aponta ao Locutor **o que** dizer, além de lhe apontar **como** dizê-lo (com que lexias e em que estrutura de enunciado).

Note-se que os clichês linguísticos merecem pouco lugar nos dicionários, apesar de sua importância na proficiência da comunicação cotidiana. São sobretudo os dicionários bilíngues que dão o exemplo, como se observa na entrada do verbo francês ALLER [IR] no *Grand Robert & Collins* [2008],[6] adaptado para o português:

ir [...] <<passar>> [...]
- **Como vai [você]? :** how are you?
- **Como vai seu irmão? – Ele vai bem/mal.**
[fisicamente] how's your brother? – he's fine/ he's not very well
[moralmente] how's your brother? – he's fine/not too happy

Os clichês linguísticos – que são associados a determinados atos ilocutórios – tendem a ser também associados a certos contextos de enunciação. Passamos agora a examinar clichês linguísticos, chamados *pragmatemas*, que se utilizam justamente em contextos bem específicos.

Um *pragmatema*, no sentido restrito do termo, é um clichê linguístico associado a contextos de enunciação em que pelo menos um dos parâmetros fundamentais da comunicação – o suporte físico da mensagem linguística, o Locutor ou o Destinatário – está precisamente determinado.

Para elucidar a noção de pragmatema, imaginamos uma situação que coloca em jogo um suporte físico de comunicação linguística e um tipo de Destinatário específicos. Suponhamos que um indivíduo queira afixar **um cartaz** (ou um aviso) informando **aos motoristas** que eles não podem estacionar em um terreno que lhe pertence. Ele poderia, em princípio, escrever no cartaz qualquer um dos enunciados a seguir:

(30) a. *Não estacione*[7]
      b. *Você não tem o direito de estacionar*
      c. *Impossível estacionar*

Todo mundo compreenderá o que tais cartazes significam; no entanto, eles não se encaixam na maneira-padrão de transmitir a mensagem em questão. Devem-se utilizar os pragmatemas (31a-b) para confeccionar os "bons" cartazes:

(31) a. *Proibido estacionar*
      b. *Estacionamento proibido*

Como para todos os clichês linguísticos, o caráter arbitrário dos pragmatemas ressalta ainda melhor quando se procura traduzi-los. Nesse sentido, somente (32a), a seguir, é apropriado se se deseja um cartaz em inglês realmente padrão. O enunciado (32b), que é uma tradução literal de (31b), parece desajeitadamente formulado, ainda que esteja lexical e gramaticalmente correto.

(32) a. *No parking*
      b. *Parking forbidden*

Tomemos outro exemplo de cartaz. Como sinalizar que uma parede acaba de ser pintada e que se deve ter o cuidado de não tocar nela? É, sem dúvida, (33a) o cartaz "fraseológico" adequado. O cartaz (33b) é certamente menos usual, e (33c) é francamente estranho.

(33) a. *Tinta fresca*
      b. *Cuidado com a tinta*
      c. *Recém-pintado*

Para terminar, importa registrar que, se falamos de pragmatemas *no sentido restrito* em nossa definição, é porque essa noção pode ser alargada para englobar **lexias** – lexemas ou locuções – que funcionam pragmaticamente da mesma maneira que os pragmatemas clichês. Falamos, neste caso, de pragmatemas *no sentido amplo*. Tomemos dois casos desse tipo, com a indicação dos parâmetros do contexto de enunciação que lhes estão associados; o enunciado (34a) emprega um lexema pragmatema (no sentido amplo) e (34b), uma locução.[8]

(34) a. *Alô!*
      →Ao telefone, respondendo a uma ligação, para indicar que se está a postos para falar.

b. *Vem quente aí!*

→Em um restaurante ou em um bar, o Locutor é um garçom que carrega algo e que solicita que lhe deixem livre a passagem.

A descrição lexicográfica dos clichês linguísticos e dos pragmatemas, em sentido restrito ou amplo, levanta problemas particulares. Como especificar o semantismo e os contextos de enunciação que lhes estão associados? Como incluí-los e torná-los acessíveis em um dicionário ou em outros tipos de modelo de léxico? Nas leituras complementares, mencionamos um texto que trata precisamente dessas questões (Fléchon et al., 2012).

Além disso, o exercício 5, proposto no fim do capítulo, diz respeito à modelização semântica dos clichês linguísticos, o modo como ela poderia aparecer nos dicionários.

LEITURAS COMPLEMENTARES

REBOUL, Anne; MOESCHLER, Jacques. *La pragmatique aujourd'hui*. Paris: Seuil, 1998. (Points Essais, 371)

Recomendamos vivamente a leitura desta obra a todos aqueles que não tiverem ficado satisfeitos com nossa introdução à Pragmática. Ela tem o mérito de propor uma perspectiva coerente sobre a Pragmática, ao invés de se reduzir a um mero repertório dos trabalhos efetuados nesta área (como ocorre, infelizmente, com demasiada frequência, com os textos introdutórios).

DUCROT, Oswald; SCHAEFFER, Jean-Marie. Langage et action. In: _____. *Nouveau dictionnaire encyclopédique des sciences du langage*. Paris: Seuil, 2000, pp. 776-83. (Points Essais, 397)

Leitura recomendada especialmente por sua apresentação da teoria dos atos de fala de Austin.

DUCROT, Oswald. La notion de présupposition: présentation historique. In: _____. *Dire et ne pas dire*: principes de sémantique linguistique. 2. éd. corr. et augm. Paris: Hermann, 1980 [1972], pp. 25-67. (Savoir)

Este texto oferece uma perspectiva de conjunto sobre a pressuposição. A obra completa estuda essa noção de maneira aprofundada.

FLÉCHON, Geneviève; FRASSI, Paolo; POLGUÈRE, Alain. Les pragmatemes ont-ils un charme indéfinissable?. In: LIGAS, Pierluigi; FRASSI, Paolo (Dirs.). *Lexiques, identités, cultures*. Publié avec la collaboration de Fabio Pelizzoni et Giovanni Tallarico. Verona: QuiEdit, 2012, pp. 81-104.

Encontram-se nesta obra numerosos exemplos adicionais de pragmatemas, bem como uma análise do problema de sua modelização lexicográfica. Sua leitura permite ainda fazer a transição para o tema de nosso último capítulo: a Lexicologia descritiva.

EXERCÍCIOS

▪ EXERCÍCIO 1

Dos verbos a seguir, quais são performativos?

* PEDIR [*Heitor pede a João que se cale*]
* SUPLICAR [*Heitor suplica a João que se retire*]
* QUERER [*Heitor quer que João saia*]

▪ EXERCÍCIO 2

Qual dos dois verbos, RECONHECER **I** ou RECONHECER **II**, empregados em (35a-b) é performativo? Justifique sua resposta.

(35)   a. – *Você mudou, e eu não te reconheço* **I** *mais.*
   b. – *Reconheço* **II** *a autoridade do Tribunal.*

▪ EXERCÍCIO 3

Redija um esboço de definição das duas lexias, SABER e PENSAR, utilizadas nas frases (21) e (22). Assegure-se de que o pressuposto de SABER apareça claramente em sua definição; para tanto, inspire-se na definição proposta para LAMENTAR.

▪ EXERCÍCIO 4

As frases a seguir parecem ser paráfrases.

(36)   a. *Aberto 24 horas.*
   b. *Jamais fechado.*

No entanto, na vitrine das lojas, normalmente só vemos (36a). Explique.

▪ EXERCÍCIO 5

Descreva o semantismo da locução NÃO DESLIGUE, que se emprega no contexto de uma conversa telefônica. A descrição proposta deverá incluir, além de uma definição analítica, a especificação do contexto pragmático associado ao emprego de NÃO DESLIGUE.

Faça, a seguir, uma pequena pesquisa visando encontrar a tradução dessa locução para o maior número possível de línguas.

NOTAS

[1] Nada se pode dizer de consistente sobre os fenômenos de fala sem ter procedido previamente a uma análise estrutural profunda das línguas; esta era, aliás, a principal razão aduzida por Saussure para excluir a fala do campo de estudo da Linguística. Essa posição se justificava no início do século XX, época em que a Linguística ainda estava por ser construída como ciência; hoje, pode-se com toda a legitimidade questioná-la.

[2] Cf. a distinção estabelecida no capítulo "Noções preliminares" entre a semântica de uma língua, que é um componente estrutural da língua em questão, e a semântica enquanto disciplina, que é um ramo da ciência linguística.

[3] John L. Austin, *Quando dizer é fazer*, trad. de Danilo Marcondes de Souza Filho, Porto Alegre, Artes Médicas, 1990.

[4] A noção de entidade lexical foi definida no capítulo "Unidade lexical ou lexia".

[5] Este método inspira-se no formato de apresentação dos pressupostos adotado no *Dicionnaire explicatif et combinatoire* [*Dicionário explicativo e combinatório*] (ver capítulo "Lexicologia descritiva"). Quanto saibamos, trata-se do primeiro dicionário que identificou sistematicamente em suas definições o componente pressuposicional dos sentidos lexicais.

[6] O texto em francês distingue-se do texto em inglês no interior deste artigo de dicionário por estar escrito com fonte diferente. A versão eletrônica do *Robert & Collins* utiliza, além disso, um código colorido.

[7] Não introduzimos pontuação final, porque esta está normalmente ausente neste tipo de cartaz.

[8] *Vem quente aí!* é um sintagma semanticamente não composicional (uma locução), contrariamente a um clichê linguístico como *Com licença*!, que é uma paráfrase aproximativa.

Lexicologia descritiva

*Eu prometo nada completo; porque qualquer coisa humana
deveria ser completa, deve por isso mesmo infalivelmente
ser incompleta.*
Herman Melville, *Moby Dick.*

Vamos agora voltar nossa atenção para a redação dos dicionários, que são, de certa forma, produtos derivados da Lexicologia, assim como as gramáticas são produtos derivados do estudo da gramática das línguas. A apresentação dos dicionários pode constituir, por si só, o objeto de toda uma obra, e nosso objetivo não é tentar condensar um tal empreendimento em poucas páginas. Este capítulo tem, antes, o objetivo de estabelecer uma conexão explícita entre as noções de **Lexicologia teórica** que foram introduzidas até o presente momento e a problemática da modelização do conhecimento lexical: a **Lexicologia descritiva**.

Este último capítulo divide-se em cinco partes. (1) Inicialmente, delimitaremos o lugar que os dicionários ocupam na Lexicologia descritiva, o que nos levará a propor uma definição ampla da Lexicografia. (2) Faremos em seguida uma apresentação geral dos dicionários, estabelecendo uma distinção entre os dicionários para grande público e os dicionários teóricos. (3) A seguir, introduziremos a terminologia básica que serve para descrever a estrutura dos dicionários. (4) Depois, mostraremos como a informação lexical, que caracterizamos ao longo dos capítulos precedentes, é codificada nos dicionários para grande público. (5) Finalmente, apresentaremos uma alternativa à elaboração de dicionários: a Lexicografia das redes lexicais.

Noções introduzidas: *Lexicologia teórica e Lexicologia descritiva*; *Lexicografia*; *lexicógrafo*; *Metalexicografia*; *dicionário para grande público* vs. *dicionário teórico*; *dicionário de língua (monolíngue)*; *dicionário enciclopédico*; *dicionário bilíngue*; *dicionário pedagógico ou de aprendizagem*; *dicionário de codificação* vs. *de decodificação*; *macroestrutura*; *artigo* (*de dicionário*); *palavra-vedete ou entrada*; *lexia-vedete*; *nomenclatura*; *dicionário impresso* vs. *eletrônico*; *micro-estrutura*; *medioestrutura*; *definição lexicográfica*; *léxico mental*; *Lexicografia das redes lexicais*.

AMPLIANDO O ESPECTRO DA LEXICOGRAFIA

A Lexicografia é tradicionalmente apresentada como a atividade de redação dos dicionários. Esta concepção da Lexicografia justifica-se plenamente se nos referimos à maneira como, há séculos, vem-se efetuando o trabalho de modelização do conhecimento lexical. Estamos, porém, convencidos de que, se a Lexicografia é essencial, os dicionários **como os conhecemos hoje** não o são.

Os dicionários são textos e, enquanto tais, estão pouco adaptados à mode-lização do léxico, cuja estrutura é multidimensional e é organizada em uma gigantesca rede lexical (cf. capítulo "Relações lexicais"). A atividade lexi-cográfica deveria, assim, visar a ocupar-se de outros modelos lexicais, e não exclusivamente dos dicionários – ver adiante, seção "Rumo a uma Lexicografia das redes lexicais".

Uma vez que o termo *lexicografia* é ainda hoje associado, acima de tudo, à elaboração de dicionários, não o utilizamos no título do presente capítulo, pre-ferindo remeter diretamente ao que é verdadeiramente essencial: o ramo descri-tivo da Lexicografia teórica. Contudo, propomos que se adote, considerando o passado, o presente e o futuro da disciplina, uma definição relativamente ampla da Lexicografia.

> A *Lexicografia* é a atividade ou a área de estudo que visa à elaboração de representações (= modelos) dos léxicos.

Denominaremos, pois, *lexicógrafo* toda pessoa envolvida na atividade de modelização dos léxicos, e não unicamente o redator de artigos de dicionários.

Do ponto de vista metodológico, a atividade lexicográfica requer um trabalho considerável de análise, de processamento e de estocagem dos dados linguísticos. Essas tarefas relacionadas à análise dos dados adquiriram mais e mais importância à medida que o recurso às ferramentas informáticas foi penetrando nas técnicas de trabalho lexicográfico. Lembremos que este é um assunto que tivemos a opor-tunidade de abordar no capítulo "Estrutura do léxico" (ver especialmente a seção "Acesso aos dados linguísticos").

Para terminar, assinalemos que não raro o termo *lexicografia* é empregado para designar o estudo teórico dos dicionários. Trata-se de um equívoco a ser evitado de qualquer forma, ainda mais que existe um termo para designar essa atividade: a *metalexicografia*. Duas leituras complementares indicadas no final do capítulo – Béjoint (2000) e Pruvost (2002) – tratam desse campo de investigação.

O QUE É UM DICIONÁRIO?

Da infalibidade dos dicionários

Os dicionários são obras escritas por especialistas da língua para um público de não especialistas. Além disso, o grande público vê os dicionários como símbolos da própria língua. Adquirir um dicionário equivale, de certa forma, a apropriar-se do verdadeiro conhecimento do que é a língua. A crença na infalibilidade dos dicionários é, por vezes, total; perde-se de vista o fato de que essas obras são elaboradas por seres humanos, que comem, bebem, dormem, se cansam, cometem erros e omissões, ignoram certos dados... O mito da exaustividade dos dicionários tem fôlego de gato. Muitas pessoas admitirão que talvez nem "todas as palavras da língua" estejam descritas em seu dicionário preferido, mas acreditarão inaba-lavelmente que a descrição de um determinado vocábulo é, sim, completa e exata. É por isso que abrimos este capítulo colocando como epígrafe uma citação plena de sabedoria de Herman Melville: enquanto produtos da atividade humana, os dicionários – e, mais geralmente, os modelos de léxico – são todos, de uma forma ou de outra, incompletos e falhos. Isso, aliás, não afeta em nada o fato de que eles são ferramentas insubstituíveis.

Este capítulo visa, assim, não só conectar a Lexicologia com a Lexicografia, como também desmistificar os dicionários. Não se trata de modo algum de sub-metê-los a uma crítica estéril do alto de uma ciência lexicológica que conferiria o direito de criticar a quem não participasse pessoalmente da tarefa, jamais acabada, de modelização do léxico. A desmistificação dos dicionários deve, pelo contrário, aproximá-los mais dos leitores. Deve suscitar neles o desejo de aprofundar seu conhecimento da Lexicografia e de adquirir *competências lexicográficas* que eles poderão explorar no cotidiano: na prática docente, na redação técnica ou científica, na tradução, na pesquisa linguística etc. Esperamos também que alguns deles se tornem lexicógrafos ou terminólogos, pois a tarefa de modelização dos léxicos, que se metamorfoseiam sem cessar, é indispensável à sociedade, infinita em sua duração e infinita no prazer que proporciona aos que a executam.

Dicionários para grande público e dicionários teóricos

Iniciemos apresentando uma definição da noção de dicionário que seja, por um lado, suficientemente específica para excluir as obras chamadas *dicionários* que não são produções lexicográficas[1] e, por outro, suficientemente vaga para englobar todas as variedades de verdadeiros dicionários.

> Um **dicionário** de uma determinada língua é um modelo do léxico dessa língua que oferece uma descrição de cada lexia segundo um padrão relativamente rígido.
> Os dados fornecidos para cada lexia variam de um dicionário a outro: características gramaticais, pronúncia, etimologia, definição, exemplos dos possíveis empregos da lexia etc.

O termo *dicionário* é geralmente utilizado para designar os ***dicionários para grande público***,[*] como o *Petit Robert*, ou o *Petit Larousse illustré*, ou o *Houaiss*, que são, acima de tudo, produtos destinados à venda.[2] Redigir tais dicionários equivale, de certa forma, a fazer Lexicologia aplicada.

Existem, no entanto, também **dicionários teóricos**, isto é, dicionários concebidos como ferramentas de pesquisa em Linguística, que são elaborados tendo em vista o estudo do léxico das línguas. Os dicionários teóricos também podem servir de modelos experimentais para identificar pistas para melhorias na qualidade (precisão, coerência etc.) dos dicionários para grande público. Mencionamos aqui dois exemplos de dicionários teóricos:

MEL'ČUK, Igor et al. *Dictionnaire explicatif et combinatoire du français contemporain*: recherches lexico-sémantiques. Montréal: Les Presses de l'Université de Montréal, v. 1, 1984; v. 2, 1988; v. 3, 1992; v. 4, 1999.
WIERZBICKA, Anna. *English Speech Act[3] Verbs:* A Semantic Dictionary. Sydney: Academic Press, 1987.

Os dicionários teóricos assentam todos, por definição, em determinadas teorias linguísticas. Seu estudo pressupõe, pois, o domínio das abordagens teóricas subjacentes, cuja apresentação extravasaria os limites deste livro. É por isso que, na sequência desta exposição, vamos debruçar-nos principalmente sobre a concepção dos dicionários para grande público.

---

[*] N.T.: Traduzimos literalmente a expressão *dictionnaire grand public*. Entretanto, na literatura em língua portuguesa, esse tipo de dicionário é conhecido como *dicionário de língua* ou *dicionário geral*.

Especificidade dos dicionários para grande público

Os dicionários para grande público não são obras como as outras, e isso por no mínimo duas razões.

Em primeiro lugar, eles têm uma relevância social considerável. Com efeito, ao descrever o léxico de uma língua, o dicionário se apresenta como um reflexo da sociedade na qual essa língua é falada. Pode-se, pois, afirmar a própria existência de uma sociedade, de uma cultura, ao empreender a redação de um dicionário de sua língua. Os Estados estão frequentemente engajados na redação de dicionários (*Dictionnaire de l'académie française, Diccionario de la lengua española – Real Academia Espanhola, Dicionário escolar da língua portuguesa –* Brasil/MEC etc.), os quais podem incentivar, financiar ou até, por que não, desestimular por razões políticas. Isso fica particularmente evidente no caso de dicionários que descrevem uma variante geográfica de uma língua. Por exemplo, um dicionário como *The Macquarie Dictionary* (redigido e publicado na University Macquarie de Sidney) não só se restringe a descrever o inglês falado na Austrália: ele é também a afirmação da existência de uma cultura propriamente australiana.

A segunda especificidade dos dicionários para grande público é sua amplíssima difusão. Todo mundo, ou quase, possui pelo menos um dicionário, físico ou eletrônico. Os não especialistas mantêm, pois, uma relação um tanto particular com seu dicionário. Como todos eles possuem um, e como o dicionário se apresenta explicitamente como uma ferramenta destinada ao público em geral, eles pensam que conhecem bem e que compreendem as informações que ele encerra. Ora, são raros os que realmente se deram ao trabalho de examinar que dados específicos sobre a língua seu dicionário contém e como eles são apresentados. Folheia-se muitas vezes um dicionário unicamente para verificar a ortografia de determinada palavra ou, quando muito, para achar o significado de um termo raro ou técnico que se encontrou. Paradoxalmente, uma maneira corrente de se recorrer ao dicionário consiste justamente em não o abrir, mas em receitá-lo para não ter de responder a uma pergunta embaraçosa ou para a qual não se tem resposta:

– *Vá ver no dicionário!*

Tipos de dicionários para grande público

Existe uma grande variedade de dicionários, de acordo com o público e a utilização visados. Examinaremos três tipos: os dicionários de língua (monolíngues), os dicionários bilíngues e os dicionários pedagógicos (ou dicionários de aprendizagem).

Dicionários de língua (monolíngues). As lexias da língua são apresentadas nestes dicionários do ponto de vista de suas características linguísticas: pronúncia, parte do discurso, sentido etc. Normalmente, eles não contêm nomes próprios. São diferenciados dos *dicionários enciclopédicos*, que são de certa forma obras intermediárias entre os dicionários de língua e as enciclopédias. Os dicionários enciclopédicos geralmente contêm muitos nomes próprios (de países, de personalidades etc.) e, sobretudo, fornecem para cada unidade descrita informações não linguísticas sobre as respectivas entidades. Assim, um dicionário enciclopédico não vai somente descrever a lexia VACA, mas também **o próprio animal**: o que uma vaca come, seu peso médio, como funciona seu sistema digestivo etc.

Alguns dicionários de língua podem focalizar um aspecto particular da descrição lexical: dicionários de sinônimos, dicionários de colocações etc. Este é um assunto que teremos a oportunidade de abordar mais adiante (ver seção "Descrição das características lexicais").

Dicionários bilíngues. Os dicionários bilíngues descrevem as lexias de uma língua-fonte apresentando sua tradução em uma língua-alvo. A descrição de uma determinada lexia pode inserir-se em um dos dois casos a seguir: ou a lexia da língua-fonte possui um equivalente lexical direto na língua-alvo, como em (1a); ou este equivalente lexical não existe e a tradução corresponde a uma verdadeira definição formulada na língua-alvo, como em (1b).

(1)   a. PÃO *pain*
        b. FEIJOADA *cassoulet brésilien, fait à base de haricots noirs et de cochonnailles.*

A (boa) lexicografia bilíngue deve ir além da simples tradução das lexias. Deve levar em conta todas as propriedades das lexias que possam acarretar problemas de tradução e, especialmente, sua combinatória restrita – ver adiante a seção "Descrição da combinatória restrita das lexias".

Dicionários pedagógicos. Estes dicionários, também chamados *dicionários de aprendizagem*, são concebidos para serem usados pelas pessoas que aprendem ativamente a língua. São mais ou menos ricos (de algumas dezenas a vários milhares de vocábulos). Os dicionários pedagógicos destinados a um público jovem contêm frequentemente muito mais ilustrações do que os dicionários de língua correntes.[4]

Alguns dicionários pedagógicos são dotados de estruturas originais, em que os vocábulos não são apresentados estritamente em ordem alfabética. Assim, o *Dictionnaire du français usuel* (2002) optou pela seguinte organização:

- Acessam-se as informações lexicais mediante um número reduzido de vocábulos (442 exatamente) altamente polissêmicos e de uso frequente.
- Esses vocábulos, por intermédio de cada uma de suas acepções, servem como chaves de acesso a toda uma rede de lexias da língua semanticamente interconectadas. Por exemplo, o vocábulo FORTE, com todas as suas acepções, dá acesso à descrição de certas lexias dos vocábulos VIGOROSO, ROBUSTO, VIGOR, VIGOROSAMENTE, COLOSSO, COLOSSAL, GRANDE, FORÇUDO, MUSCULOSO, FORTIFICANTE... – ao todo, em torno de 40 lexias.

O objetivo de uma tal estruturação é estimular a aquisição do vocabulário baseando-se no fenômeno fundamental da polissemia e recorrendo a uma navegação semântica na rede lexical da língua.

> O trabalho por redes tem como resultado dar conta da polissemia da palavra tomada como ponto de partida, o que não constitui um acidente desagradável, mas uma característica fundamental da linguagem humana e da coerência semântica interna da rede que ela comanda. Isso é próprio de uma concepção **linguística** do estudo do léxico. (Picoche e Rolland, *Dictionnaire du français usuel*, 2002: 12.)

Há outras maneiras originais de estruturar a informação nos dicionários pedagógicos. Por exemplo, o dicionário inglês *Longman Language Activator* propõe agrupamentos lexicais utilizando conceitos muito gerais, que servem como chaves de acesso às unidades lexicais e à sua descrição. Supõe-se que uma tal organização incentive um uso "ativo" do dicionário, que funciona então realmente como uma ferramenta que viabiliza codificar linguisticamente o pensamento (o que justifica/explica o nome *language **activator*** ['ativador de linguagem']).

Esta última observação permite-nos colocar em evidência duas abordagens da estruturação da informação nos dicionários. Os dicionários pedagógicos são, em sua grande maioria, *dicionários de codificação*: apresentam a informação lexical como um recurso que serve para codificar linguisticamente o pensamento. A maioria dos dicionários mais tradicionais são, pelo contrário, acima de tudo, *dicionários de decodificação*: são concebidos para auxiliar a interpretar o conteúdo lexical de enunciados linguísticos. O caso mais típico de utilização dos dicionários-padrão é o da busca de termos desconhecidos encontrados em textos. Quando tais dicionários são utilizados em um contexto de codificação, o objetivo é, essencialmente, verificar a ortografia de um termo que se deseja empregar na escrita.

Como se pode constatar, existe uma variedade considerável de dicionários. Não sendo nosso objetivo encetar um percurso completo através da disciplina lexicográfica, mas, antes, apresentá-la do ponto de vista de suas conexões com as noções básicas da Lexicologia, centraremos nossa atenção no caso que tende a ser padrão: os dicionários de língua monolíngues. Tomaremos, porém, a liberdade de mencionar de maneira pontual os dicionários bilíngues e pedagógicos, quando isso for proveitoso para nossa exposição.

ESTRUTURA DOS DICIONÁRIOS

Os dicionários de língua correntes têm uma organização interna particular, que comporta três níveis de estruturação: a macroestrutura, a microestrutura e a medioestrutura.

Macroestrutura

A *macroestrutura* de um dicionário é sua ossatura geral. Ela se organiza em torno de uma sucessão de descrições de vocábulos, ordenadas alfabeticamente. Como se sabe, utiliza-se normalmente a forma canônica para nominar um vocábulo no dicionário – isto é, a variante flexional de base, quando o vocábulo pertence a uma parte do discurso que admite flexão. Nos dicionários da língua portuguesa, trata-se do infinitivo para os verbos, do singular para os substantivos e do masculino singular para os adjetivos. No entanto, cada tradição lexicográfica pode ter desenvolvido sua própria maneira de proceder, em função das particularidades formais da língua em apreço, como mostram os três casos a seguir:

- Os verbos são posicionados na macroestrutura dos dicionários do latim de acordo com a forma da primeira pessoa do singular do presente do indicativo; por exemplo, em um dicionário do latim, é preciso procurar *amo* 'eu amo', e não *amare* 'amar'.
- Nos dicionários do árabe, acessamos os vocábulos por sua raiz consonantal, ou seja, as três consoantes que constituem a ossatura fonológica das formas de palavra nessa língua.
- Nos dicionários do chinês mandarim – cuja escrita não é alfabética –, utilizam-se diversos métodos de acesso, às vezes combinados: por meio da parte gráfica genérica dos caracteres (chamada *chave*), por meio de códigos numéricos que identificam as configurações de traços dos caracteres (método chamado dos *quatro cantos*), ou outros.

Tradicionalmente, denomina-se ***artigo de dicionário*** o bloco de texto que descreve um determinado vocábulo. Cada artigo se divide em ***subartigos***, cada um dos quais descreve uma acepção (uma lexia) particular do vocábulo em questão. Essa terminologia suscita um problema teórico. Ela parece subentender que a unidade de base da descrição lexicográfica é o vocábulo e que a descrição da lexia não é senão uma subparte da descrição do vocábulo (cf. o termo *subartigo*). Ora, sabe-se que cada lexia forma um todo, dotado especialmente de um sentido e de uma combinatória característicos: cada lexia é uma unidade do léxico (uma unidade lexical). Isso levou os lexicógrafos que trabalham com dicionários teóricos do tipo *Dictionnaire explicatif et combinatoire* [*Dicionário explicativo e combinatório*] a denominar *artigo* a descrição da lexia e de *superartigo* a reunião de todas as descrições das lexias de um vocábulo. Essa terminologia, no entanto, também é problemática, por no mínimo duas razões: por um lado, ela é utilizada de maneira muito marginal na literatura lexicográfica; por outro lado, o termo *superartigo* parece um tanto estranho, devido ao sentido que se associa habitualmente ao prefixo *super-* ('grau extremo' ou 'superioridade'). Para simplificar, parece-nos que seria preferível usar somente o termo *artigo*, especificando, quando necessário, se se trata de um artigo **de vocábulo** (o artigo, no sentido tradicional) ou de um artigo **de lexia** (o subartigo, na terminologia tradicional). O quadro a seguir visa deslindar esse imbróglio terminológico.

Três terminologias para descrever a macroestrutura dos dicionários

Entidade descrita	Terminologia tradicional	Terminologia do *Dic. expl. e comb.*	Terminologia proposta por nós
vocábulo	*artigo*	*superartigo*	*artigo de vocábulo*
lexia	*subartigo*	*artigo*	*artigo de lexia*

Passaremos a utilizar a terminologia proposta na coluna da direita do quadro. Ela é compatível com a terminologia tradicional e evita ao mesmo tempo retrogradar a lexia à condição de "subvocábulo".

> A lexia é a unidade de estruturação do léxico; sua descrição é, portanto, a unidade de descrição do léxico.

Arrolaremos agora várias noções que se apoiam na terminologia que acabamos de introduzir e que completam a ferramenta nocional de que necessitamos para tratar da estrutura dos dicionários.

- O vocábulo descrito em um artigo (de vocábulo) é chamado **palavra-vedete** ou **entrada** do artigo em questão (cf. capítulo "Unidade lexical ou lexia"). Note-se que o termo *vocábulo-vedete* também é aceitável, mas é empregado bem marginalmente se comparado aos dois precedentes.

- Paralelamente, a lexia descrita em um artigo de lexia é chamado *lexia-vedete* do artigo em questão.
- A lista de todas as palavras-vedete de um dicionário é chamada *nomenclatura* do dicionário.

Como vimos anteriormente, alguns dicionários, em especial os dicionários pedagógicos, não estruturam sua nomenclatura estritamente de acordo com o ordenamento alfabético das palavras-vedete. Ademais, a Lexicografia está evoluindo enormemente graças à passagem progressiva dos *dicionários impressos* para *dicionários eletrônicos*. O armazenamento informático torna muito mais fácil a navegação não linear na nomenclatura e, mais amplamente, no conjunto das informações contidas no dicionário. Pode-se prever que os dicionários eletrônicos proporão cada vez mais frequentemente ferramentas que permitam acessar os dados lexicais por meio de chaves semânticas, gramaticais etc. Uma característica relevante desses dicionários é poderem ser incorporados a *softwares*, enquanto componentes destes. Assim, o *software* comercial Antidote[5] é a reunião de um corretor ortográfico do francês, de uma série de dicionários eletrônicos integrados (dicionário de língua padrão, de sinônimos, de antônimos, dicionário de coocorrências etc.) e de manuais linguísticos (gramaticais, estilísticos etc.). A concepção tradicional do que é um dicionário vê-se radicalmente questionada nesse tipo de ambiente informático. Na verdade, quando se observa a evolução dos dicionários eletrônicos ocorrida desde que eles começaram a aparecer, verifica-se que, passo a passo, o dicionário vem sofrendo uma metamorfose: de livro com estrutura linear, ele passa progressivamente a configurar-se como um verdadeiro modelo multidimensional do léxico, concebido para se conectar aos demais componentes da descrição linguística.[6]

Observamos, para concluir a exposição sobre a noção de macroestrutura, que alguns dicionários adotam uma nomenclatura especializada, restrita a certos tipos de lexias. Mencionamos, como exemplo, o *Dictionnaire des onomatopées* [*Dicionário de onomatopeias*] (2005), cuja finalidade é paliar a falta de descrição sistemática das lexias onomatopaicas na maior parte dos dicionários de língua.

Microestrutura

Passaremos a examinar a entrada CATASTROPHE (CATÁSTROFE) do *Petit Robert* (2017), reproduzida fielmente, e traduzida literalmente para o português, a fim de exemplificar as noções de artigo de vocábulo/lexia e de introduzir a de microestrutura.

catástofre [katastrofe] **substantivo feminino**

| **ETIM**. 1552 ◊ <u>latim</u> *catastropha*, grego *katastrophé* "transtorno"

①DIDÁT. Último e principal acontecimento (de um poema, de uma tragédia). → **desfecho**. *"A catástrofe de minha peça talvez seja um pouco demais sangrenta"* (Racine).

②CORRENTE Desgraça terrível e brusca. → **transtorno, calamidade, cataclismo, golpe, desastre, drama, flagelo, infortúnio**. Terrível catástrofe. Provocar a catástrofe. Evitar a catástrofe.

- Acidente, sinistro que causa a morte de muitas pessoas. *Catástrofe aérea. Catástrofe natural, sanitária. O balanço de uma catástrofe.* APOSTO. *Filme catástrofe*, cujo roteiro descreve um acontecimento catastrófico, um acidente grave. *Filmes catástrofes* ou *catástrofe* (invariável). *"Enquanto eu estava arrasado, pensava em filmes de catástrofe, perguntando-me se a terra ia se abrir para nos engolir a todos"* (D. Laferrière).
- ♦ LOC. **em situação de catástrofe**: arriscando tudo. *Aterrissar em situação de catástrofe.* POR EXTENSÃO Com urgência, para evitar o pior.

③FAM. Acontecimento desagradável. → **desastre, drama**. Tudo foi descoberto, é uma catástrofe!
- ABREV. FAM. CATÁ. *É uma catá.*
- Como interjeição. *Catástrofe! Esqueci minha chave!*
- ♦ POR EXTENSÃO *Seu último filme é uma catástrofe.*
- ♦ Pessoa muito desajeitada; criança muito turbulenta.

④(1972, R. Thom). MAT., FÍS. *Teoria das catástrofes*: teoria que, a partir de observações empíricas da forma de um sistema ou de processos descontínuos, tenta construir um modelo dinâmico contínuo.

ANTÔNIMOS: Felicidade, sorte, sucesso.

Este artigo de vocábulo inicia identificando a palavra-vedete (o vocábulo propriamente dito): "catástrofe". Aparece em seguida um bloco de texto contendo informação etimológica – "**ETIM.**" –, e após, os artigos das lexias do vocábulo (acepções), que são identificadas graças a um sistema de numeração: de "①" a "④". Trata-se de um primeiro nível de estruturação. O exercício 1, no final do capítulo, solicita que se aprofunde a análise superficial do artigo CATÁSTROFE efetuada aqui.

O padrão de organização interna dos artigos de vocábulos é chamado **microestrutura** do dicionário. Esse padrão se caracteriza pela maneira de apresentar a estrutura polissêmica e, para cada acepção, pelo ordenamento e pela formatação tipográfica das informações sobre a lexia-vedete: eventual datação, marca de uso, definição, exemplos lexicográficos etc.

Os dicionários diferem enormemente em sua microestrutura, não somente pelo modo de apresentação que adotam, mas também pela própria informação que fornecem sobre os vocábulos. Comparemos o artigo CATÁSTROFE do *Petit Robert*, citado anteriormente, com aquele que é proposto, para o mesmo vocábulo, no *Le lexis: Larousse de la langue française* (2002),[7] traduzido para o português.

> **CATÁSTROFE** [katastrofe] s.f. (lat. *catastropha*, gr. *katastrophé*, transtorno; 1546). Acontecimento súbito que causa transtorno, destruições, vítimas: *Um avião espatifou-se no solo; é a terceira catástrofe deste gênero em um mês* (sin.↓ ACIDENTE). *O "capitão" Lyttelton manifestamente não desejava iniciar sua missão por uma catástrofe* (De Gaulle). *O incêndio assume proporções de uma catástrofe* (sin. CALAMIDADE, DESASTRE). *Seu insucesso neste exame é para ele uma verdadeira catástrofe* (sin. DESGRAÇA). || *Em situação de catástrofe*, diz-se de um avião que aterrissa em condições particularmente difíceis para evitar um acidente: *O piloto aterrissou em situação de catástrofe*; diz-se de uma ação que é realizada com urgência e no último momento: *Uma catástrofe matrimonial.*
> ◆ **catastrófico** [...]◆ *catastrofar* [...] ◆ **catastrofismo** [...]
>
> • CLÁSS. e LIT. **catástrofe** s.f. **1**. Desfecho de uma tragédia, de uma narrativa: *Imaginem uma sala de espetáculo vazia, após a catástrofe de uma tragédia* (Chateaubriand). – **2**. Fim infeliz de um acontecimento: *A catástrofe deste fracasso foi a perda de dois cavalos* (La Fontaine).

Encontram-se no fim deste capítulo vários exercícios que versam sobre a análise do conteúdo desses artigos.

Medioestrutura

Os dois artigos de dicionário para o vocábulo CATÁSTROFE que apresentamos na seção precedente exemplificam adequadamente um fato digno de nota: a microestrutura dos dicionários está saturada de referências cruzadas, isto é, de apontadores que partem do artigo de uma determinada lexia e levam conceitualmente a outros artigos de vocábulos ou de lexias. Esses apontadores são de dois tipos formais:

1. apontadores explicitamente assinalados – por exemplo, "→**desfecho**", no artigo do *Petit Robert*, ou "sin.↓ ACIDENTE", no artigo do *Lexis*;[8]

2. apontadores implícitos – por exemplo, "**desfecho**", na definição lexicográfica da última acepção de CATÁSTROFE do Lexis, que pode ser visto como uma referência indireta ao artigo lexicográfico correspondente.

A profusão de apontadores desse tipo contida em cada dicionário de língua forma uma grade complexa de conexões interartigos, à imagem da estrutura da rede lexical da língua descrita. Essa estrutura dos dicionários, perpendicular à sua organização textual (macroestrutura e microestrutura), foi denominada *medioestrutura* nos estudos metalexicográficos.

> A medioestrutura, que é o sistema de referências cruzadas, é um dispositivo lexicográfico que pode ser usado para estabelecer relações entre diferentes componentes de um dicionário. De acordo com Wiegand (1996: 11),[9] ela interconecta os elementos do conhecimento representados em diferentes setores do dicionário em vários níveis de descrição lexicográfica para formar uma rede. (Gouws e Prinsloo, 1998: 18)

Teremos a oportunidade de retornar ao tópico da medioestrutura dos dicionários e à modelização da rede lexical da língua no final deste capítulo. Deixemos o assunto da estrutura dos dicionários para abordar a descrição lexicográfica das características individuais das lexias.

DESCRIÇÃO DAS CARACTERÍSTICAS LEXICAIS

Omitindo-se as informações sobre a diacronia – os dados sobre a etimologia de cada lexia –, são três os tipos principais de informações suscetíveis de serem codificadas nos artigos de lexias dos dicionários:

1. o sentido da lexia-vedete;
2. suas conexões paradigmáticas com outras lexias da língua;
3. suas propriedades de combinatória restrita, especialmente as colocações das quais ela é a base – isto é, as relações sintagmáticas que ela mantém com seus possíveis colocados.

Vejamos como os dicionários modelizam essas informações.

Descrição do sentido nas definições lexicográficas

Estudamos, no capítulo "Análise do sentido", como são descritos os sentidos lexicais através de definições analíticas. O prato principal, em um artigo de dicionário, é, evidentemente, a definição dita **definição lexicográfica**. Teoricamente, uma boa definição lexicográfica só pode ser, ao mesmo tempo, uma definição analítica. No entanto, pode ocorrer que os dicionários utilizem, de maneira pontual ou quase sistemática, uma descrição semântica das lexias que não passa de uma lista de sinônimos aproximativos. Confrontemos (2a) e (2b), que, por sua estrutura, são equivalentes monolíngues dos exemplos (1a) e (1b), dados anteriormente, a propósito dos dicionários bilíngues.[10]

(2)   a. REPULSÃO *aversão, asco, ódio, repugnância*

   b. REPULSÃO *repugnância física ou moral por uma coisa ou um ser que se repele.*

Como indicado no capítulo "Análise do sentido", uma lista de vários sinônimos como (2a) pode ser suficiente, em certos contextos de utilização, como meio de identificar aproximativamente o semantismo de uma lexia. Mas uma tal lista não deveria ser chamada de *definição*, na medida em que, justamente, ela não define. O recurso a esse tipo de lista é plenamente justificado no caso de dicionários bilíngues – nos quais se busca geralmente uma **tradução**, e não uma definição –, mas reflete necessariamente uma falha no caso dos dicionários de língua monolíngues, a não ser que se trate exatamente de dicionários de sinônimos. Para que o dicionário de língua seja realmente utilizado como ferramenta de aquisição de novos conhecimentos semânticos, é preciso que ele recorra a definições analíticas. Consideraremos, portanto, que, das duas "descrições" semânticas apresentadas anteriormente, somente (2b) constitui uma verdadeira definição lexicográfica.

A única restrição aplicável às definições analíticas passíveis de serem amoldadas, no caso dos dicionários para grande público, é aquela que propõe que a definição seja uma paráfrase da lexia definida. Por razões pedagógicas, alguns dicionários optarão por utilizar definições com características mais dialógicas. Vejamos, a título de exemplo, a definição proposta no *Collins Cobuild English Language Dictionary* (1987) para o verbo inglês INCITE **1** (*The media incited them to strike* 'A mídia os incitou a fazer greve.'):

(3)   **incite** [...] **1** If you **incite** someone to do something, you encourage them to do it by making them excited or angry [...]*

Este dicionário, que pretende ser, acima de tudo, uma ferramenta pedagógica, optou por dirigir-se diretamente a seu usuário, ao invés de utilizar uma definição parafrástica que criaria maior distanciamento. Essa maneira de definir apresenta também a vantagem de mostrar ao usuário do dicionário como a lexia-vedete funciona na frase e, especialmente, quais estruturas sintáticas ela controla. De fato, se se analisa atentamente o conteúdo de (3), verifica-se que é na verdade a valência do predicado semântico 'X incita Y a Z' que é apresentada:

If you $_{[=X]}$ *incite someone* $_{[=Y]}$ *to do something* $_{[=Z]}$ ...

Alguns dicionários chegam a ser bem explícitos quando se trata de descrever a natureza predicativa de uma lexia-vedete. Assim, o *Dictionnaire du français usuel* [*Dicionário do francês usual*] (2002), já mencionado, introduz explicitamente essa informação. Veja como este dicionário inicia a descrição do semantismo de ORGULHOSO [*Ela está orgulhosa de seu sucesso.*]; as variáveis A1 e A2 designam os dois actantes dessa lexia.

(4) A1 humano está *orgulhoso* de A2, ação, qualidade ou posse de A1 [...]

Passemos agora ao exame da descrição das relações paradigmáticas controladas pelas lexias-vedetes.

Descrição das relações paradigmáticas

Encontra-se a descrição de certas relações paradigmáticas nos dicionários de língua, que, em sua maioria, codificam pelo menos as relações de sinonímia. Os artigos do *Petit Robert* e do *Lexis,* citados anteriormente, fornecem inúmeros exemplos de referências desse tipo. Encontra-se menos frequentemente a indicação de relações de antonímia, sem dúvida porque essa relação semântica é menos fácil de identificar e, ao mesmo tempo, está menos presente na rede lexical de cada língua do que a sinonímia.

No tocante às demais relações paradigmáticas, que correspondem especialmente às funções lexicais paradigmáticas apresentadas no capítulo "Relações lexicais", as remissões são bem menos sistemáticas e explícitas. Os lexicógrafos servem-se

---

* N.T.: Se você incita alguém a fazer algo, você o estimula a fazê-lo, excitando-o ou irritando-o.

não raro dos exemplos de emprego dados em um artigo de lexia para mencionar os derivados semânticos julgados como sendo os mais pertinentes. Um dicionário poderia, assim, apresentar a seguinte série de exemplos no artigo do verbo ENSINAR, cuja valência é 'X ensina Y a Z':*

(5)   *O professor* [= S_1 *(professor)*] *ensina a uma* **turma** *numerosa* [= S_3], *de 40* **alunos** [= S_3].
   Quais são as **matérias** [= S_2] *que ele ensina?*

Introduzimos explicitamente em (5) o nome das funções lexicais paradigmáticas implicadas, para mostrar claramente ao leitor a natureza da informação transmitida de maneira implícita nesta série de exemplos.

Seria possível ir muito além do exame dessas poucas derivações semânticas para ver toda a gama de relações paradigmáticas que os dicionários de língua apresentam de maneira mais ou menos explícita. Tomemos, por exemplo, o caso da função lexical Mult, que não está entre as funções lexicais paradigmáticas introduzidas no capítulo "Relações lexicais". Aplicada a uma lexia L, Mult fornece o conjunto das lexias ou expressões que significam 'conjunto de L'. É o que se verifica nos dois exemplos a seguir:

Mult (*insulto*) =   *rosário, chuva, enxurrada, torrente* [*de insultos*]
Mult (*lobo*)   =   *bando, alcateia, grupo* [*de lobos*]

É claro que a maioria dos dicionários de língua procurarão inserir nos artigos de INSULTO e LOBO ao menos uma parte dos valores de Mult arrolados anteriormente. Sugerimos ao leitor que verifique como as relações paradigmáticas controladas por INSULTO e LOBO são apresentadas nos respectivos artigos dos dicionários aos quais tenha acesso.

Descrição da combinatória restrita das lexias

Todas as observações que foram feitas a propósito das relações paradigmáticas se aplicam à descrição da combinatória restrita das lexias-vedetes. Extremamente conscientes da dificuldade que representa um bom domínio dos fenômenos colocativos, os redatores de dicionários para grande público preocupam-se geralmente em inserir nos artigos lexicográficos as colocações mais significativas entre aquelas controladas pelas lexias descritas. Tomemos, a

---

* N.T.: O verbo ENSINAR apresenta, além dessa, outras regências no português. Ver, a esse respeito, o *Dicionário prático de regência verbal*, de Celso Pedro Luft, 1987, pp. 251-52.

título de exemplo, o artigo da lexia CATÁSTROFE **2** do *Petit Robert* (2017), citado anteriormente. Identificam-se, na série seguinte, três colocações incluídas no artigo, que exemplificam os empregos da lexia-vedete:

(6) *Terrível catástrofe. Provocar a catástrofe.* *Evitar a catástrofe.*

A exposição parcial que foi feita das funções lexicais sintagmáticas no capítulo "Relações lexicais" não permitirá ao leitor associar uma fórmula a cada uma dessas colocações; somente a primeira é pertinente a um caso simples já examinado. Vejamos a codificação completa.

terrível [*catástrofe*]	$\rightarrow$	Magn
provocar [*a catástrofe*]	$\rightarrow$	ProxOper$_1$
		[= 'estar a ponto de Oper$_1$']
evitar [*a catástrofe*]	$\rightarrow$	NonPermFunc$_0$
		[= 'não deixar produzir-se']

Os dicionários-padrão não codificam de maneira explícita as relações base-colocados, nem elucidam seu valor semântico. É, porém, interessante observar que certos dicionários se dedicam inteiramente a arrolar as colocações ou, mais geralmente, as coocorrências frequentes das lexias. É o caso, por exemplo, do *Dictionnaire des cooccurrences* [*Dicionário de coocorrências*] (2001), do qual extraímos e traduzimos uma entrada:

(7) LIMPEZA a fundo, completa, geral, ampla, minuciosa, cuidadosa.
Fazer uma ~ (+adj.); proceder a uma ~ (+adj.)

Um pequeno exercício de formalização deste artigo em termos de funções lexicais é proposto no fim deste capítulo (exercício 6).

Existe, na verdade, um número bastante significativo de dicionários que arrolam as colocações da respectiva língua. Alguns, como *Trouver le mot juste* [*Encontrar a palavra exata*] (1997) ou o *Dictionnaire des mots et des idées* [*Dicionário das palavras e das ideias*] (1947), até apresentam concomitantemente as relações paradigmáticas e sintagmáticas. Mas talvez seja na lexicografia inglesa que as colocações têm sido mais bem descritas, especialmente com o famoso *BBI Dictionary of English Word Combinations* [*BBI Dicionário de combinações de palavras em inglês*] (2010), cuja primeira edição remonta a 1986.

---

* N.T.: Não há um equivalente em português que expresse exatamente o sentido da colocação francesa *courir à la catastrophe*. Em francês, essa colocação expressa 'agir de tal maneira que se provocará infalivelmente a catástrofe, o desastre, a ruína'.

A descrição lexicográfica das colocações conheceu, nos últimos anos, um desenvolvimento digno de nota. Citemos, para exemplificar esse fato, alguns outros títulos recentemente publicados:

- para o francês: *Lexique actif du français* (2007), *Grand dictionnaire des cooccurrences* (2009)[11] e *Dictionnaires des combinaisons de mots* (2015);
- para o inglês: *Oxford Collocations Dictionary for Students of English* (2009);
- para o espanhol: REDES. *Diccionario combinatorio del español contemporáneo* (2004).

Deve-se mencionar aqui a lexicografia bilíngue como um campo em que a modelização da combinatória, e especialmente dos fenômenos colocacionais, sempre exerceu um papel relevante. Sendo os dicionários bilíngues quase necessariamente concebidos como obras de aprendizagem, seus redatores são bastante mais sensíveis à necessidade de se codificarem explicitamente as propriedades de combinatória próprias a cada lexia-vedete. Tomemos o caso do extrato a seguir da entrada SOUPIR [SUSPIRO] do *Grand Robert & Collins* (2008), vertido para o português:

(8) **suspiro** [...] sigh.
- suspiro de satisfação: sigh of satisfaction | satisfied sigh
- dar um suspiro de alívio: to give *ou* heave a sigh of relief
- soltar um suspiro profundo: to let out *ou* give a heavy sigh | to sigh heavily [...]

Como se vê, não é somente a própria lexia-vedete que recebe aqui sua tradução, mas também certas colocações das quais ela é a base. O nível de detalhe na modelização da combinatória restrita constatado aqui lembra o que vimos no fim do capítulo precedente, a respeito do tratamento dos clichês linguísticos nos dicionários bilíngues.

O tema da codificação das características lexicais nos dicionários é inesgotável; por isso, devemos contentar-nos com este rápido sobrevoo. É chegado o momento de concluir este capítulo, tecendo algumas observações importantes sobre o que nos parece ser o futuro possível da Lexicografia.

RUMO A UMA LEXICOGRAFIA DAS REDES LEXICAIS

Ao longo deste livro, temos insistido reiteradamente sobre um aspecto fundamental da informação lexical: esta é organizada como uma vasta rede de lexias interconectadas por relações semânticas, formais e de combinatória. O léxico de cada língua não é uma lista, uma nomenclatura, mas um sistema complexo de entidades informacionais, onde tudo se encaixa, onde tudo interage de maneira quase orgânica. Essa estrutura em rede é perceptível através do estudo da lógica interna do conhecimento lexical, em que qualquer lexia só existe enquanto pode ser relacionada com outras, nas línguas e nos textos. Ela é perceptível também através do estudo dos processos cognitivos linguísticos, especialmente dos processos de aquisição da língua, que parecem verdadeiramente fundamentados na textura e no percurso de relações lexicais. O saber lexical é gigantesco demais, e nós o acessamos de maneira demasiado imediata em situação de fala para que ele não seja de natureza fundamentalmente relacional.

O saber lexical ao qual nos referimos aqui – e que é um parâmetro essencial da cognição humana – é chamado *léxico mental*.[12] Ele existe ao mesmo tempo em uma realidade fisiológica – como se encontra codificado no cérebro de cada indivíduo – e em uma realidade lógica, enquanto elemento da língua no sentido saussuriano. Sua geometria em rede não escapou aos lexicógrafos, que têm sempre consagrado uma parte relevante de suas atividades à textura (explícita ou implícita) da medioestrutura de seus dicionários. Não é exagero afirmar-se que a qualidade de um dicionário é proporcional ao caráter relacional de seus artigos.

Constata-se, no entanto, um profundo hiato entre a estrutura lógica multidimensional dos bons dicionários de língua (sua medioestrutura) – que, afinal de contas, é bastante compatível com a que é postulada pelo léxico mental – e sua estrutura física nitidamente linear. O lexicógrafo **redige** um dicionário porque o dicionário é um texto, quando, na verdade, ele deveria tecer uma rede lexical. Essa maneira de proceder era perfeitamente justificada até o século passado, quando somente o texto impresso podia servir de suporte físico à modelização do léxico. Estava fora de cogitação representar no papel grafos lexicais que comportassem centenas de milhões de nós e milhares de arcos. No entanto, dois acontecimentos recentes permitem antever uma mutação da lexicografia:

- a substituição gradual do texto impresso pela memória informática como suporte da informação;
- o desenvolvimento de métodos de cálculo baseados na teoria matemática dos grafos, que viabilizam o processamento automático das redes de grande dimensão.

Veem-se, assim, apontar as premissas de uma nova *Lexicografia das redes lexicais*, que explora as evoluções tecnológicas e científicas mencionadas, continuando, porém, a se apoiar nos princípios lexicológicos e metodológicos que fundamentam a Lexicografia contemporânea. O último texto proposto como leitura complementar para este capítulo permitirá ao leitor ter uma ideia concreta da provável mutação da Lexicografia a que acabamos de nos referir.

Concluindo esta exposição, lembramos que a natureza formal da rede lexical de cada língua se presta a discussão. Alguns a concebem como uma taxionomia, na qual as lexias são agrupadas em classes hierarquizadas. Outros, entre os quais nos incluímos, estão, ao contrário, convencidos de que um léxico é, acima de tudo, organizado como uma "rede social" das lexias: uma estrutura não hierárquica, que não assenta em determinado princípio de classificação. A geometria do léxico seria, então, bastante semelhante à de uma constelação, onde, em uma aparente desordem, se manifestam afinidades determinadas por leis gerais que a nós incumbe descobrir. A leitura complementar mencionada anteriormente trata igualmente dessa questão.

Com isso, encerra-se nossa apresentação da Lexicografia e das relações que ela mantém com a Lexicologia. Termina também nossa exploração da Lexicologia e da Semântica Lexical. Propomos, após as leituras e os exercícios para este capítulo, uma breve conclusão (intitulada "E agora, o que fazer?"), onde sinalizamos como se pode prosseguir no estudo do léxico e da semântica a partir das noções básicas que foram introduzidas aqui.

LEITURAS COMPLEMENTARES

WINCHESTER, Simon. *The Professor and the Madman*: A Tale of Murder, Insanity, and the Making of the Oxford English Dictionary. London; New York: HarperCollins, 1998.

Recomendamos a leitura deste livro (também disponível em francês), pela visão geral que ele oferece do "quinhão humano" que há na redação de um dicionário. Não se trata de uma obra de caráter científico; mas, ao relatar a pequena história que se esconde por trás da redação do monumental *Oxford English Dictionary*, ele consegue mostrar perfeitamente a que ponto o empreendimento lexicográfico é uma aventura humana repleta de incertezas, de erros, de surpresas e, por vezes, de loucuras.

PRUVOST, Jean. *Les dictionnaires de langue française*. Paris: Presses Universtaires de France, 2002. (Que sais-je?, 3622)

Pequena obra de grande utilidade, a ser consultada pela apresentação que ela faz da Lexicografia francesa. Ela contém especialmente inúmeros apontadores bibliográficos relativos à Lexicografia tradicional – os dicionários impressos –, bem como aos dicionários eletrônicos.

BÉJOINT, Henri. *Modern Lexicography*: An Introduction. Oxford: Oxford University Press, 2000.

Este livro complementa com perfeição o precedente, pois faz uma apresentação da Lexicografia de língua inglesa, concentrando-se no período moderno (a partir da década de 1960).

PICOCHE, Jacqueline. La définition. In: *Précis de lexicologie française*. Paris: Nathan, 1997, pp. 133-48.

Este texto completa o que dissemos sobre a noção de definição nos capítulos "Análise do sentido" e "Lexicologia descritiva". Note-se que as definições analíticas são chamadas aqui de *definições substanciais*.

> WIERZBICKA, Anna. Semantics and Lexicography. In: _____. *Semantics*: Primes and Universals. Oxford; New York: Oxford University Press, 1996, pp. 258-86.

Texto de reflexão que explicita as relações entre a Semântica/Lexicologia e a Lexicografia, especialmente a Lexicografia que visa à construção de dicionários teóricos.

> POLGUÈRE, Alain. From Writing Dictionaries to Weaving Lexical Networks. *International Journal of Lexicography*, v. 27, n. 4, 2014, pp. 396-418.

Este artigo apresenta uma nova abordagem do trabalho lexicográfico, baseada no que chamamos de Lexicografia das redes lexicais.

EXERCÍCIOS

▪ EXERCÍCIO 1

Compare metodicamente os dois exemplos de artigos apresentados anteriormente para o vocábulo CATÁSTROFE (conteúdo e organização desse conteúdo).

▪ EXERCÍCIO 2

O *Petit Robert*, edição de 1981, define da seguinte maneira o adjetivo VERMELHO **I.1** [*uma rosa vermelha*]:

(9) Que é da cor do sangue, da papoula, do rubi etc. (extremidade do espectro solar).

O que se pode dizer a respeito da estrutura e do conteúdo desta definição?

▪ EXERCÍCIO 3

O *Nouveau Petit Robert*, edição de 1993, procede de outra maneira:

(10) **I♦ Adj. 1♦** Que é da cor do sangue, da papoula, do rubi etc. (cf. abaixo **II**, *o vermelho*) [...]
II♦ S.m. (séc. XII) O VERMELHO. **1♦** A cor vermelha. *O verde é a cor complementar do vermelho. O vermelho, extremidade do espectro visível* [...]

Como explicar esta mudança?

▪ EXERCÍCIO 4

Ainda no *Nouveau Petit Robert* (1993), SANGUE **1** é definido da seguinte maneira:

(11) Líquido viscoso, de cor vermelha, que circula nos vasos, por todo o organismo, onde desempenha funções essenciais e múltiplas (nutritiva, respiratória,
reguladora, de defesa etc.).

Analise detalhadamente o conteúdo desta definição. Encontre o círculo vicioso.
Pode este ser evitado? Lembrete: a noção de círculo vicioso foi introduzida no
capítulo "Análise do sentido".

▪ EXERCÍCIO 5

Baseando-se no artigo CATÁSTROFE do *Petit Robert* (2017), reproduzido e
traduzido na seção "Microestrutura", indique que lexia é semanticamente mais
simples: CATÁSTROFE **2** ou DESGRAÇA.

Quantas lexias de CATÁSTROFE este artigo de vocábulo descreve?

▪ EXERCÍCIO 6

Codifique por meio de funções lexicais as colocações dadas para LIMPEZA no artigo do *Dictionnaire des cooccurrences* [*Dicionário de coocorrências*] citado em (7).

NOTAS

[1] Referimo-nos aqui a livros intitulados *Dicionário amoroso de...*, *Dicionário do pensamento medieval, de
jardinagem, de citações* etc.
[2] As referências bibliográficas de todos os dicionários mencionados neste capítulo figuram na bibliografia no
fim deste livro ("Dicionários citados").
[3] Lembramos que *speech act* é o termo inglês correspondente a *ato de fala* (cf. capítulo precedente).
[4] O *Petit Robert* e o *Dicionário Houaiss da língua portuguesa* não contêm **nenhuma** ilustração.
[5] *Antidote* foi concebido por Druide Informatique Inc., Montreal.
[6] Lembramos que este assunto será abordado no final do capítulo (seção "Rumo a uma Lexicografia das redes
lexicais").
[7] Suprimimos deste artigo a descrição dos vocábulos encaixados: CATASTROPHIQUE [CATASTRÓFICO], CATASTRO-
PHER [CATASTROFAR] e CATASTROPHISME [CATASTROFISMO]. *Le Lexis*, na verdade, incorpora os artigos de vocábulos morfologicamente interligados ao artigo de cada palavra-vedete.
[8] Os apontadores explícitos podem ser implantados como ligações de hipertextos nos dicionários eletrônicos.
[9] Wiegand (1996).
[10] A definição (2b) é emprestada do artigo RÉPULSION [repulsão] do *Petit Robert* (2017), lexia-vedete numerada **2**.
[11] Trata-se de uma versão revista e ampliada do *Dictionnaire des cooccurrences* (2001) mencionado anteriormente.
[12] Aitchison (2012).

E agora, o que fazer?

Certamente, certamente, este norte,
Começo a perdê-lo.
Nancy Huston, *Norte perdido.*

A leitura deste livro terá permitido às pessoas interessadas adquirirem um conjunto bem significativo de noções fundamentais em Lexicologia e Semântica Lexical, bem como um leque amplo de noções que interligam essas duas disciplinas às demais no campo do estudo linguístico.

Buscamos assegurar ao máximo a coerência do conjunto das noções examinadas, evitando, porém, situar-nos no interior do limite acanhado de uma determinada teoria linguística. É possível, agora, explorar essas noções não somente na prática da Lexicologia teórica e descritiva, mas também em todas as potenciais aplicações dessa disciplina. Pensamos particularmente em suas aplicações pedagógicas.

Para aqueles que desejam continuar trilhando a rota deste estudo, a aprendizagem das noções de base não é senão uma primeira etapa, um preâmbulo a um verdadeiro trabalho de modelização da língua. Ora, um tal trabalho deve apoiar-se sempre em uma ou várias abordagens teóricas bem definidas.

O quadro teórico mais diretamente compatível com as bases nocionais introduzidas aqui é a ***teoria Sentido-Texto*** e, mais precisamente, seu componente lexical, chamado ***Lexicologia Explicativa e Combinatória***. O leitor desejoso de se aprofundar mais no estudo da Lexicologia e da Semântica Lexical segundo essa abordagem teórica poderá extrair informações da seguinte obra:

MEL'ČUK, Igor; CLAS, André; POLGUÈRE, Alain. *Introduction à la lexicologie explicative et combinatoire*. Louvain-la-Neuve: Duculot, 1995.

As duas obras a seguir poderão ser consultadas por quem deseja se familiarizar com os princípios da teoria Sentido-Texto e com a formulação que ela propõe para as correspondências entre os diferentes níveis de organização estrutural das línguas: "semântica ↔ sintaxe ↔ morfologia ↔ fonologia".

MEL'ČUK, Igor; MILIĆEVIĆ, Jasmina. *Introduction à la linguistique*. Paris: Hermann, 2014, v. 1-3.
MEL'ČUK, Igor. *Language*: From Meaning to Text. Moscou; Boston: Academic Studies Press, 2016. (Ars Rossica)

Cumpre lembrar que alguns aspectos relevantes do estudo do léxico das línguas foram deliberadamente preteridos, a fim de permitir um maior aprofundamento das noções contempladas. Nossa esperança é que o conjunto dessas noções forme um núcleo nocional da disciplina, a partir do qual o leitor possa ampliar e consolidar seus conhecimentos.

Assinalamos, finalmente, que o que mais enfatizamos neste livro foi a semântica lexical. A semântica da frase foi simplesmente mencionada, de maneira muito pontual – por exemplo, na exposição sobre o formalismo das redes semânticas. Um estudo mais avançado da semântica da frase poderia, portanto, constituir uma sequência lógica deste livro. Tal estudo deveria abordar especialmente o problema da modelização da estrutura comunicativa dos enunciados e o da interface entre estruturas semânticas e estruturas sintáticas.

Bibliografia

TEXTOS DE REFERÊNCIA

AITCHISON, Jean. *Words in the Mind*: An Introduction to the Mental Lexicon. 4. ed. Oxford: Wiley-Blackwell, 2012.

APRESJAN, Juri D. "Regular Polysemy". *Linguistics*. n. 142, 1974, pp. 5-32.

ARISTÓTELES. Tópicos. José António Segurado e Campos. Edição: Imprensa Nacional – Casa da Moeda. Revisão do texto: Levi Condinho. Mar., 2007.

ARNAUD, Antoine; LANCELOT, Claude. *Grammaire générale et raisonnée de Port-Royal*. Réimpression de l'édition de Paris de 1846. Genève: Slatkine Reprints, 1993 [1. ed. 1756].

AUSTIN, John L. *Quand dire, c'est faire*. Paris: Seuil, 1970.

BÉJOINT, Henri. *Modern Lexicography*: An Introduction. Oxford: Oxford University Press, 2000.

BENVENISTE, Émile. *Problèmes de linguistique générale I*. Paris: Gallimard, 1966.

BOLINGER, Dwight. *Aspects of Language*. New York: Harcourt/Brace & World, 1968.

CERQUIGLINI, Bernard et al. (Dirs.). *Le français dans tous ses états*. Paris: Flammarion, 2000. (Champs, 502)

CRUSE, D. Alan. Polysemy and Related Phenomena from a Cognitive Linguistic Viewpoint. In: SAINT-DIZIER, Patrick; VIEGAS, Evelyne (Dirs.). *Computational Lexical Semantics*. Cambridge: Cambridge University Press, 1995, pp. 33-49.

DU MARSAIS, César Chesneau. *Des tropes ou des diférents sens dans lesquels on peut prendre un même mot dans une même langue*. Paris: Veuve de J.-B. Brocas, 1730.

DUCROT, Oswald. *Dire et ne pas dire*: principes de sémantique linguistique. 2. éd. corr. et augm. Paris: Hermann, 1980 [1. ed. 1972]. (Savoir)

_____. SCHAEFFER, Jean-Marie. *Nouveau dictionnaire encyclopédique des sciences du langage*. Paris: Seuil, 2000. (Points Essais, 397)

FLÉCHON, Geneviève; FRASSI, Paolo; POLGUÈRE, Alain. Les pragmatemes ont-ils un charme indéfinissable?. In: LIGAS, Pierluigi; FRASSI, Paolo (Dirs.). *Lexiques, Identités, Cultures*. Publié avec la collaboration de Fabio Pelizzoni et Giovanni Tallarico. Verona: QuiEdit, 2012, pp. 81-104.

GADER, Nabil; LUX-POGODALLA, Veronika; POLGUÈRE, Alain. Hand-Crafting a Lexical Network with a Knowledge-based Graph Editor. In: *Workshop on Cognitive Aspects of the Lexicon*. Mumbai, 3, 2012, pp. 109-25.

GADET, Françoise. *La variation sociale en français*. Nouv. éd. rev. et augm. Paris: Ophrys, 2007. (L'Essentiel français)

GALISSON, Robert. *Inventaire thématique et syntagmatique du français fondamental*. Paris: Hachette; Larousse, 1971. (Le français dans le monde – B.E.L.C.)

GOUGENHEIM, G.; MICHÉA, R.; RIVENC, P.; SAUVAGEOT, A. *L'Élaboration du français fondamental*. Paris: Didier, 1967.

GOUWS, Rufus H; PRINSLOO, Daniel J. "Cross-Referencing as a Lexicographic Device". *Lexikos*. n. 8, 1998, pp. 17-36.

GREVISSE, Maurice. *Le bon usage*: grammaire française refondue par Andre Goosse. 13. éd. revue. Paris/Louvain-la-Neuve: Duculot, 1993.

GRIZE, Jean-Baptiste. Logique: Historique. Logique des classes et des propositions. Logique des prédicats. Logiques modales. In: PIAGET, Jean (Dir.). *Logique et connaissance scientifique*. Paris: Gallimard, 1967, pp. 135-289. (Encyclopédie de La Pleiade)

HAGÈGE, Claude. Écriture et oralité. In: *L'homme de paroles*: contribution linguistique aux sciences humaines. Paris: Gallimard, 1985, pp. 89-125. (Folio/Essais, 49)

HALLIDAY, Michael A. K.; MATTHIESSIEN, Christian M. I. M. *An Introduction to Functional Grammar*. London: Hodder Arnold, 2004.

HOCKETT, Charles. *A Course in Modern Linguistics*. New York: MacMillan, 1958.

HUOT, Hélène. *La morphologie*: forme et sens des mots du français. 2. éd. Paris: Armand Colin, 2005. (Cursus)

JAKOBSON, Roman. *Essais de linguistique générale*. Paris: Les Éditions de Minuit, 1963. (Arguments)

KLEIBER, Georges. *Problémes de sémantique*: la polysémie en questions. Villeneuve d'Ascq: Presses Universitaires du Septentrion, 1999. (Sens et Structure)

KLINKENBERG, Jean-Marie. *Précis de sémiotique générale*. Paris: Seuil, 2000. (Points Essais, 411)

L'HOMME, Marie-Claude. *La terminologie*: principes et techniques. Montréal: Les Presses de l'Université de Montréal, 2004. (Paramètres)

MCENERY, Tony; OAKES, Michael. Authorship Identification and Computational Stylometry. In: DALE, Robert; MOISL, Hermann; SOMERS, Harold (Dirs.). *Handbook of Natural Language Processing*. New York/Bale: Marcel Dekker, 2000, pp. 545-62.

MEL'ČUK, Igor. *Cours de morphologie générale*. v. 1. Montréal: Les Presses de l'Université de Montréal; Paris: CNRS, 1993.

_____. *Cours de morphologie générale*. v. 4. Montréal: Les Presses de l'Université de Montréal; Paris: CNRS, 1997a.

_____. *Vers une linguistique Sens-Texte*: leçon inaugurale. Paris: Collège de France, 1997b.

_____. Collocations dans le dictionnaire. In: SZENDE, Thomas (Dir.). *Les écarts culturels dans les dictionnaires bilingues*. Paris: Champion, 2003, pp. 19-64.

_____. *Language*: From Meaning to Text. Moscou/Boston: Academic Studies Press, 2016. (Ars Rossica)

_____. CLAS, André; POLGUÈRE, Alain. *Introduction à la lexicologie explicative et combinatoire*. Louvain-la-Neuve: Duculot, 1995.

_____. MILIĆEVIĆ, Jasmina. *Introduction à la linguistique*. v. 1-3, Paris: Hermann, 2014.

_____. POLGUÈRE, Alain. *Lexique actif du français*. L'apprentissage du vocabulaire fondé sur 20.000 dérivations sémantiques et collocations du français. Bruxelles: De Boeck et Larcier, 2007. (Champs linguistiques)

_____; _____. "Prédicats et quasi-prédicats sémantiques dans une perspective lexicographique". *Revue de Linguistique et de Didactique des Langues* (*Lidil*). v. 37, "Syntaxe et sémantique des prédicats", Zlatka Guentchéva et Iva Novakova (Dirs.), 2008, pp. 99-114.

_____; _____. "La définition lexicographiqueselon la Lexicologie Explicative et Combinatoire". *Cahiers de Lexicologie*. n. 109, 2016, pp. 61-91.

MILIĆEVIĆ, Jasmina; POLGUÈRE, Alain. Ambivalence sémantique des noms de communication langagère du francais. In: *Actes de la section "Lexique et morphologie"*, pp. 1029-50. Congrès Mondial De Linguistique Française (CMLF), 2, 2010, La Nouvelle-Orléans, Institut de Linguistique Francaise (ILF).

MOESCHLER, Jacques; REBOUL, Anne. *Dictionnaire encyclopédique de pragmatique*. Paris: Seuil, 1994.

MØRDRUP, Ole. "Présuppositions, implications et verbes français". *Revue Romane*. v. 10, n. 1, p. 128, 1975.

MULLER, Charles. La statistique lexicale. In: *Langue française et linguistique quantitative* (Recueil d'articles). Genève: Slatkine, 1979, pp. 229-42.

MÜLLER, Didier. Introduction a la théorie des graphes. Commission Romande de Mathématique. Le Locle, 2012. (Cahiers de la CRM, 6) [Solution des exercices dans le n. 6 bis de la série.]

NIDA, Eugene A. *Morphology*: the Descriptive Analysis of Words. 2. ed. Ann Arbor: University of Michigan Press, 1976.

PERROT, Jean. Le lexique. Grammaire et lexique. In: MARTINET, André (Dir.). *Le langage*. Paris: Gallimard, 1968, pp. 283-99. (Encyclopédie de La Pléiade)

POLGUÈRE, Alain. Le sens linguistique peut-il être visualisé? In: LAGORGETTE, Dominique; LARRIVÉE, Pierre (Dirs.). *Représentations du sens linguistique*. Munich: Lincom Europa, 2002, pp. 89-103. (Lincom Studies in Theoretical Linguistics, 25)

_____. Les petits soucis ne poussent plus dans le champ lexical des sentiments. In: BAIDER, Fabienne; CISLARU, Georgeta (Dirs.). *Cartographie des émotions*: propositions linguistiques et sociolinguistiques. Paris: Presses Sorbonne Nouvelle, 2013, pp. 21-41.

_____. "From Writing Dictionaries to Weaving Lexical Networks". *International Journal of Lexicography*. v. 27, n. 4, 2014, pp. 396-418.

_____. "Il y a un traître par minou: le statut lexical des clichés linguistiques". *Corela*. n. 19, 2016. Disponível em: <http://corela.revues.org/4486>. Acesso em: 29 abr. 2018.

POTTIER, Bernard. *Linguistique générale*: théorie et description. Paris: Klincksieck, 1974.

PRUVOST, Jean. *Les dictionnaires de langue française*. Paris: Presses Universitaires de France, 2002. (Que sais-je?, 3.622)

REBOUL, Anne; MOESCHLER, Jacques. *La pragmatique aujourd'hui*. Paris: Seuil, 1998. (Points Essais, 371)

REY-DEBOVE, Josette. *Le métalangage*: étude linguistique du discours sur le langage. Paris: Armand Colin, 1997. (U. Linguistique)

_____. *La linguistique du signe*: une approche sémiotique du langage. Paris: Armand Colin, 1998. (U. Linguistique)

SAUSSURE, Ferdinand de. *Curso de linguística geral*. São Paulo: Cultrix, 2008. [1. ed. 1916]

SCHMALE, Günter. "Qu'est-ce qui est préfabriqué dans la langue? – Réflexions au sujet d'une définition élargie de la préformation langagière". *Langages*. v. 189, n. 1, pp. 21-45, 2013.

SEBEOK, Thomas Albert. *Signs*: an Introduction to Semiotics. 2. ed. Toronto/Buffalo/London: University of Toronto Press, 2001.

TESNIÈRE, Lucien. *Éléments de syntaxe structurale*. Paris: Klincksieck, 1959.

WIEGAND, Herbert Ernst. Über die Mediostrukturen bei gedruckten Wörterbüchern. In: ZETTERSTEN, Arne; PEDERSEN, Vigger Hjørnager (Dirs.). *Symposium on Lexicography vii*. Tübingen: Max Niemeyer, 1996, pp. 11-43.

WIERZBICKA, Anna. "Mental Language and Semantic Primitives". *Communication and Cognition*. v. 10, n. 3-4, 1977, pp. 155-79.

_____. "L'amour, la colère, la joie, l'ennui. La sémantique des émotions dans une perspective transculturelle". *Langages*. n. 89, pp. 97-107, 1988.

_____. *Semantics*: Primes and Universals. Oxford/New York: Oxford University Press, 1996.

WINCHESTER, Simon. *The Professor and the Madman*: a Tale of Murder, Insanity, and the Making of the Oxford English Dictionary. London/New York: Harper Collins, 1998.

INTRODUÇÕES À LEXICOLOGIA OU À SEMÂNTICA

BAYLON, Christian; MIGNOT, Xavier. *Initiation à la sémantique du langage*. Paris: Nathan, 2002. (Nathan-Université, fac. Linguistique)

CRUSE, D. Alan. *Lexical Semantics*. Cambridge: Cambridge University Press, 1986.

GAUDIN, François; GUESPIN, Louis. *Initiation à la lexicologie française*: de la néologie aux dictionnaires. Bruxelles: Duculot, 2000. (Champs Linguistiques)

LEHMANN, Alise; MARTIN-BERTHET, Françoise. Morphologie lexicale. In: *Lexicologie*: sémantique, morphologie et lexicographie. 4. éd. Paris: Armand Colin, 2013. (Cursus: Lettres)

LIPKA, Leonhard. *An Outline of English Lexicology*. Tübingen: Max Niemeyer, 1992.

LYONS, John. *Éléments de sémantique*. Paris: Larousse, 1978.

NIKLAS-SALMINEN, Aïno. *La lexicologie*. 2. éd. Paris: Armand Colin, 2015. (Cursus)

PALMER, Frank R. *Semantics*. Cambridge: Cambridge University Press, 1981.

PICOCHE, Jacqueline. *Précis de lexicologie française*. Paris: Nathan, 1977.

_____. *Enseigner le vocabulaire, la théorie et la pratique*. Publication électronique sur CD-ROM. Champigny-sur-Marne: Éditions Allouche [version révisée d'un ouvrage paru en 1993 sous le titre *Didactique du vocabulaire français*. Paris: Nathan, 2007. (fac. linguistique)]

TOURATIER, Christian. *La sémantique*. Paris: Armand Colin, 2000. (Cursus)

DICIONÁRIOS CITADOS

BBI COMBINATORY DICTIONARY OF ENGLISH (THE). Morton Benson, Evelyn Benson, Robert F. Ilson (Dirs.). 3. ed. expanded and revised. Amsterdam/Philadelphia: John Benjamins, 2010.

COLLINS COBUILD ENGLISH LANGUAGE DICTIONARY. John Sinclair (Dir.). London: Collins, 1987.

DICCIONARIO DE LA LENGUA ESPAÑOLA. Real Academia Española. 23. ed. Madrid: Espasa, 2014. (Nuevas Obras Real Academia)

DICIONÁRIO HOUAISS DA LÍNGUA PORTUGUESA. Instituto Antônio Houaiss de Lexicografia. Rio de Janeiro: Objetiva, 2011.

DICTIONNAIRE ANTIDOTE. Dictionnaire Electronique du Logiciel Antidote 9. Montréal: Druide Informatique Inc., 2016.

DICTIONNAIRE DE L'ACADEMIE FRANÇAISE. Collectif de l'Académie Française. 9. éd. Paris: Imprimerie Nationale, 1992.

DICTIONNAIRE DES COMBINAISONS DE MOTS. Collectif. Paris: Dictionnaires Le Robert, 2015. (Les Usuels)

DICTIONNAIRE DES COOCCURRENCES. Jacques Beauchesne. Montréal: Guérin, 2001.

DICTIONNAIRE DES MOTS ET DES IDEES: les idées par les mots. Ulysse Lacroix. Paris: Nathan, 1947.

DICTIONNAIRE DES ONOMATOPEES. Pierre Enckell et Pierre Rezeau. Paris: Presses universitaires de France, 2005. (Quadrige Dicos Poche)

DICTIONNAIRE DU FRANÇAIS USUEL. Jacqueline Picoche et Jean-Claude Rolland. Bruxelles: De Boeck-Duculot, 2002.

DICTIONNAIRE EXPLICATIF ET COMBINATOIRE DU FRANÇAIS CONTEMPORAIN. Recherches lexico-sémantiques. Igor Mel'čuk et collectif. Montréal: Les Presses de l'Université de Montréal, I, 1984; II, 1988; III, 1992; IV, 1999.

ENGLISH SPEECH ACT VERBS: A Semantic Dictionary. Anna Wierzbicka. Sydney: Academic Press, 1987.

GRAND DICTIONNAIRE DES COOCCURRENCES. Jacques Beauchesne, Maude Beauchesne et Kim Beauchesne. Montréal: Guérin, 2009.

GRAND ROBERT & COLLINS. Collectif. Paris/Glasgow: Dictionnaires Le Robert/Harper Collins, 2008.

LEXIQUE ACTIF DU FRANÇAIS. L'apprentissage du vocabulaire fondé sur 20 000 dérivations sémantiques et collocations du français. Igor Mel'čuk et Alain Polguère. Bruxelles: De Boeck Supérieur; Lacier, 2007.

LEXIS. Larousse de la langue française. Sous la direction de Jean Dubois. Paris: Larousse-Vuef, 2002.

LONGMAN LANGUAGE ACTIVATOR. Della Summers (Dir.). Harlow: Longman, 1993.

MACQUARIE DICTIONARY. Susan Butler (Dir.). 6. ed. Sydney: Macquarie University; Macquarie Library, 2013.

OXFORD COLLOCATIONS DICTIONARY FOR STUDENTS OF ENGLISH. Ben Francis, Colin McIntosh, Richard Poole (Dirs.). 2. ed. Oxford: Oxford University Press, 2009.

OXFORD ENGLISH DICTIONARY. John Simpson (Dir.). 3. ed. Oxford: Oxford University Press, 2010.

PETIT LAROUSSE ILLUSTRÉ. Collectif. Paris: Larousse, 2017. (Petit Larousse)

PETIT ROBERT. Collectif. Paris: Dictionnaires Le Robert, 2017.

REDES. Diccionario combinatorio del español contemporáneo. Ignacio Bosque Muñoz (Dir.). Madrid: Ediciones SM, 2004.

TRÉSOR DE LA LANGUE FRANÇAISE INFORMATISEE TLFI. Paris: CNRS Éditions, 2004.

TROUVER LE MOT JUSTE. Dictionnaire des idées suggérées par les mots. Paul Rouaix (Dir.). 15. éd. Paris: Armand Colin, 2007 [1. ed. 1897]. (Le Livre de Poche, 7.939)

Correção dos exercícios

Nesta última parte do livro, propomos para a maior parte dos exercícios apresentados no final dos diferentes capítulos uma enumeração dos principais elementos de resposta. Recomenda-se procurar redigir respostas detalhadas com base nas indicações dadas aqui. Para tanto, convém respeitar os três seguintes princípios:

- organização lógica da resposta;
- expressão clara;
- uso da terminologia e das convenções de escrita apropriadas.

EXERCÍCIOS DO CAPÍTULO "NOÇÕES PRELIMINARES"

Os exercícios deste capítulo são propositadamente fáceis. As noções precisamente definidas de que dispomos no momento são insuficientes para podermos falar da língua; devemos, portanto, manter-nos em um nível bem geral. Os exercícios passarão a ser mais "técnicos" à medida que avançarmos em nosso estudo.

▪ EXERCÍCIO 1

- O gesto de retirar instantaneamente a mão quando se toca em algo muito quente não é, em sua realidade puramente física (isto é, enquanto movimento do corpo), muito diferente de um sinal de mão dirigido a alguém para saudá-lo, para indicar nossa presença etc.
- No entanto, trata-se de um gesto feito por reflexo, em reação a uma sensação dolorosa, e que não responde a nenhum objetivo de comunicação. É um gesto que não tem por **finalidade** funcionar como signo. Ele não tinha, portanto, lugar em nossa numeração.
- Evidentemente, se vemos X retirar de repente a mão após haver tocado Y, e se deduzimos que Y está muito quente, o gesto de X funciona para nós como um signo que nos informa algo a propósito de Y. Mas isso é, então, um signo

dito *não intencional*. X não executou esse gesto para expressar o que quer que seja. É a nossa interpretação do gesto que o torna para nós portador de sentido, pois dele inferimos o fato que foi a sua causa (o calor de Y).

- No caso de uma **comunicação** gestual, fala-se de signos ditos *intencionais*, que têm por função própria servir para transmitir informação.

A distinção entre os diferentes tipos de signos será examinada no capítulo "Signo linguístico".

▪ EXERCÍCIO 2

Os elementos que identificam **explicitamente** o Locutor e o Destinatário em

(1) *Tu podes me passar o sal?*

são:

- o pronome singular da primeira pessoa *me*, que designa o Locutor;
- o pronome singular da segunda pessoa *tu*, que designa o Destinatário;
- a forma do verbo PODER (*podes*), que corresponde à segunda pessoa do singular.

Esses elementos, cujo sentido não se concebe a não ser em relação aos participantes da situação de comunicação, são chamados *dêiticos*. Examinaremos esta noção no capítulo "Sentido linguístico".

Quando alguém fala consigo mesmo, tem-se um caso um tanto atípico, em que Locutor e Destinatário coincidem. Seria interessante examinar como se empregam os pronomes de primeira e segunda pessoa em uma tal situação. Emprega-se *eu* ou *tu*? Podem-se empregar ambos os pronomes?

▪ EXERCÍCIO 3

Inseriremos diretamente na mensagem enviada por e-mail comentários sobre os elementos que nos parecem ser pertinentes à língua falada.

Para: machin@unmontreal.ca
De: truc@pacific.net.sg
Assunto: Re: Não sou avaro em palavras.

> Tudo recebido. Vamos começar.

- Os sinais representados por ">" sinalizam que Truc, o autor da mensagem, cita a mensagem que recebeu de Machin. É mais ou menos como se ele nos desse a entender algo que tivesse sido registrado. Essa maneira de proceder é característica do e-mail. Ainda que não chegue a ser uma marca de oralidade, ela está longe do texto escrito padrão.

• Ocorre, frequentemente, na fala, que se subentendam as relações lógicas entre as frases, como é o caso aqui. Na escrita, prefere-se em geral empregar conjunções ou advérbios frasais que explicitem tais relações: *Tudo recebido*. *Podemos,* ***portanto****, começar*.

• Note-se, além disso, que *Vamos começar* é pertinente à linguagem familiar, mais neutra no oral.

> Chego a Paris em 1º de maio, e é uma quarta-feira:

• Machin faz uma transição brusca. Ele muda de assunto sem expressá-lo linguisticamente. Isso não se faz em um texto escrito padrão: *De acordo com minha agenda, chegarei a Paris em 1º de maio*.

>Janine deve ter-se enganado.
>M.

Sim. Deve ser a impaciência em te ver :-)

• O *smiley* (também chamado *sorriso*) está associado às mensagens eletrônicas. Evidenciou-se rapidamente, quando o uso do e-mail se generalizou, que era preciso recorrer a certas convenções para compensar a ausência de marcas gestuais ou entonacionais da ironia, ou de outras nuanças expressivas. Como o leitor certamente sabe, existe toda uma bateria de convenções desse tipo, cujo objetivo é transcrever nos e-mails as diferentes expressões faciais (ou as entonações correspondentes) capazes de acompanhar uma frase produzida na oralidade: **:-/, :-(, :0)** etc.

EXERCÍCIOS DO CAPÍTULO "SIGNO LINGUÍSTICO"

As soluções dos exercícios apresentadas aqui são ainda relativamente detalhadas. A partir da série seguinte (exercícios do capítulo "Unidade lexical ou lexia"), vamos ater-nos muitas vezes a arrolar os elementos de resposta.

▪ EXERCÍCIO 1

Para responder claramente a esta questão, recomendamos que se aplique uma grade de análise geral do signo em três etapas:

1. verificar se se trata de um signo intencional ou não intencional;
2. determinar seu conteúdo (pois a descrição da própria forma do signo já está presente no enunciado da questão);
3. identificar o tipo de relação entre conteúdo e forma, a fim de determinar a natureza icônica, simbólica ou indicial do signo, tendo em mente que se trata aqui de tendências que se podem, de fato, encontrar simultaneamente em um mesmo signo.

> Primeiro signo: rosto de uma pessoa que enrubesce sob o impacto de uma emoção.

- Percebe-se imediatamente que este é um signo não intencional. É um "fenômeno natural", que poderá eventualmente ser interpretado por uma testemunha da cena.
- O conteúdo percebido pela testemunha eventual é uma sinalização de que a pessoa observada experimenta uma emoção bastante forte (vergonha, constrangimento etc.)
- No tocante à relação conteúdo-forma, identifica-se claramente uma relação de causa e efeito entre o fato de experimentar a emoção em questão e o de enrubescer (que é uma manifestação física involuntária dessa emoção). Como mencionamos, a relação de causa e efeito é um caso particular de relação de **contiguidade** (que se poderia chamar de *contiguidade lógica*) entre conteúdo e forma. Estamos, portanto, na presença de um signo indicial.

> Segundo signo: listras brancas (ou amarelas) em uma faixa para pedestres.

- Este é um signo intencional, que integra, de fato, um sistema de signos (o código rodoviário).
- Seu conteúdo é uma dupla indicação, destinada 1) aos pedestres – eles têm prioridade para atravessar no local em questão, e 2) aos motoristas – eles devem dar prioridade aos pedestres.
- A forma em si do signo é uma espécie de materialização de uma passagem, transversal à via. Ele é icônico na medida em que se baseia formalmente em uma espécie de representação gráfica da passagem destinada a ser utilizada pelos pedestres. Pode-se acrescentar que o espaçamento estreito e regular das listras evoca os passos dos pedestres. Ele é em parte simbólico, na medida em que se poderia optar por indicar a passagem para pedestres de outra maneira: duas faixas brancas laterais ou duas fileiras de tachões,

como os que se viam outrora nas cidades francesas (cf. *atravessar a via entre ou fora dos tachões*). Este signo, evidentemente, também é indicial, pois deve estar fisicamente presente no lugar que ele designa (contiguidade física): ao vê-lo, vê-se a passagem que os pedestres devem tomar.

> Terceiro signo: o "V" da vitória.

- Lembremos que este signo é um gesto que consiste em levantar a mão (esquerda ou direita), apresentando-a com a palma voltada para o destinatário do signo, com os dedos indicador e médio abertos, separados, para formar uma espécie de "V", e os três outros dedos dobrados (ufa!). Este gesto pode ser visualizado assim:

É um signo intencional muito claro: um gesto utilizado para comunicar.

- Seu conteúdo poderia ser descrito da seguinte maneira: 'Com referência a uma certa situação problemática ou a uma dada competição, declaro ter obtido sucesso'.
- É um signo um tanto especial quanto à relação conteúdo-forma. Ele é icônico, pois o gesto representa, de fato, a primeira letra da palavra *vitória* (ou *victoire* para um francês, ou *victory* para um anglófono). Ele poderia, entretanto, ser visto como simbólico por um Locutor monolíngue de uma língua na qual a palavra que expressa 'vitória' não tem *V* como letra inicial – por exemplo, *Sieg*, que significa 'vitória' em alemão.

▪ EXERCÍCIO 2

Para desenhar uma bandeira marítima icônica que expresse o sentido 'seis', o procedimento mais simples é fazer figurar nela um mesmo elemento gráfico repetido seis vezes.

Pode-se, pois, pensar que (2b) seria uma boa alternativa para (2a).

(2)   a.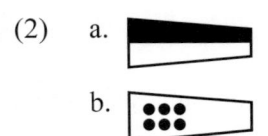

      b.

É evidente, neste caso, que outras bandeiras que representem números deveriam ser desenhadas de acordo com o mesmo princípio, isto é, com tantos pontos negros quantas fossem as unidades a serem expressas.

Observe-se que a bandeira que significa 'um' já possui tal iconicidade, com a presença de um ponto (vermelho) único:

(3)

Então, por que a iconicidade da bandeira (3) não foi utilizada sistematicamente para todas as bandeiras marítimas com valor numérico? Sem dúvida, porque estamos na presença de um conflito entre iconicidade e legibilidade. Um signo icônico como (2b) é mais fácil de **interpretar** do que (2a); no entanto, ele é muito mais fácil de **ler**, especialmente a grande distância ou em condições climáticas que reduzem a visibilidade. O signo (2b) é, pois, de todo inapropriado para uma bandeira marítima.

▪ EXERCÍCIO 3

Podem-se arrolar pelo menos três propriedades das línguas que fazem com que elas sejam sistemas semióticos acima de tudo sonoros.

1. Existem (cada vez menos, é verdade) línguas faladas que não têm sistema equivalente escrito. A escrita, portanto, não é necessária para uma língua existir.

2. O inverso não é verdadeiro, salvo para línguas "mortas" (latim, grego antigo etc.). Neste caso, no entanto, observa-se que não há mais Locutores nativos dessas línguas, e que elas existiram no passado como línguas orais. Imagina-se então muito dificilmente que uma língua possa existir, ou tenha podido existir, unicamente em uma forma escrita.

3. A escrita é geralmente alfabética, e os alfabetos são modelizações (aproximativas) dos sons linguísticos. Verifica-se justamente que os sistemas de escrita não alfabéticos (por exemplo, o do chinês) são excepcionais e difíceis de dominar, porque não reproduzem a cadeia falada no nível dos sons elementares. Note-se que os elementos da frase (os caracteres) aparecem ainda assim nesses sistemas de escrita, na ordem em que são enunciados na fala.

▪ EXERCÍCIO 4

A palavra *tapete* é um signo linguístico, pois é justamente uma palavra da língua. Ela possui:

1. um significado: 'obra têxtil que se estende no chão ...';
2. um significante linear fônico: /tapete/;
3. uma combinatória restrita: é um substantivo comum, masculino etc.

Entretanto, a sílaba *ta-* não é senão um segmento do significante *tapete*. Ela não tem nenhum significado associado e, portanto, não é um signo linguístico. Evidentemente, em português existe (ao menos) um signo linguístico, pouco usual, *ta*: a forma contraída do pronome pessoal oblíquo *te*, objeto indireto, e do pronome demonstrativo feminino *a*, objeto direto: *Desejas a bicicleta nova? Dou-ta.* Mas o significado desse signo não tem nada a ver com aquele que nos interessa aqui, e o pronome *ta* não é um signo constitutivo do signo *tapete*.

▪ **EXERCÍCIO 5**

Existe um signo linguístico *Miau!* em português. É uma palavra da língua que possui:

1. um significado: 'grito de gato';
2. um significante: /miaw/;
3. uma combinatória restrita: *Miau!* É uma interjeição e pode, portanto, ser usada quer isoladamente, quer como um nome comum masculino (*um miau*); diz-se *fazer* miau etc.

Sua particularidade é ser uma onomatopeia; é, portanto, um signo linguístico atípico, que apresenta um caráter parcialmente icônico. Para deixar evidente que ele é também em parte simbólico, pode-se pesquisar as traduções de *miau* em várias outras línguas: inglês, árabe, espanhol, mandarim etc.

EXERCÍCIOS DO CAPÍTULO "UNIDADE LEXICAL OU LEXIA"

▪ **EXERCÍCIO 1**

Aqui vão as duas análises, seguidas de alguns breves comentários. Seria preciso, sem dúvida, justificar mais detalhadamente essas análises e discutir os pontos litigiosos.

Formas de palavra	Lexias
1. *a*	1. A$_{Art}$
2. *greve*	2. GREVE
3. *dos* (corresponde a duas lexias na coluna da direta: DE e OS$_{Art/plural}$)	3. DE [OS]
	4. PILOTO
4. *pilotos*	5. DEVER
5. *deveria*	6. DAR
6. *dar*	7. CHABU
7. *chabu*	8. DAR CHABU (locução)

Seguem três comentários que visam esclarecer as respostas dadas no quadro anterior.

Em primeiro lugar, observa-se que todas as lexias são nomeadas por sua forma canônica, que difere eventualmente da forma de palavra correspondente da frase analisada.

Em segundo lugar, a forma de palavra *dos* é particular, pois ela expressa, de maneira sintética, a combinação de duas formas de palavra: *de* + *os*; isso explica a presença da preposição DE na lista de lexias e a indicação de que o artigo O é empregado uma vez na frase.

Finalmente, no caso de uma locução como DAR CHABU (que quer dizer 'não funcionar bem; falhar, não sair conforme o previsto'), deve-se considerar que não somente a locução em si foi utilizada enquanto lexia, mas que o mesmo vale para cada uma das lexias (DAR e CHABU) que a constituem formalmente e cujas formas de palavra aparecem na frase analisada. Essas últimas lexias não são "ativas" semanticamente (não composicionalidade semântica da locução); no entanto, elas figuram sintática, morfológica e fonologicamente na frase.

Uma metáfora adequada consistiria em dizer que as duas lexias, DAR e CHABU, participam do funcionamento da frase, sob o controle da locução DAR CHABU, mais ou menos como zumbis: corpos sem alma que atuam ainda entre os seres vivos, sob o controle de um feiticeiro. A metáfora tem, porém, seus limites, pois, enquanto os zumbis são vistos como malfazejos e perigosos, as locuções são lexias cuja utilização é perfeitamente natural, e até desejável. Elas constituem uma parte considerável do estoque lexical da língua, e seu emprego, bem dosado e controlado, confere aos nossos enunciados um "colorido" característico da língua na qual nos expressamos.

▪ EXERCÍCIO 2

Cada um dos exemplos a seguir ilustra o emprego de uma acepção diferente do vocábulo CÍRCULO em português. A particularidade de cada acepção é evidenciada por meio de uma descrição aproximativa de seu sentido.

(4)   a. *Ele desenhou um círculo perfeito no quadro.*
→ 'figura geométrica'
b. *Ele faz parte do círculo de meus amigos.*
→'grupo de pessoas'
c. *Encontro vocês hoje à noite no círculo.*
→ 'ponto de reunião'

Esta enumeração não é exaustiva.

▪ EXERCÍCIO 3

Demonstração sumária, em três pontos, da existência da lexia GOLPE DE MESTRE.

1. O sintagma *golpe de mestre* significa, neste exemplo, 'ação de extrema habilidade, praticada com excelência e precisão'.
2. Este sintagma não é, pois, semanticamente composicional; ou seja, seu sentido não é resultante da combinação do sentido de seus constituintes.
3. Estamos na presença de um sintagma congelado, que não aceita certas modificações normais no caso de um sintagma livre:

(5)   a. **A fuga dos prisioneiros foi um rápido golpe de mestre.*
b. **A fuga dos prisioneiros foi um de seus golpes de mestre.*
[Se queremos que o sentido expresso seja o mesmo.]

▪ EXERCÍCIO 4

Os dois elementos de resposta a seguir são amplamente suficientes para demonstrar a presença de duas lexias distintas:

1. O primeiro *cala* significa 'atinge o íntimo', e o segundo, 'mantém-se em silêncio'.
2. No primeiro caso, temos um verbo transitivo indireto ('atingir o âmago, a essência (de algo) ou o íntimo de (alguém), produzindo impressão profunda'); e, no segundo caso, um verbo intransitivo ('não falar; manter-se em silêncio').

▪ EXERCÍCIO 5

1. O sintagma em negrito na primeira frase é semanticamente composicional. É um sintagma livre que significa '[Ele] fraturou um de seus membros inferiores'.
2. Por contraste, o segundo sintagma é semanticamente não composicional. É um sintagma congelado que corresponde à locução verbal QUEBRAR A CABEÇA, cujo sentido é 'fazer muito esforço'.

▪ EXERCÍCIO 6

O sintagma em negrito é (inteiramente) fraseológico: trata-se da locução verbal ENTREGAR OS PONTOS. A expressão *entregar os pontos* significa, no exemplo em questão, 'desistir de algo; considerar-se derrotado'. Não se trata de modo algum de 'entregar os pontos' literalmente. Aliás, no sentido literal, não se saberia dizer de que pontos se trataria.

▪ EXERCÍCIO 7

Trata-se de um sintagma semifraseológico, isto é, de uma colocação.

- O sentido da lexia RISCO é bem claro no sentido desse sintagma, como o demonstra especialmente a possibilidade de se retomar risco (só), sem qualificativo, na sequência da frase inicial:

(6) *João corre um grande risco, e desse risco ele deve ser advertido.*

- A acepção de CORRER empregada aqui é quase vazia de sentido. *Correr um risco* pode ser parafraseado por *fazer face a um risco, estar exposto a um risco* etc. São expressões em que o verbo não acrescenta nenhum sentido específico àquele já expresso por seu complemento de objeto (*Alguém correr um risco* ≅ *Há um risco para alguém*).
- Ademais, este emprego de CORRER não é livre. Embora se possa dizer *correr um risco*, não se diz *correr uma ameaça, *correr uma adversidade etc. O sintagma *correr um risco* é, pois, claramente uma colocação, onde *risco* é a base e *correr*, o colocado. Veremos no capítulo "Relações lexicais" que se chama *verbo-suporte* esse tipo de colocação verbal.

▪ EXERCÍCIO 8

A não composicionalidade semântica de DESCASCAR *a lenha* [*em alguém*] é evidente, pois este sintagma significa 'pixar [alguém]', 'cortar na pele [de alguém]'.

Note-se também que o sentido de LENHA não está implicado aqui, e por isso as modificações a seguir não podem ser efetuadas no sintagma em questão, que se comporta claramente como um sintagma congelado:

(7)   a **Descascaste muita lenha em tua colega.*
      b. **Lenha foi o que descascaste em tua colega.*

O sintagma *descascar um abacaxi*, no exemplo apresentado, ao contrário, é semanticamente composicional; pelo menos, de maneira evidente, para o sentido de *descascar*.

Note-se que o sintagma em questão é muito flexível, contrariamente àquele da análise precedente.

(8)   c. *Dona Cleide descascou muitos abacaxis.*
        d. *O abacaxi foi descascado por Dona Cleide.*

Por todas essas razões, seria muito ingênuo considerar que *descascar um abacaxi** corresponde diretamente a uma locução (uma lexia) do português. Trata-se de um sintagma semifraseológico: uma colocação em que *abacaxi* é a base e *descascar*, o colocado.

▪ EXERCÍCIO 9

Este exercício poderia dar lugar a um longo debate, não somente sobre a natureza de VISTO QUE, mas também sobre o que faz com que um elemento da frase seja ou não uma forma de palavra. Vamos contentar-nos com balizar o debate em questão propondo algumas reflexões como ponto de partida.

- Fica absolutamente claro que, do ponto de vista diacrônico, a sequência *visto que* é um todo que se originou da combinação das formas de palavra *visto + que*, combinação que se congelou no tempo até dar nascimento à lexia de valor conjuntivo VISTO QUE.
- Esta lexia, etimologicamente construída a partir de dois lexemas, pode ser confrontada com sua tradução inglesa BECAUSE: construída a partir do sintagma do inglês medieval (séculos XI–XV) *by cause.*
- Do ponto de vista sincrônico, a sequência *visto que* funciona na frase como um todo inanalisável e não transformável.
- É bem mais simples considerarmos VISTO QUE como um lexema.

▪ EXERCÍCIO 10

Veja-se o texto corretamente redigido, com a utilização de todas as convenções de escrita requeridas.

Em francês, deve-se considerar que FRUIT DE MER é uma unidade lexical na plena acepção do termo, pois seu sentido não pode ser entendido como resultante da composição regular dos significados 'fruit', 'de' e 'mer'. Ela é, aliás, descrita como tal em praticamente todos os dicionários do francês, como o *Petit Robert*. Suas formas singular e plural são, respectivamente, *fruit de mer* e *fruits de mer*.

---

* N.T.: É preciso lembrar que existe no português a locução *descascar um abacaxi*, mas não é o caso do exemplo citado aqui. O sentido locucional do sintagma *descascar um abacaxi* é 'resolver um problema difícil ou extenuante', como no enunciado *Paulo teve que descascar um abacaxi para que a compra pudesse ser efetivada*.

EXERCÍCIOS DO CAPÍTULO "ELEMENTOS DE MORFOLOGIA"

▪ EXERCÍCIO 1

Se segmentamos *casa* em *ca-* + *-sa,* mais exatamente, /ka/ + /za/, procedemos à segmentação do **significante** de um signo em duas entidades, tendo as sílabas, neste caso, apenas uma existência "fônica".

Essas sílabas não têm nenhum significado a elas associado e, consequentemente, a segmentação em questão não corresponde a uma análise de uma forma de palavra em signos linguísticos mais simples.

▪ EXERCÍCIO 2

O quadro a seguir enumera as diferentes categorias flexionais que se encontram em inglês e em português, se agrupadas em função da parte do discurso dos radicais em questão.

Damos, para cada caso, um exemplo que aponta um contraste no interior de uma mesma categoria flexional; no caso dos tempos, modos e pessoas dos verbos, é evidente que não apontamos todos os valores das categorias em causa.

Inglês		Português	
Nomes comuns número: *cat* singular ~ *cats* plural		**Nomes comuns** número: *gato* singular ~ *gatos* plural	
Verbos tempo: [*I*] *do* presente ~ [*I*] *did* passado (pretérito) modo: [*I*] *do* indicativo ~ *to do* infinitivo pessoa: [*I*] *do* 1ª pessoa ~ [*he/she/it*] *does* 3ª pessoa Número: [*I*] *do* singular ~ [*we*] *do* plural		**Verbos** tempo [*eu*] *faço* presente ~ [*eu*] *fazia* pretérito imperfeito modo: [*eu*] *faço* indicativo ~ *fazer* infinitivo pessoa: [*eu*] *faço* 1ª pessoa ~ [*ele/ela*] *faz* 3ª pessoa número: [*eu*] *faço* singular ~ [*nós*] *fazemos* plural	
		Adjetivos gênero: *pequeno* masculino ~ *pequena* feminino número: *pequeno* singular ~ *pequenos* plural	

É um tanto artificial proceder como se, nos exemplos, separássemos tempos, modos, pessoas e números, para os verbos ingleses e portugueses, pois sua expressão é simultânea. Em [*eu*] *faço,* o sufixo *-o,* adjunto ao radical *faç-,* carrega ao mesmo tempo a expressão de número e pessoa do verbo (primeira pessoa do singular). Na língua portuguesa, o sufixo modo-temporal no presente do indicativo é expresso por um signo-zero.[*] No caso de adjetivos do português, a análise das formas de palavra deve ser feita da seguinte maneira: radical + sufixo de gênero + sufixo de número. Por exemplo:

- *pequeno* = *pequeno-*[**] + $\varnothing_{\text{masc.adj.}}$ + $\varnothing_{\text{sing.adj.}}$
- *pequena* = *pequen-* + *-a*$_{\text{fem.adj.}}$ + $\varnothing_{\text{sing.adj.}}$
- *pequenos* = *pequeno-* + $\varnothing_{\text{masc.adj.}}$ + *-s*$_{\text{plur. adj.}}$
- *pequenas* = *pequen-* + *-a*$_{\text{fem.adj.}}$ + *-s*$_{\text{plur.adj.}}$

▪ EXERCÍCIO 3

O verbo francês ÊTRE [SER][***] possui numerosas formas flexionadas, e seria inútil examiná-las todas aqui. Tomemos simplesmente a forma infinitiva *être* para compará-la com o particípio passado singular *été* [*sido*], e, depois, com a primeira pessoa do singular do presente do indicativo, *suis* [*sou*].

- A forma *être* pode ser decomposta em:
  - um radical: *êt-*, que tem por alomorfe *ét-* (***ét**ant* [*sendo*], ***ét**ait* [*era*]...);
  - um sufixo *-re*, que sinaliza a forma infinitiva impessoal do verbo.
- Encontra-se o alomorfe do radical em questão na forma ***ét**é*, seguido de um sufixo *-é* associado à expressão do particípio passado.
- No entanto, a forma flexionada *suis*, que expressa
  - o significado lexical (normalmente associado ao radical),
  - o tempo e modo gramaticais,
  - a pessoa e o número do verbo,

não se presta à presente análise. Para realizar uma análise radical + sufixo, é preciso identificar *s-* como radical, radical esse que se encontra nas formas *sommes* [*somos*], *sont* [*são*], *serai* [*serei*]...

- Para que a definição da flexão continue a ser aplicável, é preciso considerar as três formas *ét-*, *êt-* e *s-* como alomorfes do morfema do radical de ÊTRE.

---

[*] N.T.: Para mais detalhes sobre esse assunto, ver J. M. Camara Jr., *Problemas de Linguística Descritiva*, Petrópolis, Vozes, 1984, p. 69.

[**] N.T.: Lembramos que na língua portuguesa a vogal temática (VT) exerce um papel classificatório; ou seja, ela tem a função de inserir o radical nas classes de nomes e verbos. No caso do adjetivo em questão, a análise também poderia ser: *pequeno* = *pequen-* + o_{VT} + $\varnothing_{\text{masc.adj.}}$ + $\varnothing_{\text{sing.adj.}}$

[***] N.T.: Optamos aqui por traduzir diretamente a análise do verbo francês ÊTRE, pois a análise de seu equivalente português, SER, implica interpretações que não se aplicam a formas conjugadas de ÊTRE. Na língua portuguesa, entre outras descrições possíveis, Camara Jr. (2004 [1970]: 115) considera que temos na conjugação do verbo SER o radical *se-* e suas variantes (*so-*, *sa-*, *sej-* e *s-*), o radical *e-* (*és*), ampliado em *er-* (*era*), e *fo-* (*foste-*), que, na primeira pessoa do singular do pretérito perfeito do indicativo, se efetiva como *fu-* (***fui***) (ver, a esse respeito, J. M. Camara Jr., *Estrutura da língua portuguesa*, Petrópolis, Vozes, 2004).

Tal análise é incontornável, mesmo que inexista qualquer relação formal entre *s-* e os outros dois morfes do radical. Os alomorfes do radical do tipo de *s-* de ÊTRE são chamados *alomorfes supletivos*. A existência da supleção em uma língua não desqualifica nossa definição de flexão (v. seção "Flexão"), pois esta se fundamenta na atualização de um radical flexional, portanto de um morfema que pode ser realizado por uma variedade de alomorfes (alguns dos quais podem ser supletivos).

Conscientizamo-nos de que, quando se consideram as irregularidades da língua, a análise morfológica não é um problema simples. Para dar conta do sistema morfológico completo de uma língua como o francês, que é tido como medianamente complexo, é preciso utilizar um aparato nocional bem desenvolvido, razão pela qual não pretendemos de forma alguma propor aqui uma verdadeira introdução aos estudos morfológicos, contentando-nos com apresentar noções das quais não podemos prescindir.

▪ EXERCÍCIO 4

Examinando atentamente a série de formas de palavra que devem ser analisadas neste exercício, assim como sua tradução, constata-se que a posse (para 1ª, 2ª e 3ª pessoas) é expressa em ulwa como uma flexão nominal. Para evidenciar esse fato, pode-se reescrever a lista de formas de palavra a seguir, assinalando com negrito os componentes que variam de pessoa a pessoa, e que são, portanto, morfes flexionais. Os componentes que continuam sem destaque são radicais nominais:

(9) a. *suu**ki**lu* '[meu] cachorro' *mis**ki**tu* '[meu] gato'
     b. *suu**ma**lu* '[teu] cachorro' *mis**ma**tu* '[teu] gato'
     c. *suu**ka**lu* '[seu] cachorro' *mis**ka**tu* '[seu] gato'

Observe-se que, para simplificar, somente fornecemos aqui dados relativos às três pessoas do singular. Encontra-se em Mel'čuk (1997a: 336), de onde o exemplo foi extraído, uma apresentação mais completa dos dados do ulwa.

A formatação dos dados utilizados em (9) põe em evidência os seguintes radicais e afixos:

1. radicais nominais *suulu* 'cachorro' e *mistu* 'gato', que são os morfes constantes das três pessoas;
2. afixos flexionais *-ki-* 'possessivo 1ª pessoa sing.', *-ma-* 'possessivo 2ª pessoa singular' e *-ka-* 'possessivo 3ª pessoa singular', que **se inserem** nos radicais, em vez de serem a eles antepostos (cf. prefixo) ou pospostos (cf. sufixo).

Tais afixos, cuja combinatória é bastante particular, pois eles interrompem a cadeia morfológica do radical, são chamados *infixos*.

O caso dos infixos talvez possa parecer "exótico" ao leitor. Deve-se, no entanto, ressaltar que só ilustramos aqui uma parte ínfima da riqueza dos recursos morfológicos de que as línguas se valem para implantar a flexão, assim como a derivação ou qualquer outro mecanismo morfológico.

▪ EXERCÍCIO 5

Um afixo é um signo linguístico e deve, por isso, ser descrito em três etapas (significado, significante e combinatória restrita). O afixo *-agem* é descrito da seguinte maneira.

1. Seu significado é quase vazio em relação ao significado do radical ao qual ele se adiciona. Por exemplo, *lavagem* quer simplesmente dizer 'ato de lavar(-se)', *arbitragem* quer dizer 'ato de arbitrar' etc. Portanto, *-agem* só traz como "conteúdo" o 'ato de'. Mas *ato de* é uma expressão cuja única função semântica é a de parafrasear a mudança da parte do discurso operada pelo sufixo em questão: derivação V → N (ver combinatória restrita, a seguir).
2. Seu significante é *-agem* (/aʒeN/).
3. Sua combinatória restrita se descreve assim:
   - insere-se após o radical; é, portanto, um sufixo;
   - combina-se com um radical verbal para formar um novo radical nominal; é, portanto, um sufixo derivacional;
   - combina-se com os radicais que denotam ações ou atividades; é, assim, incompatível com os radicais que denotam estados psíquicos ou físicos (verbos de sentimentos etc.);
   - combina-se com os radicais que terminam por consoante.

É preciso ter em mente que a análise de formas de palavra como *lavagem*, *arbitragem* etc., como derivados, vale sobretudo na perspectiva diacrônica, pois o locutor do português não tem a possibilidade de derivar substantivos em *-agem* a seu arbítrio, como demonstram as seguintes formas incorretas: **composagem* 'ato de compor', **falagem* 'ato de falar', **saltagem* 'ato de saltar' etc. Em outros termos, a derivação em questão é:

- ***regular***, isto é, ela obedece a uma regra de derivação do português;
- mas ***não sistemática***, quer dizer que não se pode aplicar sistematicamente a regra em questão a todos os radicais verbais teoricamente compatíveis sem produzir um efeito neológico.

Essa característica da derivação em -*agem* é uma boa ilustração do fenômeno que se convencionou denominar de *fraseologia morfológica* e que mencionamos no capítulo "Unidade lexical ou lexia".

O enunciado do exercício solicita que se formule a regra de derivação em -*agem*. Para tanto, seguiremos a mesma estratégia que adotamos para a formulação das regras de flexão, extraindo de análises específicas uma regra geral. Formalizemos, inicialmente, as análises feitas anteriormente:

(10)　a. *lav-* + -*agem* → *lavagem*
　　　 b. *arbitr-* + -*agem* → *arbitragem*

Feito isso, passemos a generalizar, substituindo os radicais por variáveis e caracterizando essas variáveis gramatical e semanticamente:

(11) R_V 'ação/atividade V' + {-AGEM} → R_N 'ato de fazer a ação/atividade V''

A regra (11) pode ser lida da seguinte maneira: um radical verbal R_V que significa 'ação ou atividade V' pode ser combinado com o morfema derivacional sufixal {-AGEM}, a fim de formar um radical nominal R_N que significa 'ato de fazer a ação ou atividade V'.

▪ EXERCÍCIO 6

Os lexemas PORTFÓLIO e PORTA-MOEDAS são morfologicamente construídos segundo o mesmo padrão: verbo (*porta*) seguido de um substantivo comum (*fólio ~ moedas*).

Em ambos os casos, vê-se que a concatenação dos dois elementos lexicais repousa sobre uma pseudodependência sintática do complemento de objeto direto que conecta o verbo ao nome. Evidentemente, essa estrutura só é aparente na perspectiva de uma análise diacrônica dessas lexias. O fato de a estrutura ser a de um grupo verbal, embora essas lexias sejam nominais, permite-nos afirmar que estamos na presença de lexemas, e não de locuções.

A estrutura de nome composto aparece mais claramente no caso de PORTA-MOEDAS, pois esse lexema designa justamente um estojo, ou compartimento em bolsa ou carteira, destinado a guardar moedas. Essa é, sem dúvida, a razão pela qual ainda se separam por um traço de união os dois componentes morfológicos, *porta* e *moedas*. Note-se que o item "moedas", no plural ou no singular de *porta-moedas*, aparece sempre pluralizado: *um porta-moedas ~ os porta-moedas*.

O caso de PORTFÓLIO é diferente. Antes de mais nada, estamos aqui na presença de um **vocábulo polissêmico**:

(12)   a. *Carlos guardou os documentos que comprovam seu CV em seu portfólio.*
     b. *Precisamos variar seu portfólio de ações para que ele possa enfrentar as flutuações do mercado.*
     c. *A artista tem um portfólio que ilustra bem o brilhantismo de sua carreira.*

O comportamento flexional de PORTFÓLIO é padrão (*um portfólio ~ os portfólios*), o que contrasta com o comportamento de PORTA-MOEDAS que, como vimos, apresenta, no plural ou no singular, o segundo elemento sempre pluralizado.

▪ EXERCÍCIO 7

Vamos contentar-nos com enumerar os elementos de resposta.

* Na primeira ocorrência, *dizer* é um verbo que significa 'expor através de palavras; exprimir, enunciar'.
* Na segunda ocorrência, *dizer* é um nome comum, semanticamente incluso na primeira ocorrência de *dizer*. Como substantivo, [*um*] *dizer* significa, *grosso modo*, 'palavra ou sentença proferida ou escrita; dito'. (Estudaremos em detalhe a noção de inclusão de sentido no capítulo "Relações lexicais").
* Temos claramente um caso de derivação DIZER$_V$ → DIZER$_N$. Isso corresponde ao segundo caso do quadro apresentado na seção "Derivação morfológica".
* A lexia nominal derivada é formalmente idêntica à flexão infinitiva do verbo que é a fonte da derivação.
* Nossa definição de derivação está baseada na utilização de um afixo derivacional.

Para poder dar conta de um caso como este (em que nenhum afixo derivacional parece estar implicado), seria, pois, necessário nuançar essa definição e assinalar a possibilidade de derivação por meio de uma simples mudança de parte do discurso (sem marca morfológica). Esse tipo de derivação é frequentemente chamado de *conversão* nas obras de Morfologia.

▪ EXERCÍCIO 8

ONU é uma sigla cuja versão desenvolvida é a locução ORGANIZAÇÃO DAS NAÇÕES UNIDAS, nome próprio.

A sigla é pronunciada quer /onu/, quer /ɔeneu/. No primeiro caso, ela pode ser considerada um acrônimo, pois não é pronunciada mediante a soletração das letras O, N e U. Note-se, aliás, que se empregam duas grafias, ONU e O.N.U., que refletem as duas pronúncias possíveis.

EXERCÍCIOS DO CAPÍTULO "ESTRUTURA DO LÉXICO"

▪ EXERCÍCIO 1
Não temos nenhuma proposta de correção para este exercício.

▪ EXERCÍCIO 2
Cada uma das frases contém uma incoerência terminológica.

1. *Léxico de* Notre-Dame de Paris. Como já argumentamos, um léxico é necessariamente, em nossa terminologia, o léxico de uma determinada língua (léxico do inglês, do francês, do português etc.). Aqui, teria sido pertinente falar-se do **vocabulário** do romance de Victor Hugo (o conjunto das unidades lexicais utilizadas pelo autor do texto).
2. *Lexias têm mais de um sentido.* Uma lexia está associada a um único significado lexical. É, pois, incoerente dizer que lexias têm vários sentidos. O que o autor desta frase sem dúvida quis dizer é que os significantes lexicais do português podem veicular mais de um sentido.

▪ EXERCÍCIO 3
Índices linguísticos que assinalam a origem social da "burguesa":

*   *queridinha* [expressão associada no francês da França e no português do Brasil a uma espécie de afetação];
*   *nas relações humanas* [expressão bastante formal];
*   *eminentemente condenável* [expressão que remete praticamente ao jargão administrativo ou político, e que não é de uso descomprometido].*

Todas estas expressões contrastam nitidamente com os índices seguintes, que assinalam a origem "popular" de Zazie:

*   *Adultos o caralho, Condenável o caralho* [expressões ao mesmo tempo vulgares e características da língua falada, baseadas na retomada do que o interlocutor acaba de dizer, com o acréscimo de *o caralho*];
*   *Não estou perguntando que horas são* [expressão familiar ofensiva].

▪ EXERCÍCIO 4
Estas duas frases têm o mesmo sentido: são paráfrases. (Veremos em detalhe a noção de paráfrase no capítulo "Sentido linguístico".) Como sua única diferença

---

* N.T.: No original, o autor assinala que a lexia *meussieu* também é um índice linguístico que indica a origem social da "burguesa", pois está registrada com uma grafia que procura reproduzir uma pronúncia afetada.

lexical maior reside no emprego de [ser] DIFERENTE, por oposição a DIFERIR, pode-se deduzir que esse adjetivo e esse verbo têm um sentido idêntico. Esse é um exemplo que elucida bem o fato de que as partes do discurso não classificam as lexias com base em suas propriedades semânticas.

Não proporemos nenhuma solução para a segunda parte da questão. Para responder, basta construir paráfrases que só se distingam pelo uso de duas lexias que tenham sentidos equivalentes, mas pertençam a diferentes partes do discurso.

▪ EXERCÍCIO 5

Um hápax é uma ocorrência única em um *corpus*. Optamos por considerar aqui as ocorrências de formas lexicais, e não as ocorrências de lexias ou de vocábulos. Assim, é fácil contar os hápax na citação, traduzida para o português, de *Zazie no metrô*, uma vez que basta reportar-se ao índice dos significantes desta citação. Ali se encontram os seguintes 46 hápax de significantes lexicais:

> *a, aproximou, às, assim, bobeira, burguesa, coitado, da, de, dizer, ele, eminentemente, esquina, esse, está, estas, estava, estou, evitada, horas, humanas, lhe, machucando, maltratar, mas, menina, minhas, na, nas, olha, os, palavras, perguntando, perguntas, quer, razão, relações, responder, são, sempre, senhor, só, uma, válido, violência, você.*

Percebe-se imediatamente que seria muito mais fastidioso identificar os hápax, mesmo em um *corpus* tão curto, se somente dispuséssemos do próprio texto. Seria preciso tomar as formas uma a uma e verificar se elas não aparecem na sequência do texto.

EXERCÍCIOS DO CAPÍTULO "SENTIDO LINGUÍSTICO"

▪ EXERCÍCIO 1

É de todo evidente que as duas frases abaixo são paráfrases:

(13)   a. *Na sua idade, isso seria uma loucura!*
       b. *Isso seria uma loucura na sua idade!*

Esta é, aliás, a razão pela qual o enunciado de Dupont, *Eu até diria mais*, produz um efeito cômico.

Além de expressar o mesmo sentido, essas duas frases não apresentam nenhuma diferença lexical e sintática. A única diferença **de forma** situa-se no plano do posicionamento do sintagma *na sua idade* no início da frase, em (1a), e no fim da frase, em (1b). Essa diferença de posicionamento é acompanhada de uma ligeira diferença no que se refere à estrutura comunicativa: a menção da idade do interlocutor dos Dupond/t é mais saliente na primeira frase do que na segunda. Diríamos até mais: levando-se em conta esta ligeira nuança comunicativa, é a frase de Dupond (1a), e não a réplica de Dupont (1b), que contém mais informação.

▪ EXERCÍCIO 2

A jovem criança Tremblay faz amálgama dos sentidos de duas lexias do mesmo vocábulo: o palavrão (a interjeição) VARRASCO! e o substantivo comum VARRASCO (que quer dizer 'um porco reprodutor'). Ao procurar explicar o sentido de uma interjeição, o pequeno Tremblay se expressa desajeitadamente, pois estabelece uma equivalência direta entre uma coisa designada (um referente) e uma lexia: *um varrasco "não pode ser uma blasfêmia"*. É esta trapalhice que produz um efeito cômico.

Sua avó (Vó Tremblay) no fundo tem razão: o palavrão VARRASCO, a rigor, não constitui uma blasfêmia, ou seja, não tem uma natureza blasfematória.

▪ EXERCÍCIO 3

A resposta a este exercício pode ser dada em cinco pontos:

1. o sentido lógico da primeira frase é "Verdadeiro", pois todo homem está necessariamente ou vivo ou morto;
2. o sentido lógico da segunda frase também é "Verdadeiro", pois, em qualquer contexto de fala, é necessariamente verdadeiro que ou chove ou não chove;
3. as duas frases em questão têm, portanto, o mesmo sentido lógico;
4. como elas não são paráfrases, não se pode considerar que tenham o mesmo sentido linguístico;
5. verifica-se, portanto, que a determinação do sentido lógico não é equivalente a uma caracterização do sentido linguístico.

▪ EXERCÍCIO 4

A frase a seguir, do ponto de vista semântico, é inteiramente coerente.

(14) *É uma raposa um tanto estúpida, incapaz da menor astúcia.*

Isso demonstra que o lexema RAPOSA não **significa** 'animal... astuto'. Em outros termos, 'astuta' não faz parte de seu sentido. No entanto, tende-se a associar a raposa (o animal em si) à astúcia, e isso se manifesta linguisticamente em expressões como *astuto como uma raposa* e *astúcia de raposa*. Essas expressões são evidências linguísticas de que 'astúcia' (ou 'astuto') é uma conotação do lexema RAPOSA, e não propriamente um componente de seu sentido.

▪ EXERCÍCIO 5

Existe toda uma bateria de testes que permitem determinar se uma lexia possui um sentido ligante (predicado ou quase predicado) e, em caso afirmativo, qual é sua valência. Estudar esses testes e aprender a usá-los extrapola o escopo deste livro introdutório; basta, por ora, que se chegue a desenvolver uma percepção, em parte intuitiva, da natureza predicativa das lexias. Vamos contentar-nos, pois, com arrolar, a seguir, as estruturas de sentido das lexias a serem estudadas, com os actantes implicados. Lembramos, no entanto, que se encontram em Mel'čuk e Polguère (2008), mencionado na bibliografia no fim do capítulo, informações suplementares acerca da natureza dos actantes e do seu modo de identificação.

As lexias analisadas têm todas sentidos ligantes, exceto LUA [*Vai ser Lua cheia esta noite*].

- DORMIR: 'X dorme'.
- EMPRESTAR: 'X empresta Y a Z por W tempo' [*Ele me emprestou seu livro por três dias*]
- SONO: 'sono de X'; mesma estrutura de DORMIR, pois SONO é o correlato nominal deste verbo.
- PARTIDA: 'partida de X do lugar Y para o lugar Z'.
- LUA: 'lua'; é, pois, um nome semântico.
- DIFERENTE: 'X difere de Y por Z' [*Ela é diferente de seu colega por sua formação.*]; o adjetivo DIFERENTE é um predicado semântico de três actantes, da mesma forma que o verbo correspondente, DIFERIR (ver o exercício 4 do capítulo "Estrutura do léxico" e sua correção).
- GARGALO: 'gargalo do recipiente X'; estamos aqui na presença de um sentido ligante que requer um actante; no entanto, não se trata de um predicado, pois a lexia GARGALO denota uma entidade, e não um fato: trata-se de um quase predicado, da família semântica dos quase predicados que denotam partes de coisas mencionada na seção "Predicados, nomes e quase predicados semânticos". (Um gargalo é uma parte de um recipiente X.)

▪ EXERCÍCIO 6

Veja a frase inglesa e sua tradução para o francês.

(15)   a. *I miss you.*
　　　 b. *Tu me manques.*

Para facilitar a discussão, chamemos *manqueur* a pessoa que sente a falta e *manquant* a pessoa cuja ausência é sentida pelo *manqueur*, mesmo se – e concordamos sem restrição – esses termos soam bastante bárbaros. Vê-se que o verbo inglês [*to*] MISS tem o *manqueur* como sujeito e o *manquant* como complemento de objeto. Ao contrário, o verbo francês MANQUER tem *manquant* como sujeito e *manqueur* como complemento de objeto.

Os francófonos estão habituados ao comportamento do verbo MANQUER, que lhes parece bem natural. O caso do verbo inglês é, no entanto, muito mais "padrão", na medida em que, em todas as línguas (inclusive no francês), o sujeito dos verbos que designam um sentimento designa normalmente o actante que corresponde à pessoa que experimenta esse sentimento; assim, por exemplo, com o verbo S'ENNUYER [de quelqu'un] ('sentir falta de', 'ter saudades de') – *Je m'ennuie de toi* (Sinto falta/saudade de você) – que denota praticamente o mesmo que MANQUER.

- **EXERCÍCIO 7**

Não propomos nenhuma resposta para este exercício. Basta aplicar metodicamente a mesma técnica de análise que foi proposta neste capítulo para a frase *Leo telefona seguidamente a seu amigo José*.

EXERCÍCIOS DO CAPÍTULO "RELAÇÕES LEXICAIS"

- **EXERCÍCIO 1**

Rol dos elementos de resposta:

- Verifica-se imediatamente que existe uma relação semântica entre LIVRO e POETA.
- Esta relação não é de inclusão: LIVRO não denota unicamente um texto escrito por um poeta, e POETA não denota especificamente alguém que escreve livros.
- LIVRO denota um texto, e POETA denota um indivíduo que escreve textos de um certo tipo. Existe, portanto, uma interseção de sentidos entre essas duas lexias.
- Essa interseção diz respeito ao componente semântico central da definição de LIVRO ('texto'), mais um componente periférico da definição de POETA;[1] é um caso diferente da interseção de sentidos que existe, por exemplo, entre TRUTA e SALMÃO: a interseção, 'peixe', é o componente central das definições dessas duas lexias. Isso ilustra o fato de que evidenciar uma relação de interseção de sentidos propicia apenas uma modelização muito grosseira das relações semânticas.

▪ EXERCÍCIO 2

Aqui vão, sem muitas justificativas, as respostas para este exercício.

1. Cadeia de hiperônimos de ÁRVORE: COISA → ORGANISMO [vivo] → [um] VEGETAL → PLANTA → ÁRVORE.
2. Entre seus numerosos hipônimos, podem-se citar: BÉTULA, CASTANHEIRA, CARVALHO, BORDO, ÁLAMO, MACIEIRA.

▪ EXERCÍCIO 3

A lexia COMER denota uma situação mais específica que ALIMENTAR-SE: *grosso modo*, trata-se de alimentar-se pela boca, mastigando. A lexia ALIMENTAR-SE é, portanto, um hiperônimo de COMER.

Como essas duas lexias estão suficientemente próximas entre si do ponto de vista semântico para serem consideradas paráfrases aproximativas, pode-se dizer mais precisamente que ALIMENTAR-SE é um sinônimo menos rico de COMER e, reciprocamente, que COMER é um sinônimo mais rico de ALIMENTAR-SE.

▪ EXERCÍCIO 4

Elementos de resposta:

- Deve-se admitir que A CAMINHO DE e NA PARADA são duas locuções, duas lexias, do português.
- Sentido aproximativo de [*X*] *a caminho de Y*: '[*X*] *que se desloca para um lugar Y*'.
- Sentido aproximativo de [*X*] *na parada*: '[*X*] *que não se desloca*'.
- Os dois sentidos opõem-se pela negação do componente 'deslocar-se'. São, portanto, antônimos.
- Como essas duas lexias não têm o mesmo número de actantes – 'X está a caminho **de** Y' ~ 'X está na parada' –, fica claro que elas não podem ser antônimos exatos.

▪ EXERCÍCIO 5

Elementos de resposta para primeira frase:

- Sentido aproximativo de [*X*] *perto de Y*: '[X] que se encontra a uma distância **relativamente pequena** de Y'.
- Sentido aproximativo de [*X*] *longe de Y*: '[X] que se encontra a uma distância **relativamente grande** de Y'.

As duas lexias, PERTO e LONGE, opõem-se semanticamente de maneira evidente: '[distância] relativamente pequena' ~ '[distância] relativamente grande'. Como esta é a única diferença identificável, pode-se dizer que essas lexias são antônimos exatos. Elementos de resposta para a segunda frase:

- Sentido aproximativo de *X gosta de Y*: 'X experimenta um sentimento **positivo** em relação a Y...'.
- Sentido aproximativo de *X detesta Y*: 'X experimenta um sentimento **muito negativo** em relação a Y...'.

A oposição entre 'positivo' e 'negativo' é evidente; estamos, portanto, na presença de dois antônimos. Todavia, GOSTAR e DETESTAR situam-se em uma escala de sentimentos – dos sentimentos positivos aos sentimentos negativos –, e não ocupam posições estritamente opostas nessa escala: GOSTAR denota um sentimento não necessariamente intenso (cf. *Ela gosta bastante de queijo*), ao passo que DE-TESTAR denota um sentimento **muito** negativo (cf. *Ela detesta um pouco o queijo*, que parece contraditório). Esta última lexia está, em contrapartida, em oposição de antonímia exata (ou quase exata) em relação à lexia ADORAR.

▪ EXERCÍCIO 6

Pode-se responder a esta questão em três passos:

1. FOGO [*Eles tinham domesticado o fogo*] denota um elemento natural, assim como ÁGUA.
2. Essas lexias manifestam uma oposição contrastiva (e não uma oposição antonímica), oposição essa que se baseia provavelmente no fato de que, na realidade, a água impede/extingue o fogo.
3. Seguem duas evidências linguísticas de que existe essa oposição contrastiva em português:

(16)　a. *José e Leda são como a água e o fogo.*
　　　b. *Clinton* vs. *Trump, a água e o fogo*[3]

▪ EXERCÍCIO 7

Verifica-se imediatamente que existe uma relação semântica entre OLHO e [o] OLHAR, ainda que não seja evidentemente necessário descrevê-la. De maneira aproximativa, o olhar de uma pessoa é o que essa pessoa "faz" com seus olhos e a maneira como ela o faz. Portanto, [o] OLHAR denota de certa forma uma propriedade do "instrumento" que serve para olhar (ou, mais geralmente, para ver), instrumento denotado pela lexia OLHO.

A. Nothomb faz um jogo de palavras em cima de uma falsa análise morfológica de *olhar*, como se *-ar* fosse aqui um sufixo derivacional. A autora cria artificialmente derivados morfológicos neológicos aplicando a seguinte regra de derivação:

(17) $*R_V + $ *-ar* $\rightarrow R_N$

R_V: radical verbal que designa uma percepção sensorial (o fato de escutar, o fato de cheirar ou de fungar) que implica uma parte determinada do corpo (a orelha, o nariz).

R_N: radical nominal que denota uma propriedade da parte do corpo implicada na percepção sensorial denotada por R_V.

Cumpre observar que esse jogo de palavras com a morfologia acerta na mosca, ainda mais que a regra (17) não é totalmente estranha à morfologia da língua portuguesa, em que existem derivações em *-ar* bem próximas, tais como: *a linguagem* $\rightarrow$ *o linguajar* (*linguag(em)* + *-ar*)*, a pena* $\rightarrow$ *o penar* (*pena* + *-ar*) etc.

Ufa! É por isso que analisar cientificamente esse tipo de efeito estilístico é perigoso: acabamos por matar completamente um texto que era bem engraçado no início.

▪ EXERCÍCIO 8

Responderemos a esta questão de forma sucinta. Poderia o leitor ter interesse em aprofundar a análise do sentido de cada uma das bases atualizadas nas colocações aqui consideradas.

- *primo afastado* $\rightarrow$ `AntiMagn`

Um primo afastado é uma pessoa com a qual a relação de parentesco é menos forte, menos direta. No mesmo registro, pode-se opor *um parente próximo* [`Magn`] ~ *um parente afastado* [`AntiMagn`].

- *sério desacordo* (grave desavença) $\rightarrow$ `Magn`

Trata-se de uma desavença, uma dissensão, um desacordo profundo. Temos claramente aqui uma intensificação do sentido de DESACORDO.

- *leve desacordo* $\rightarrow$ `AntiMagn`

A relação de antonímia entre esta colocação e a anterior é evidente.

- *dormir a sono solto* $\rightarrow$ `Magn`

O colocado significa que o estado de sono é "intenso". Lembramos três outros Magn de DORMIR, mencionados no capítulo "Signo linguístico": *como uma pedra, como um justo rei, a sono solto*.

- *dormir com um olho só* → AntiMagn

Temos aqui claramente uma colocação antônima da colocação precedente. *Dormir com um olho só* significa que o sono é superficial, pouco "intenso".

- *dormir como um anjo* → Magn ou Bon?

A expressão *como um anjo* denota aqui mais a qualidade do sono – a pessoa em questão dorme bem, despreocupada – do que sua intensidade. Entendemos, portanto, que se deva descrever este colocado como sendo um Bon, e não como sendo um Magn de DORMIR.

▪ EXERCÍCIO 9

As especificações dos valores de aplicação das funções lexicais a seguir, ainda que relativamente desenvolvidas, não são exaustivas.

Syn (*comer*) = *nutrir-se*; *ingerir* [*o alimento*]; *engolir*; *colocar algo na boca*; **fam.** *empanturrar-se*, **fam.** *empanzinar-se*

Incluímos aqui todos os tipos de Syn, assim como os quase sinônimos (Syn$_{\subset}$, Syn$_{\supset}$ e Syn$_{\cap}$). Somente ficam excluídos os Syn$_{\supset}$ que comportam um sentido adicional de Magn, como **fam.** *empanturrar-se* e **fam.** *empanzinar-se*.

Anti (*permitir*) = *proibir*; *interditar*; *opor-se*; *impedir*; *recusar*; *proscrever*; *prevenir*; *vetar*; *não permitir* [– *Não lhe permito!*]

S$_0$ (*cair*) = *queda*; **fam.** *tombo*, **fam.** *trambolhão*, **fam.** *caída*, **fam.** *baque*

S$_2$ (*comprar*) = *compra*; *aquisição*

Magn (*chorar*) = *como uma Madalena*, **fam.** *como um bezerro*, **fam.** *como um bezerro desmamado*, *copiosamente*

AntiMagn (*apetite*) = *pouco*, *pequeno*; *de passarinho*

Bon (*tempo*) = *bom* < *brilhante* < *admirável*, *maravilhoso*, *esplêndido*; *ideal*; *claro*; *radiante*

AntiBon (*tempo*) = *desabrido*; *ruim*, *mau* < *abominável*; *horrível*, *horroroso*, *péssimo*, **fam.** *de cão*; **vulg.** *de merda*; *sombrio*

▪ EXERCÍCIO 10

Este texto contém as sete colocações a seguir, nas quais o colocado está indicado com negrito.

1. *calor **sufocante*** → AntiBon+Magn (*calor*)
   O formalismo f_1+f_2 indica que as duas funções lexicais, f_1 e f_2, se aplicam **paralelamente** à base da colocação. Não se trata de uma função lexical complexa f_1f_2. *Calor sufocante* denota um calor que é simultaneamente intenso (Magn) e desagradável (AntiBon).

2. *calor **reinar*** [em N] → Magn+Func$_1$ (*calor*)
   Utilizar a explicação da análise precedente para compreender aquela que é proposta aqui. A pequena dificuldade deve-se ao fato de estarmos na presença da aplicação simultânea de uma função lexical sintagmática (Func$_1$) e de uma função lexical paradigmática (Magn), contrariamente ao que ocorre no caso precedente.

3. *conhecer **como a palma de sua mão*** → Magn (*conhecer*)
4. ***esboçar** um sorriso* → Oper$_1$ (*sorriso$_N$*)
5. *sorriso **sardônico*** → AntiBon (*sorrir*)
6. *voz **fraca*** → AntiMagn (*voz*)
7. *voz **fanhosa*** → AntiBon (*voz*)

▪ EXERCÍCIO 11

Um Oper$_1$ de VONTADE não deveria acrescentar sentido à base na colocação. Ora, *X satisfaz sua vontade* quer dizer 'X faz aquilo que sua vontade o impele a fazer', e não simplesmente 'X tem uma vontade'. Trata-se de um caso de Real$_1$, função lexical que não introduzimos no capítulo "Relações lexicais", mas a respeito da qual se pode encontrar uma descrição em Mel'čuk (1997b; 2003), dois dos textos sugeridos como leituras complementares.

Confira, para comparar com *satisfazer*, os colocados Oper$_1$ de VONTADE: *ter, experimentar, sentir*.

▪ EXERCÍCIO 12

- *A guerra explode* ≅ *A guerra começa* [*a acontecer*]. Esse sentido poderia ser expresso também pelos verbos *estourar* e *rebentar*.
- Nem todas as funções lexicais necessárias à codificação dessa colocação foram introduzidas neste capítulo. *A guerra **acontece*** corresponderia a Func$_0$ de GUERRA. Aqui, precisamos codificar '**começar** a Func$_0$'. Na linguagem das funções lexicais, isso corresponde à função complexa

$IncepFunc_0$. De fato, $Incep$ é a função lexical que denota o sentido de 'começar'. Por exemplo;

$IncepOper_1$	$(\hat{e}xtase)$	$=$	$entrar\ [em\ \hat{e}xtase]$
$IncepOper_1$	$(contato)$	$=$	$estabelecer\ [contato]$
$IncepOper_1$	$(sil\hat{e}ncio)$	$=$	$fazer\ [sil\hat{e}ncio],\ ficar\ [em\ sil\hat{e}ncio]$

- A expressão *As bombas arrasam* é, para aqueles que não se tivessem dado conta, um trocadilho baseado na homofonia *as bombas A* (isto é, atômicas) *rasam*, ou *arrasam*. *Bombas A rasam* tem uma pronúncia muito parecida com *Bombas arrasam*. Percebe-se aqui o emprego do verbo ARRASAR com a lexia BOMBA como uma criação linguística, interpretada literalmente. Não se trata de uma colocação, de uma expressão controlada pela combinatória restrita da lexia BOMBA.
- Temos, em português, os três seguintes grupos de colocados que permitem denotar o que as bombas "fazem":

cair [em alguém]

ferir, atingir [alguém]

detonar, explodir

EXERCÍCIOS DO CAPÍTULO "ANÁLISE DO SENTIDO"

▪ EXERCÍCIO 1

É, evidentemente, o modificador *com o canto do olho* que torna a frase problemática. Temos aqui um conflito semântico que permite ressaltar um componente semântico de ENCARAR que nossa definição inicial não explica. Para facilitar a análise, retomamos aqui esta definição:

(18)
> *X encara Y* : O indivíduo ou animal X olha muito atentamente o rosto do indivíduo Y

É preciso acrescentar à definição (18) um componente que explicite que EN-CARAR denota uma ação tanto ou quanto ostensiva. Isso não está expresso no componente 'atentamente', pois pode-se examinar algo atentamente, mas de maneira discreta (cf. *Ela o examinava atentamente com o canto do olho*). Seria, portanto, possível aprimorar a definição da seguinte maneira:

(19)
> *X encara Y* : O indivíduo ou animal X olha muito atentamente e **de maneira ostensiva** o rosto do indivíduo Y

▪ **EXERCÍCIO 2**

Não propomos resposta para este exercício. Para resolvê-lo, basta aplicar às duas lexias, ESCRUTAR e FIXAR, a metodologia utilizada para definir ENCARAR.

▪ **EXERCÍCIO 3**

Nesta nova versão (20a) e (20b) das duas definições para SERRAR e SERRA, o círculo vicioso foi eliminado.

(20) a.

X serra Y com Z	:	X corta Y com um instrumento cortante Z, executando um movimento de vaivém

b.

serra a ser utilizada por X para Y	:	instrumento destinado a ser utilizado por X para serrar Y

Eliminamos o círculo vicioso não empregando o componente 'serra' na definição de SERRAR. Para tanto, atribuímos a esse verbo sua verdadeira valência (três actantes). Isso não é um mero artifício formal. Na verdade, a nova definição de SERRAR dá conta do fato de que essa lexia designa uma operação que não é necessariamente efetuada por meio de uma serra – cf. *Helena serra a parte inferior da porta com uma longa faca dentada.* Inversamente, o sentido de 'serrar' é usado na definição de SERRAR, porque esta lexia designa um instrumento que serve especificamente para realizar a operação em questão.

▪ **EXERCÍCIO 4**

Para responder a esta questão, pode-se proceder em três etapas:

1. esboçar uma definição de DESCASCAR **I**, seguindo o método proposto no capítulo "Análise do sentido";
2. fazer o mesmo com DESCASCAR **II**;
3. ajustar as duas definições obtidas para garantir que elas deem conta da relação metafórica que une as duas acepções do vocábulo DESCASCAR.

Poderíamos, por exemplo, propor as duas definições seguintes:

(21) a.

X descasca **I** *Y*	:	X remove a camada externa ou as partes menos aproveitáveis (boas) do fruto ou do legume Y por meio de Z para reter apenas a parte melhor

b.

X descasca **II** *Y*	:	X critica asperamente Y para de certa maneira puni-la por uma falta que X julga que Y cometeu

A relação metafórica ocorre por parentesco com a estrutura semântica dos dois componentes 'para manter apenas a parte melhor' ~ 'para puni-la'.

Pode-se também ser mais explícito, fazendo referência a DESCASCAR **I** na definição de DESCASCAR **II** e apresentando a natureza analógica da relação semântica que une as duas lexias; cf. 'como se...' na nova versão de (21b), a seguir:

(22)

X descasca **II** *Y* :	X critica asperamente Y, como se descascasse **I**, para purgar
	Y das partes menos boas e preservar as partes positivas

Trata-se apenas de esboços de definições. O que importa aqui é que elas permitem mostrar como a definição analítica pode ser utilizada para dar conta das relações semânticas entre copolissemas.

▪ EXERCÍCIO 5

Esta não é uma definição analítica válida por no mínimo três razões:

1. a definição não é uma paráfrase da lexia definida, porque ENGOLIR é um verbo, e a definição em questão tem sintaticamente um valor nominal 'fato de...';
2. a definição não evidencia claramente a valência de dois actantes de ENGO-LIR ('X engole Y');
3. o componente 'comer', utilizado como gênero próximo, não é um sentido genérico para esta lexia: não se pode parafrasear, nem mesmo aproximativamente, *João engoliu uma espinha de peixe* por *João comeu uma espinha de peixe.*

Quanto a este último ponto, note-se que existe, evidentemente, uma lexia ENGO-LIR da qual 'comer' é o gênero próximo: *Marcos engole às pressas um sanduíche antes de ir à escola.*

▪ EXERCÍCIO 6

Listamos aqui propositadamente lexias que não denotam todas tipos de condições climáticas e que não pertencem todas à mesma parte do discurso.

1. AGUAÇEIRO [*Tivemos um belo aguaceiro à noite*];
2. CHUVA [*A chuva está caindo há três horas*];
3. CHOVER [*Chove há três horas*];
4. NUVEM [*Nuvens pesadas escurecem o céu*];
5. NUBLADO [*O céu está nublado*];

6. NUBLAR-SE [*O céu nublou-se de repente*];
7. DESANUVIAR-SE [*O céu está se desanuviando*];
8. METEOROLOGIA [*A meteorologia é o estudo dos fenômenos atmosféricos*];
9. METEOROLOGISTA [*Meteorologista é uma profissão de futuro*];
10. MONÇÃO [*A monção chegou com seu cortejo de inundações e de ciclones*].

Deixamos ao leitor a incumbência de demonstrar que o sentido de cada uma dessas lexias contém ao menos um componente que denota um fenômeno atmosférico particular ou que remete à noção geral de fenômeno atmosférico.

▪ EXERCÍCIO 7

Não propomos nenhuma solução para este exercício. Recomendamos que se procure responder à questão sem consultar dicionários; a seguir, que se verifique em um bom dicionário se nenhuma acepção foi esquecida.

Pode-se também procurar caracterizar de maneira geral as relações entre lexias, tais como, por exemplo, a causatividade (*O papel queima* ~ *João queima papel*).

Certifique-se de estar utilizando adequadamente, ao fazer este exercício, o método de numeração das acepções proposto na seção "Polissemia regular".

▪ EXERCÍCIO 8

Trata-se aqui de uma metáfora lexicalizada. O vocábulo DEVORAR tem uma acepção que significa, *grosso modo*, 'olhar com avidez'. Essa acepção é de uso bastante restrito, uma vez que ela deve ser utilizada geralmente com uma expressão adverbial do tipo *com o olhar, com os olhos, com seus olhos Adj* [*com seus olhos ávidos/loucos*] etc. É fácil demonstrar o caráter lexicalizado dessa metáfora: basta substituir *devorava* por *engolia* na frase inicialmente proposta:

(23) *O belo Fredo engolia Leoni com o olhar.*

Esta nova frase é, no mínimo, estranha. Ela só pode ser aceita se se admitir que seu autor quis produzir um efeito estilístico. Nesse caso, assim como para qualquer metáfora livre, é preciso que a frase seja interpretada pelo Destinatário, que lhe atribuirá um sentido "reconstituído" com base no que ele sabe a respeito da situação e das intenções que pode atribuir ao Locutor. A situação era bem diferente com a frase inicial, interpretável instantaneamente e de maneira única por qualquer pessoa que domine o português.

▪ EXERCÍCIO 9

Para responder a esta questão, é preciso considerar duas locuções do português, muito próximas semanticamente (antônimas) entre si.

1. PONTA (ou PARTE VISÍVEL) DO *ICEBERG*

(24)   a. *Vê-se somente a ponta <a parte visível> do iceberg, o que torna muito difícil o diagnóstico sobre o estado da biodiversidade mundial.*

      b. *Esta baixa das vendas no varejo é somente a ponta <a parte visível> do* iceberg*, pois uma crise econômica mais grave está em gestação.*

2. PARTE SUBMERSA (ou OCULTA) DO *ICEBERG*

(25) *Os políticos ainda não avistaram a parte submersa <oculta> do* iceberg*: na verdade, uma crise mais grave está se preparando.*

Estas duas locuções entraram de certa forma em colisão na mente do radialista quando ele quis construir sua frase. Podemos supor que ele quisesse dizer algo como:

(26) *Fui ver um especialista para saber se o fenômeno ao qual estamos assistindo não é senão a ponta do* iceberg.

Ficará agora por conta do leitor definir a locução PONTA DO *ICEBERG*, depois de lhe havermos passado uma informação capital: trata-se de um predicado e, para se propor uma boa definição analítica deste, é necessário parafrasear o seguinte *definiendum*: *X, que é a ponta do* iceberg.

EXERCÍCIOS DO CAPÍTULO "INTERFERÊNCIAS PRAGMÁTICAS"

▪ EXERCÍCIO 1

Analisemos cada uma das três lexias a seguir:

(27) *– Eu te **peço** que te cales.*

Este enunciado pode ser utilizado para **solicitar** a alguém que se cale. Esta acepção de PEDIR, portanto, é um verbo performativo.

(28) *– Eu te **suplico** que te retires.*

Mesma situação de PEDIR. Esta acepção de SUPLICAR é, portanto, também um verbo performativo.

(29) – *Eu **quero** que saias.*

Este enunciado pode ser utilizado quando se quer informar alguém do desejo em questão. Mas QUERER não é um verbo de comunicação: ele denota um estado psíquico. Consequentemente, dizer *Eu quero...* não pode jamais, logicamente, corresponder ao cumprimento do fato denotado por esse verbo. Pode-se, é claro, querer Y no momento em que se diz *Eu quero Y*; isso, no entanto, não tem nada a ver com a definição da performatividade (cf. seção "Codificações lexicais dos fatores pragmáticos"). Pode-se coçar a orelha no momento em que se diz *Eu coço minha orelha*, mas dizer *Eu coço minha orelha* não corresponde em nada ao cumprimento da ação de coçar a orelha!

▪ EXERCÍCIO 2

Pode-se demonstrar que o primeiro verbo, RECONHECER **I**, não é um performativo utilizando o mesmo tipo de argumento que usamos na correção do exercício precedente para QUERER. Com efeito, RECONHECER **I** não é um verbo de comunicação e não pode, portanto, ser um verbo performativo. Sua definição aproximativa é dada em (30):

(30) | *X reconhece* **I** *Y* ≅ Ao ver Y [= pressuposto!], X identifica Y como algo ou alguém que ele conhece |

O verbo RECONHECER **II**, por sua vez, é performativo, como demonstra o exemplo dado no exercício.

(31) – *Eu reconheço* **II** *a autoridade do Tribunal.*

Enunciar (31) em contexto oficial significa cumprir a ação em questão: admitir que o Tribunal tem autoridade (para tomar uma decisão legal). Note-se que RECONHECER **II** revela uma espécie de ambivalência semântica: é ao mesmo tempo um verbo de comunicação e um verbo que designa uma atitude psíquica (como ACEITAR, ADMITIR etc.).[3]

▪ EXERCÍCIO 3

Não propomos resposta para este exercício, pois os principais elementos para a resposta se encontram nos comentários a propósito do exemplo (21), na seção "Lexias com conteúdo pressuposicional".

▪ EXERCÍCIO 4

Vejamos alguns elementos de resposta

- Somente a primeira formulação é um clichê linguístico do português utilizado idiomaticamente em um contexto pragmático bem específico: um cartaz afixado por um comerciante na vitrine de sua loja com vistas aos seus eventuais clientes. Trata-se de um pragmatema. A expressão *Jamais fechado*, ao contrário, não está codificada na língua para o contexto pragmático em apreço. Ela poderia perfeitamente ser utilizada neste contexto, mas seria imediatamente vista como uma criação pessoal do comerciante.
- Em contrapartida, o emprego de um clichê linguístico como *Aberto 24 horas* despersonaliza a comunicação: de certo modo, é a língua que fala, mais do que a pessoa que afixou o cartaz.
- No tipo de contexto visado, procura-se geralmente despersonalizar a comunicação. Por quê? Esboçamos algumas pistas de resposta no texto a seguir:

POLGUÈRE, Alain. "Il y a un traître par minou: le statut lexical des clichés linguistiques". *Corela*. n. 19, 2016. Disponível em: <http://corela.revues.org/4486>. Acesso em: 29 abr. 2018.

▪ EXERCÍCIO 5

Nossa descrição semântica de NÃO DESLIGUE começa por uma definição analítica (32), seguida de uma especificação do contexto pragmático. Observe-se que o *definiendum* de (32) é um tanto ou quanto particular, porque estamos definindo uma lexia que é formalmente um pedido no discurso direto.

Nenhuma variável actancial X e Y aparece, pois os dois participantes da situação de comunicação estão inteiramente determinados: o Locutor *Eu* e o Destinatário *Você*.

(32)

[Eu digo a você:] ≅ Eu peço a você que não ponha fim à comunicação telefônica
Não desligue

Contexto pragmático:

- O Locutor fala ao telefone com o Destinatário.
- O Locutor deve parar, durante um tempo que ele estima ser relativamente curto, de falar com o Destinatário.
- O Locutor quer que o Destinatário espere que o Locutor, ou outra pessoa, retome a conversa.
- O Locutor faz isso claramente para assinalar ao Destinatário que a interrupção da comunicação é normal e para que o Destinatário não perca a paciência.

Trata-se, é claro, de uma mera proposta de descrição, e não se pretende aqui, de forma alguma, atingir a perfeição.

Deixamos ao leitor o cuidado de executar a segunda parte do exercício, investigando as possíveis traduções de NÃO DESLIGUE! em diversas línguas. Ele poderá também procurar sinônimos (em português) para essa lexia.

EXERCÍCIOS DO CAPÍTULO "LEXICOLOGIA DESCRITIVA"

▪ EXERCÍCIO 1

Não propomos resposta para este exercício, pois ele não apresenta nenhum problema especial para sua resolução.

▪ EXERCÍCIO 2

Esta definição apresenta-se, quanto à sua estrutura, como uma definição analítica: é, sintaticamente, uma oração relativa que funciona como paráfrase da lexia adjetival definida.

Poderia parecer estranho descrever o sentido de um adjetivo de cor fazendo referência a entidades que têm uma cor característica. É preciso, no entanto, observar que esta é uma maneira padronizada de proceder: para definir um adjetivo de cor em uma dada língua, remete-se às entidades do mundo que a língua em questão considera como "símbolos" desta cor. No caso em pauta, pode-se argumentar que a evidência linguística da relação entre VERMELHO e SANGUE é a existência de uma expressão como *vermelho como sangue*, em que *sangue* funciona quase como Magn (um intensificador) de *vermelho*.

Os adjetivos de cor serão, portanto, definidos usando-se o seguinte padrão:

Que é da cor de _____ .

Esta maneira de proceder, linguisticamente justificada, vem, no entanto, geminada, no caso presente, com uma informação retirada dos dicionários enciclopédicos: *extremidade do espectro solar*. Isso é desaconselhado em um dicionário de língua. Ademais, esse componente pode dar a impressão de que se está derivando para a definição do substantivo comum (*o vermelho*) no interior da descrição de um adjetivo.

▪ EXERCÍCIO 3

O *Nouveau Petit Robert* (1993) corrige o problema que acaba de ser mencionado: ele distingue claramente a lexia adjetival da lexia nominal. A lexia nominal, VERMELHO II.1, é definida simplesmente como um S_0 de VERMELHO I.1: *a cor Adj* é uma maneira metalinguística de codificar a relação S_0 no caso de um adjetivo de cor. Também foi suprimida a referência ao espectro solar da definição desta última lexia; ela só aparece ainda na zona de exemplos da lexia nominal. Belo trabalho lexicográfico!

Observe-se que temos aqui um caso particular de entrada de dicionário: a entrada de um vocábulo que contém lexias pertencentes a diferentes partes do discurso. Isso se justifica, porque a derivação

adjetivo de cor → nome de cor

é perfeitamente regular em português, ainda que o adjetivo e o nome possam possuir estruturas polissêmicas variáveis.

Por exemplo: *Deu um branco na cabeça do aluno*, para BRANCO$_N$; *O cearense se orgulha do amarelo plantado em seu jardim*, para AMARELO$_N$; *Voam pássaros pelo azul*, para AZUL$_N$ etc.

Apesar da regularidade da derivação S_0 no tocante à lexia adjetival de base, ainda é necessário que se descrevam sistematicamente todas as acepções, tanto adjetivais quanto nominais.

▪ EXERCÍCIO 4

Duas observações a respeito da estrutura desta definição.

1. É uma definição analítica, que funciona como paráfrase de SANGUE **1**, construída em torno do gênero próximo 'líquido' (o sangue é um líquido).
2. As diferenças específicas concernem à aparência do líquido em questão (viscoso e de cor vermelha), a seu funcionamento (circula nos vasos etc.) e a sua função biológica (papel nutritivo etc.). Esta é uma maneira normal para descrever um "fluido corporal".

Há, sem dúvida, um aparente círculo vicioso: 'SANGUE **1**' é definido por meio de 'vermelho I.1' [*cor vermelha* → trata-se de uma menção ao sentido de VERMELHO I.1], definido por meio de 'SANGUE **1**' (ver exercício precedente).

É claro que, em português, a lexia SANGUE **1** denota um elemento líquido que se caracteriza especialmente por sua cor; não se pode, pois, evitar a relação SANGUE **1** → VERMELHO **I.1**. Por outro lado, como acabamos de ver, seria muito difícil não mencionar SANGUE **1** na definição de VERMELHO **I.1**, enquanto, justamente, protótipo de uma entidade de cor vermelha. Na definição das lexias que denotam cores, geralmente se é obrigado a introduzir este tipo de círculo vicioso (ver, por exemplo, AZUL$_{Adj}$ ~ CÉU). O mesmo problema surge com os nomes de órgãos sensoriais e com os verbos (ou os substantivos) de percepções sensoriais: NARIZ ~ CHEIRAR, OLHO ~ VER, ORELHA ~ OUVIR etc.

▪ EXERCÍCIO 5

Qual das duas lexias é semanticamente mais simples? O sentido 'desgraça' é utilizado como gênero próximo na definição de CATÁSTROFE **2**. Portanto, de acordo com esta descrição, a lexia DESGRAÇA é semanticamente mais simples do que a lexia CATÁSTROFE **2**.

Quantas lexias há no vocábulo catástrofe? Se nos reportamos à numeração utilizada na entrada, são quatro as lexias-vedetes explicitamente descritas. Podem-se, porém, identificar os dois seguintes encaixamentos:

- No artigo da acepção catástrofe **2**, encontram-se dois blocos definição + exemplos. Trata-se, pois, verdadeiramente de duas lexias distintas – ainda que o *Petit Robert* não seja sempre muito claro a propósito desse tipo de subdivisão –, qualificadas de "nuanças de sentido".
- No artigo da acepção CATÁSTROFE **3**, encontra-se menção à interjeição *Catástrofe!*: trata-se de uma outra lexia ou de uma propriedade combinatória (o fato de podermos empregá-la como interjeição) de CATÁSTROFE **3**? Além disso, as duas descrições precedidas de um losango (◆) referem-se a sentidos distintos, portanto, a lexias separadas.

Podem-se mencionar os outros seguintes encaixamentos:

- a locução EM CATÁSTROFE;
- o emprego apositivo em *filme catástrofe,* que, em nosso entender, corresponde a uma acepção particular, que se encontra pelo menos em *cenário catástrofe*;
- a abreviação CATÁ, que poderia muito bem ser analisada como uma lexia sinônima (como no par REFRIGERANTE ~ REFRI), e não como uma variante formal de CATÁSTROFE.

▪ EXERCÍCIO 6

Se este exercício não parece fácil ao leitor, é, sem dúvida, um índice de que ele precisa rever o conteúdo do capítulo "Relações lexicais"... ☺

NOTAS

[1] A distinção entre componente central *vs.* componente periférico de um sentido (ou de uma definição lexical) será explicitada no capítulo "Análise do sentido".

[2] Tradução de um artigo jornalístico francês (*Clinton* vs. *Trump*, *l'eau et le feu*) a propósito de um debate da campanha das eleições presidenciais americanas de 2016.

[3] Milićević e Polguère (2010).

Índice de noções

gramática 28, 46, 90, 105, 242
~ sistêmico-funcional 152
obra de ~ 43, 84, 90, 237
gramaticalidade
[→ expressão gramatical] 46

H

hápax 125
hierarquia semântica das lexias 161
hiperonímia 161
~ direta 161
~ indireta 163
hiperônimo 160
hiponímia 160
co ~ 161, 162, 195
hipônimo 160, 161
homofonia 168
homografia 168
homonímia 167

I

ícone 36
identidade de sentido 158
idioleto 104
Incep 292
Incepfunc$_0$ 291, 292
IncepOper$_1$ 292
inclusão de sentido 158
índice 37, 137
índices (de significantes lexicais) 119
indução 98
infant. (marca de uso) 106
infixo 279
infrm. (marca de uso) 181
instanciação (de uma variável) 93
intensificador 176, 299
interjeição 112, 191, 271, 284

interpretação 220, 221
interseção de sentido 158
introspecção 118
invariabilidade (de uma lexia) 94

K

KWIC [= *KeyWords*
in Context → concordância] 121

L

lei de Zipf 126
lema 121
lematização 121
lexema 54, 68
lexia 49, 68
~ antônima 164
~ causativa 169
~ composta 90
~ contrastiva 164, 165
~ conversiva 165
~ copolissema 168, 214
~ de conteúdo proposicional 230
~ de base (de um vocábulo) 205
~ homófona 168
~ homógrafa 168
~ homônima 69, 167
~ hiperônima 160
~ hipônima 160
~ reversiva 164
~ sinônima 162
~ vedete 245
hierarquia semântica das ~s 161
lexicógrafo 238
Lexicografia 211, 237, 238
~ das redes lexicais 254, 255
Lexicologia 18, 23, 33, 211, 237
~ descritiva 237
~ teórica 237
Lexicologia Explicativa
e Combinatória 215, 259

Índice de autores

Nota: Os nomes dos autores de obras literárias aparecem em itálico.

O autor

Alain Polguère é professor titular da Universidade da Lorraine (Nancy, França) e membro do Laboratoire de Analyse et Traitement Informatique de la Langue Française (Atilf) do CNRS. Na década de 1980, desenvolveu sua pesquisa de doutorado na Universidade de Montreal, dedicando-se, também, à área de Processamento de Linguagem Natural (geração automática de textos). Em seguida, iniciou sua carreira universitária: primeiro, na Universidade Nacional de Singapura (1991-1995); depois, na Universidade de Montréal (1995-2010), para, finalmente, tornar-se membro do corpo docente da Universidade de Lorraine (2009-). Suas principais áreas de pesquisa são: lexicologia teórica e descritiva, interface semântica-sintaxe e ensino/aprendizagem de vocabulário. Desde 2014, é membro sênior do Institut Universitaire de France (IUF), trabalhando em um projeto sobre a construção e a exploração de grafos lexicais informatizados.

A tradutora

Sabrina Pereira de Abreu é graduada em Letras pela Universidade Federal do Rio Grande do Sul – UFRGS (1986), mestre em Letras pela UFRGS (1991), doutora em Letras pela Pontifícia Universidade Católica do Rio Grande do Sul – PUCRS (1998). Exerce a função de professora titular na Universidade Federal do Rio Grande do Sul e atua como docente junto ao Departamento de Letras Clássicas e Vernáculas e junto ao Programa de Pós-Graduação em Letras da UFRGS. Tem experiência na área de Letras, com ênfase em estudos do léxico: aspectos morfológicos, sintáticos e semânticos. Realizou estágio de pós-doutorado, sob a supervisão de Alain Polguère, no Laboratoire de Analyse et Traitement Informatique de la Langue Française (Atilf) do CNRS, Universidade de Lorraine, Nancy-França (2015-1016).

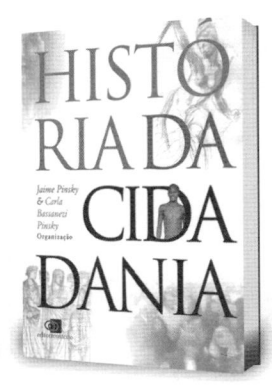

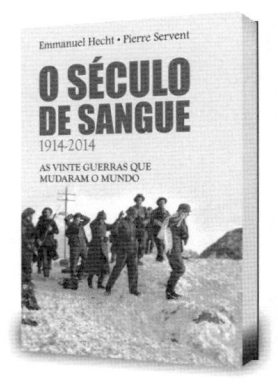

GRÁFICA PAYM
Tel. [11] 4392-3344
paym@graficapaym.com.br